广视角·全方位·多品种

U0906334

权威·前沿·原创

皮书系列为
“十二五”国家重点图书出版规划项目

BLUE BOOK

中国社会科学院创新工程学术出版资助项目

企业社会责任蓝皮书

BLUE BOOK OF CORPORATE SOCIAL RESPONSIBILITY

中国企业社会责任研究报告（2013）

RESEARCH REPORT ON CORPORATE SOCIAL RESPONSIBILITY OF CHINA (2013)

李　扬／顾　问
黄群慧　彭华岗　钟宏武　张　蒽　等／著

社会科学文献出版社
SOCIAL SCIENCES ACADEMIC PRESS (CHINA)

图书在版编目（CIP）数据

中国企业社会责任研究报告．2013，黄群慧等著．—北京：社会科学文献出版社，2013.11
（企业社会责任蓝皮书）
ISBN 978－7－5097－5219－7

Ⅰ．①中…　Ⅱ．①黄…　Ⅲ．①企业责任－社会责任－研究报告－中国－2013　Ⅳ．①F279.2

中国版本图书馆 CIP 数据核字（2013）第 252248 号

企业社会责任蓝皮书
中国企业社会责任研究报告（2013）

顾　　问／李　扬
著　　者／黄群慧　彭华岗　钟宏武　张　蒽 等

出 版 人／谢寿光
出 版 者／社会科学文献出版社
地　　址／北京市西城区北三环中路甲 29 号院 3 号楼华龙大厦
邮政编码／100029

责任部门／皮书出版中心（010）59367127　　责任编辑／吴　敏
电子信箱／pishubu@ ssap. cn　　责任校对／谢　华　秦　晶
项目统筹／邓泳红　吴　敏　　责任印制／岳　阳
经　　销／社会科学文献出版社市场营销中心（010）59367081　59367089
读者服务／读者服务中心（010）59367028

印　　装／北京季蜂印刷有限公司
开　　本／787mm×1092mm　1/16　　印　　张／21.75
版　　次／2013 年 11 月第 1 版　　字　　数／268 千字
印　　次／2013 年 11 月第 1 次印刷
书　　号／ISBN 978－7－5097－5219－7
定　　价／69.00 元

本书如有破损、缺页、装订错误，请与本社读者服务中心联系更换
版权所有　翻印必究

中国社会科学院经济学部企业社会责任研究中心简介

中国社会科学院经济学部企业社会责任研究中心（以下简称“中心”）成立于2008年2月，是中国社会科学院主管的非营利性学术研究机构。中国社会科学院副院长、经济学部主任李扬研究员任中心理事长，国务院国有资产监督管理委员会研究局局长彭华岗博士、中国社会科学院工业经济研究所党委书记黄群慧研究员任中心常务副理事长，中国社会科学院社会发展战略研究院钟宏武副研究员任主任。中国社会科学院、国务院国有资产监督管理委员会、人力资源与社会保障部、中国企业联合会、中国人民大学、国内外大型企业的数十位专家、学者担任中心理事。

中心以“中国特色、世界一流社会责任智库”为目标，积极践行研究者、推进者和观察者的责任。

- 研究者：中国企业社会责任问题的系统理论研究，研发颁布《中国企业社会责任报告编写指南（CASS－CSR 1.0/2.0）》，组织出版《中国企业社会责任》文库，促进具有中国特色的企业社会责任理论体系的形成和发展。

- 推进者：为政府部门、社会团体和企业等各类组织提供咨询和建议；与社会责任领先企业合办“中国企业社会责任研究基地”；与中国三星合办“分享责任——中国企业社会责任公益讲堂”；开设中国社会科学院研究生院MBA“企业社会责任”必修课；组织、参加各种企业社会责任研讨交流活动，分享企业社会责任研究成果。

- 观察者：每年出版《企业社会责任蓝皮书》，跟踪记录上一年度中国企业社会责任理论和实践的最新进展；每年发布《中国企业社会责任报告白皮书（2011/2012/2013）》，研究记录我国企业社会责任报告发展的阶段性特征；制定、发布、推动《中国企业社会责任报告评级》，累计为150余份社会责任报告提供评级服务；主办“责任云”（www. zerenyun. com）平台以及相关技术应用。

中国社会科学院经济学部企业社会责任研究中心

2013年11月

电话：010－59001552

传真：010－59009243

网站：www. cass－csr. org

E－mail：csr@ cass－csr. org

地址：北京市朝阳区东三环中路39号建外soho写字楼A座1710（100022）

研究业绩

课　　题

- 国土资源部：《矿业企业社会责任报告制度研究》，2013。
- 国务院国资委：《中央企业社会责任优秀案例研究》，2013。
- 中国扶贫基金会：《中资企业海外社会责任研究》，2012～2013年。
- 北京市国资委：《北京市属国有企业社会责任研究》，2012年5～12月。
- 国资委研究局、中国社会科学院经济学部企业社会责任研究中心：《企业社会责任推进机制研究》，2010年1～12月。
- 国家科技支撑计划课题：《社会责任国际标准风险控制及企业社会责任评价技术研究》之子任务，2010年1～12月。
- 深交所、中国社会科学院经济学部企业社会责任研究中心：《上市公司社会责任信息披露》，2009年3～12月。
- 中国工业经济联合会、中国社会科学院经济学部企业社会责任研究中心：工信部制定《推进企业社会责任建设指导意见》前期研究成果，2009年10～12月。
- 中国社会科学院交办课题：《灾后重建与企业社会责任》，2008年8月至2009年8月。

- 中国社会科学院课题：《海外中资企业社会责任研究》，2007 年 6 月至 2008 年 6 月。
- 国资委课题：《中央企业社会责任理论研究》，2007 年 4～8 月。

专　　著

- 黄群慧、钟宏武、张蒽等：《中国盐业总公司考察》，经济管理出版社，2013。
- 彭华岗、钟宏武、张蒽、孙孝文等：《企业社会责任基础教材》，经济管理出版社，2013。
- 姜天波、钟宏武、张蒽、许英杰：《中国可持续消费研究报告》，经济管理出版社，2013。
- 陈佳贵、黄群慧、彭华岗、钟宏武：《中国企业社会责任研究报告（2012）》，社会科学文献出版社，2012。
- 钟宏武、魏紫川、张蒽、孙孝文等：《中国企业社会责任报告白皮书（2012）》，经济管理出版社，2012。
- 李春光、彭华岗、黄文生：《每一滴油都是承诺：中国石化企业社会责任的理论与实践》，经济管理出版社，2012。
- 孙青春：《寻找增长的涌泉：企业可持续创新之路探索》，经济管理出版社，2012。
- 陈佳贵、黄群慧、彭华岗、钟宏武：《中国企业社会责任研究报告（2011）》，社会科学文献出版社，2011。
- 彭华岗、钟宏武、张蒽、孙孝文：《中国企业社会责任报告编写指南（CASS－CSR2.0）》，经济管理出版社，2011。
- 钟宏武、张旺、张蒽：《中国上市公司非财务信息披露报告（2011）》，社会科学文献出版社，2011。

- 钟宏武、张蒽、翟利峰：《中国企业社会责任报告白皮书（2011）》，经济管理出版社，2011。
- 彭华岗、楚旭平、钟宏武、张蒽：《企业社会责任管理体系研究》，经济管理出版社，2011。
- 彭华岗、钟宏武：《分享责任——中国社会科学院研究生院 MBA“企业社会责任”必修课讲义集（2010）》，经济管理出版社，2011。
- 黄群慧、黄天文、钟宏武：《中国中钢集团国情调研报告》，经济管理出版社，2010。
- 陈佳贵、黄群慧、彭华岗、钟宏武：《中国企业社会责任研究报告（2010）》，社会科学文献出版社，2010。
- 钟宏武、张唐槟、田瑾、李玉华：《政府与企业社会责任》，经济管理出版社，2010。
- 陈佳贵、黄群慧、彭华岗、钟宏武：《中国企业社会责任研究报告（2009）》，社会科学文献出版社，2009。
- 钟宏武、孙孝文、张蒽：《中国企业社会责任报告编写指南（CASS－CSR1.0）》，经济管理出版社，2009。
- 钟宏武、张蒽、张唐槟、孙孝文：《中国企业社会责任发展指数报告（2009）》，经济管理出版社，2009。
- 陈佳贵、黄群慧、钟宏武、王延中：《中国工业化进程报告（1995～2005）》，社会科学文献出版社，2007。
- 钟宏武：《慈善捐赠与企业绩效》，经济管理出版社，2007。

论　文

在《经济研究》《中国工业经济》《人民日报》等报刊发表论文数十篇。

正德至远社会责任机构

正德至远社会责任机构成立于2010年，在中国社会科学院经济学部企业社会责任研究中心咨询部和数据中心的基础上组建而成。机构系中国社会科学院企业社会责任研究中心的战略合作机构和成果转化平台。机构成立以来，先后为《中国企业社会责任蓝皮书（2010/2011/2012/2013）》《中国企业社会责任报告白皮书（2011/2012）》《中国企业社会责任报告编写指南（CASS－CSR 2.0）》等项目提供数据支持，双方共同为国内外数十家大型企业提供社会责任管理咨询、培训和报告服务。

机构依托中国社会科学院企业社会责任研究中心深厚的理论研究基础，结合我国企业实践经验，专注于企业社会责任管理咨询、能力培训和品牌推广，为客户提供全方位的社会责任解决方案，帮助客户成为面向未来的可持续企业。机构提供的服务主要包括：

社会责任管理咨询：帮助企业建立社会责任组织体系、制度体系、指标体系、社会责任战略规划和社会责任项目评估。

社会责任报告咨询：帮助企业建立社会责任报告编写流程、议题选择流程，并指导企业进行年度社会责任报告编制。

社会责任传播：帮助企业建立社会责任传播与沟通体系、利益相关方沟通手册，树立负责任的品牌形象。

社会责任培训：为企业提供社会责任理论和实践培训，提升管理层和员工的社会责任意识，并帮助企业掌握社会责任工作工具。

社会责任评估：依托中国社会科学院企业社会责任研究中心的数据库和知识库资源，为企业提供社会责任诊断和评估，并提供针对性解决方案。

地址：北京市朝阳区东三环中路 39 号建外 soho 写字楼 A 座 1710（100022）

邮箱：sunxw@ cass – csr. org

电话：010 – 59001552

主要作者简介

黄群慧 中国社会科学院经济学部企业社会责任研究中心常务副理事长。1966年8月生，男，汉族，河北省石家庄人，1986年、1991年和1999年先后毕业于河北科技大学、华中科技大学和中国社会科学院研究生院，分别获得工学学士、工学硕士和管理学博士学位。享受国务院政府特殊津贴。现为中国社会科学院工业经济研究所党委书记，研究员，教授，博士生导师，中国企业管理研究会副会长、常务副理事长，中国社会科学院中小企业研究中心理事长，多所大学兼职教授。研究领域为产业经济和企业管理，曾先后主持和参与完成国家社会科学基金重大招标课题、中国社会科学院重大课题多项。在《中国社会科学》《经济研究》等学术刊物公开发表论文百余篇，独立撰写、参与撰写著作十余部。获第十二届孙冶方经济科学奖、第二届蒋一苇企业改革与发展学术基金优秀专著奖、第三届蒋一苇企业改革与发展学术基金优秀论文奖、第十四届国家图书奖和中国社会科学院优秀科研成果三等奖等。

彭华岗 中国社会科学院经济学部企业社会责任研究中心常务副理事长。1962年11月生，男，汉族，江苏溧阳人，经济学博士。先后毕业于北京钢铁学院、吉林大学。国务院国资委研究局局长、国务院国资委行业协会联系办公室主任，高级经济师。长期从事企业管理和经济政策研究工作，曾任首钢总公司党委研究室副主任、党委组织部副部长，首钢总公司考试考核委员会主任。1997 年进入国家机关工作，曾任国家经济贸易委员会政策法规司政策研究处处长、研究室副主任，国务院国有资产监督管理委员会研究室副主任。2005 年开始担任国资委研究室主任，2008 年改任国资委研究局局长。主持国资委 A 类课题“中央企业社会责任理论研究”“企业社会责任推进机制研究”等。中国社会科学院研究生院特邀教授，中国社会科学院研究生院 MBA“企业社会责任”课程首席专家。

钟宏武 中国社会科学院经济学部企业社会责任研究中心主任。1977 年出生，男，四川省简阳人。毕业于中国社会科学院研究生院工业经济系，管理学博士，副研究员。2007 年，受日立奖学金资助，前往日本三井全球战略研究所访学半年，研究日本企业的社会责任。先后访问南非、英国、瑞典、中国台湾、缅甸、苏丹、韩国等国家和地区，研究企业社会责任。主持“海外中资企业社会责任研究”（中国扶贫基金会课题）“企业社会责任推进机制研究”（国资委课题）、“上市公司社会责任信息披露”（深交所课题）；编著《中国企业社会责任报告编写指南（CASS - CSR 1. 0/2. 0/3. 0）》《中国企业社会责任报告白皮书（2011/2012）》《企业社会责任管理体系》《政府与企业社会责任：国际经验与中国实践》《慈善捐赠与企业绩效》等专著；在《经济研究》《中国工业经济》《人民日报》等报刊发表学术论文 50 余篇。

张 蒽 中国社会科学院经济学部企业社会责任研究中心常务副主任，中国社会科学院社会发展战略研究院助理研究员。1982 年生，女，管理学博士，作为主要研究人员参与“中央企业社会责任推进机制研究”“上市公司社会责任信息披露”“中央企业社会责任理论研究”“企业社会责任指标体系研究”等重大课题的研究。出版《中国企业社会责任发展指数报告（2009）》《中国企业社会责任报告编写指南（CASS－CSR2.0）》《企业社会责任管理体系研究》《中国企业社会责任报告白皮书（2011）》《中国上市公司非财务信息披露研究报告（2011）》等专著，在《中国工业经济》《经济管理》等期刊公开发表社会责任相关论文。

摘 要

在延续和发展《企业社会责任蓝皮书（2009/2010/2011/2012）》的研究方法和技术路线的基础上，课题组组织编写了《中国企业社会责任研究报告（2013）》。全书由总论、中国企业100强指数篇、中国上市公司指数篇、重点行业指数篇和附录五大部分构成。

总论“中国企业社会责任发展指数（2013）”由中国社会科学院经济学部企业社会责任研究中心构建出一套企业社会责任管理现状和责任信息披露水平的综合评价体系，它以中国100强系列企业为研究对象，从企业社会责任报告、财务报告、企业官方网站等公开渠道搜集企业主动披露的责任信息，对2012～2013年国有企业100强、民营企业100强、外资企业100强的社会责任管理现状和信息披露水平进行了全方位研究，形成中国100强企业社会责任发展指数（2013）。

中国企业100强指数篇是对总论的细化解读，由“中国国有企业100强社会责任发展指数（2013）”“中国民营企业100强社会责任发展指数（2013）”和“中国外资企业100强社会责任发展指数（2013）”三章构成。上述章节分别对中国100强国有企业、民营企业和外资企业的社会责任发展指数进行了详细解读，总结了其年度特征。

中国上市公司指数篇是对中国上市公司社会责任状况进行的研究，由“中国上市公司社会责任发展指数（2013）”“上交所上市公司社会责任发展指数（2013）”“深交所上市公司社会责任发展指数

(2013)”三章构成。上述章节分别对中国上市公司沪深300指数成分股、沪深300成分股上交所上市公司、沪深300成分股深交所上市公司的社会责任发展指数进行了详细解读，总结了其年度特征。

重点行业指数篇由第七章到第二十章构成，课题组对电力、银行、通信、电子、石油石化、金属、计算机、装备制造、房地产、食品、汽车、零售、日化、服装鞋帽制造等14个行业的企业社会责任发展水平进行了分析和评价，把握其阶段性特征，并推动行业内企业健全社会责任管理体系，提升社会/环境信息披露水平。

附录一详细呈现了中国企业100强系列企业社会责任发展指数(2013)，附录二详细呈现了中国国有企业100强企业社会责任发展指数（2013)，附录三详细列举了中国民营企业100强企业社会责任发展指数（2013)，附录四详细列举了中国外资企业100强企业社会责任发展指数（2013)，附录五至七详细列举了中国上市公司社会责任发展指数（2013)，附录八详细列举了14个行业的社会责任发展指数，附录九介绍了基于云技术的社会责任专业平台——责任云。

Abstract

Following and developing the research methods and technological routes of CSR Blue Book (2009/2010/2011/2012), we write the CSR Blue Book (2013). The book is constituted by 5 parts: Overview, index (Top 100 Firms Index, Listed Companies Index), industry and appendix.

The overview is "The CSR Development Index of Top 100 Firms in China (2013)". The CSR Research Center of CASS Economics Division builds a comprehensive appraisal system to evaluate the situation of CSR management and the level of CSR information disclosure. The research objects are series of top 100 corporations in China, containing top 100 SOEs, top 100 private enterprises and top 100 foreign-invested enterprises. By collecting the CSR information via their CSR reports, annual reports and official websites, we did an all-around research on their current CSR management and CSR information disclosure between 2012 and 2013.

The Top 100 Firms Index chapter is a detailed interpretation of the overview, and constituted by 3 chapters, which are "The CSR Development Index of Top 100 SOEs in China (2013)", "These CSR Development Index of Top 100 Private Firms in China (2013)" and "The CSR Development Index of Top 100 Foreign-invested Firms in China (2013)". These 3 chapters explain the CSR development index and summarize the CSR annual characteristics respectively.

The Listed Companies Index chapter is a research about the listed companies in China, and constituted by 3 chapters, which are "the CSR Index of Listed Companies in China", "the CSR Index of Shanghai Stock

Exchange Listed Companies (2013) " and "the CSR Index of Shenzhen Stock Exchange Listed Companies (2013) ". These 3 chapters explain the CSR development index and summarize the CSR annual characteristics of the CSI 300 respectively.

The Industry chapter includes from Section 7 to 20. The research group analyzes and evaluates the CSR development level of 14 industries, such as power sector, banking , communications, electronics industry, petroleum and petrochemical industry, metal manufacturing, computer industry, equipment manufacturing, real estate, food and beverage industry, automobile, retail and consumer chemicals industry, and apparel industry, etc.

In appendices, details of "The CSR Development Index of Top 100 Firms in China (2013)" are given in Appendix 1 and those of "The CSR Development Index of Top 100 SOEs in China (2013)" in Appendix 2. Next, "The CSR Development Index of Top 100 Private Firms in China (2013)" is listed in Appendix 3 and "The CSR Development Index of Top 100 Foreign-invested Firms in China (2013)" in Appendix 4. In Appendix 5 -7, we list the CSR Development Index of CSI300 (2013), Shanghai Stock Exchange and Shenzhen Stock Exchange in CSI300 (2013). We list the CSR Development Index of 14 industries in Appendix 8. Finally, we introduce CSR cloud, the CSR online database.

前言
迎接企业社会责任的大数据时代

企业社会责任的概念在20世纪80年代就已经引入我国，然而企业社会责任理念在我国开始广泛传播及众多企业开始发布社会责任报告则是在21世纪初。伴随着中国快速的工业化进程及全球经济一体化进程，进入21世纪以后，尤其是在2006年以后的这些年，中国企业社会责任的理论和实践发展十分迅速，2006年中国仅发布了32份社会责任报告，到2012年，猛增到1006份，增长了30多倍。一方面，企业社会责任的认识日益深入；另一方面，企业社会责任的实践日趋广泛。

从认识方面看，社会各界对企业社会责任，对企业、社会、环境的协调可持续发展的重要意义逐步达成共识。仅就企业发布社会责任报告而言，随着企业社会责任理论和实践的深入发展，人们逐渐认识到其意义和作用绝不仅仅是提升企业品牌形象，发布企业社会责任报告对企业发展具有十分重要的全局性战略意义。企业社会责任报告主题包括十分广泛的社会议题，向利益相关方全面展示企业社会存在的合理性，通过向社会发布企业社会责任报告，可以将企业社会责任内化为企业核心商业价值与战略措施。一份优秀的企业社会责任报告，既是企业内部核心价值统一、组织协调、制度完善、管理提升的重要工具，也是外部环境分析、关系管理、风险控制、竞争力提升的良好手段。

从实践方面看，全社会关注和推动的局面正逐步形成。近年来，我国政府、消费者、企业、员工、商业伙伴、媒体、研究者、行业协会、责任投资者等社会各界都在推动企业社会责任；企业社会责任运动从能源、电力等公共事业逐步向采掘、制造、贸易、零售、通信、金融、房地产等各行各业扩散，从北京、上海、广州等东部中心城市向中部、西部和东北的省、市、区扩散；企业的社会责任管理从“解释问题”到“解决问题”转变，不少企业建立了社会责任部门，统筹推动企业社会责任工作，部分先进企业积极探索将社会责任工作融入企业战略和日常管理。

蓬勃发展的企业社会责任理论和实践，带来的巨量的有关企业社会责任的数据集，推动了企业社会责任的大数据时代的到来。如何从大数据中挖掘有价值的信息成为企业社会责任研究者的重要任务。中国社会科学院经济学部企业社会责任研究中心定位为“中国企业社会责任的研究者、推进者和观察者”，以从企业社会责任大数据中挖掘有价值的信息为己任，2009 年至今，已连续 5 年编写并发布《企业社会责任蓝皮书——中国企业社会责任研究报告》。在这部蓝皮书中，我们通过构造“中国企业社会责任发展指数”（以下简称“指数”），并进一步从企业年报、企业官方网站、企业社会责任报告、各类媒体报道等公开渠道提供的数据中，挖掘出有关企业社会责任的有价值的信息，包括中国企业的年度社会责任管理状况和责任信息披露水平、中国企业社会责任发展进程的阶段性特征等，为深入研究中国企业社会责任提供基准性参考，从而对推动中国企业社会责任更好更快发展具有十分重要的意义。

《企业社会责任蓝皮书》的编写，坚持了“四项基本原则”。第一，坚持了理论研究与实践引导相结合的基本原则。为了使企业社会责任发展水平评价具有科学性，我们创新性地提出了“四位一体”

的企业社会责任理论模型。在这个模型指导下，结合国情构造了分行业的社会责任评价指标体系。通过这个评价体系，我们对中国100强系列企业的社会责任管理现状和社会责任信息披露水平进行综合评价，其结果具有实践引导价值和指导意义。同时，我们总结了中国企业社会责任的领先实践。所谓领先实践，是指企业在社会责任管理体系建设或信息披露方面具有创新性、引领性的先验做法，这对相关行业和领域的企业社会责任活动具有重要的借鉴和指导意义。第二，坚持了全面评价与专项评价相结合的基本原则。我们的指数不仅包括基于规模评价的国有、民营、外商投资三类企业的100强，而且还专项针对上市公司进行评价，同时还选择电力、银行、石油石化、通信、电子、计算机、装备制造、汽车、房地产、食品饮料、金属材料、日用化工、服装鞋帽、零售等行业进行行业指数评价，也体现了我们理论研究的深度。第三，坚持了静态评价与动态评价相结合的基本原则。每年都计算当年的100强系列企业社会责任指数，反映了当年企业社会责任的现状。同时，由于我们评价工作具有连续性，已经连续评价了5年，使我们能够动态地反映我国企业社会责任发展水平，从而动态地描述出我国企业社会责任发展的阶段性特征。第四，坚持了国际标准与中国实践相结合的基本原则。关于企业社会责任，国际上已经有很多标准，现在也逐渐引进了我国。我们的蓝皮书在选择评价指标和具体评价企业社会责任实践时，考虑和借鉴了企业社会责任的国际标准，但是也结合了一些中国的实践，凸显了中国特色。

《企业社会责任蓝皮书》每年连续出版发布，实现了四个“有利于”。一是有利于提升全社会的企业社会责任意识。每年《企业社会责任蓝皮书》的发布，都引起了社会各界的广泛关注，中央电视台、《人民日报》、中央广播电台、BBC、新浪网、凤凰网等上百家媒体曾报道我们的评价成果，极大地强化了社会各界的企业社会责任意识。二是有利于提升企业的社会责任管理水平。《企业社会责任蓝皮书》中提出的企业社会责任评价指标体系本身就对企业的社会责任管理实践具有指导和规范作用，而评价结果中那些处于企业社会责任“卓越者”和“领先者”阶段的企业，其社会责任管理实践对处于“追赶者”和“起步者”阶段的企业具有示范和标杆作用。因此，《企业社会责任蓝皮书》对于企业建立社会责任管理体系、加大社会责任信息披露力度和提升透明度，提高企业社会责任管理水平，起到了积极的促进作用。三是有利于提升中国企业社会责任研究水平。《企业社会责任蓝皮书》不仅提出了“四位一体”的企业社会责任理论模型和分行业的评价指标体系，在一定程度上填补了我国企业社会责任研究的空白，而且其评价结果和从企业社会责任大数据中挖掘出来的其他信息，对企业社会责任研究者提供了有价值的研究基础和参考。四是有利于提升中国企业社会责任的国际影响力。《企业社会责任蓝皮书》的出版，还引起了国际上的关注，日本产经新闻、法国 24 电视台等媒体给予了报道，日本亚洲交流研究所翻译了《企业社会责任蓝皮书（2012）》，2013 年 1 月日文版的《企业社会责任蓝皮书》在东京公开出版发行，此后每年的《企业社会责任蓝皮书》（日文版）将同期发行出版，英文版也将出版发布。此外，联合国、欧盟、法国、美国、瑞典、韩国、挪威等国际机构和外国使馆的相关人员先后拜访中心，就《企业社会责任蓝皮书》进行专项交流。

《企业社会责任蓝皮书》已经连续发布五年，每年都尝试有所创新。面对大数据时代，2013 年的《企业社会责任蓝皮书》试图在这方面有所创新。在 IBM 中国的规划指导及中国软件集团的技术协作下，中心开发了“责任云”平台，通过云计算、大数据为政府、企业、中介机构、媒体、公众等各方提供“综合型”“一站式”的企业

社会责任服务。今年的《企业社会责任蓝皮书》的技术支撑平台和展示查询平台就是“责任云”，我们还同时发布基于移动终端的 APP 应用，使用者可以方便、快捷地查看中国 100 强系列企业社会责任发展指数的技术路线、评价结果和原始数据。展望未来，《企业社会责任蓝皮书》将持续出版发布，并不断优化，以期更加专业、创新、开放，从而推动中国企业社会责任更好更快发展。

目 录

𝔹Ⅰ 总论

𝔹Ⅱ 中国企业 100 强指数篇

BⅢ 中国上市公司指数篇

BⅣ 重点行业指数篇

皮书数据库阅读使用指南

CONTENTS

B I Overview

B II The CSR Development Index of the Top 100 Firms in China

BⅢ The CSR Development Index for Chinese Listed Companies

B IV Industry

总　论

Overview

B.1 中国企业社会责任发展指数（2013）*

2009年以来，中国社会科学院经济学部企业社会责任研究中心（以下简称“中心”）连续四年发布《中国100强企业社会责任发展指数》（以下简称“指数”），[①] 评价中国企业年度的社会责任管理状况和责任信息披露水平，辨析中国企业社会责任发展进程的阶段性特征，为深入研究中国企业社会责任提供基准性参考。2013年，中心继续对国有企业100强、民营企业100强和外资企业100强的社会责任发展水平进行了评价，研究中国企业社会责任在2012～2013年的发展特征，促进中国企业社会责任发展。

---

* 数据源自责任云（www. zerenyun. com）。

① 100强企业是100强系列企业的简称，中国100强企业社会责任发展指数（2013）的评价对象包括国有企业100强、民营企业100强和外资企业100强。

第一节　研究方法与技术路线

企业社会责任发展指数是对企业社会责任管理体系建设现状和社会/环境信息披露水平进行评价的综合指数。中国100强系列企业社会责任发展指数（2013）的研究路径如下：延续责任管理、市场责任、社会责任、环境责任“四位一体”的理论模型；参考ISO26000等国际社会责任指数、国内社会责任倡议文件和世界500强企业社会责任报告指标，优化分行业社会责任指标体系；从企业社会责任报告、企业年报、企业官方网站搜集国有企业100强、民营企业100强和外资企业100强2012～2013年的社会责任信息；对企业的社会责任信息进行内容分析和定量评价，得出企业社会责任发展指数初始得分，并根据责任奖项、责任缺失[①]和创新责任管理对初始得分进行调整，得到企业社会责任发展指数最终得分与排名（见图0－1）。

一　理论模型

本研究延续责任管理、市场责任、社会责任、环境责任“四位一体”的理论模型（见图0－2）。责任管理位于模型的核心，是每个企业社会责任实践的原点。企业责任管理包括责任战略、责任治理、责任融合、责任绩效、责任沟通和责任能力。市场责任居于模型基部。企业是经济性组织，为市场高效率、低成本地提供有价值的产品或服务，取得较好的财务绩效是企业可持续发展的基础。市场责任包括客户责任、伙伴责任和股东责任等与企业业务活动密切相关的责任。

① 责任缺失负面信息的来源包括人民网、新华网等权威媒体和相关政府网站。

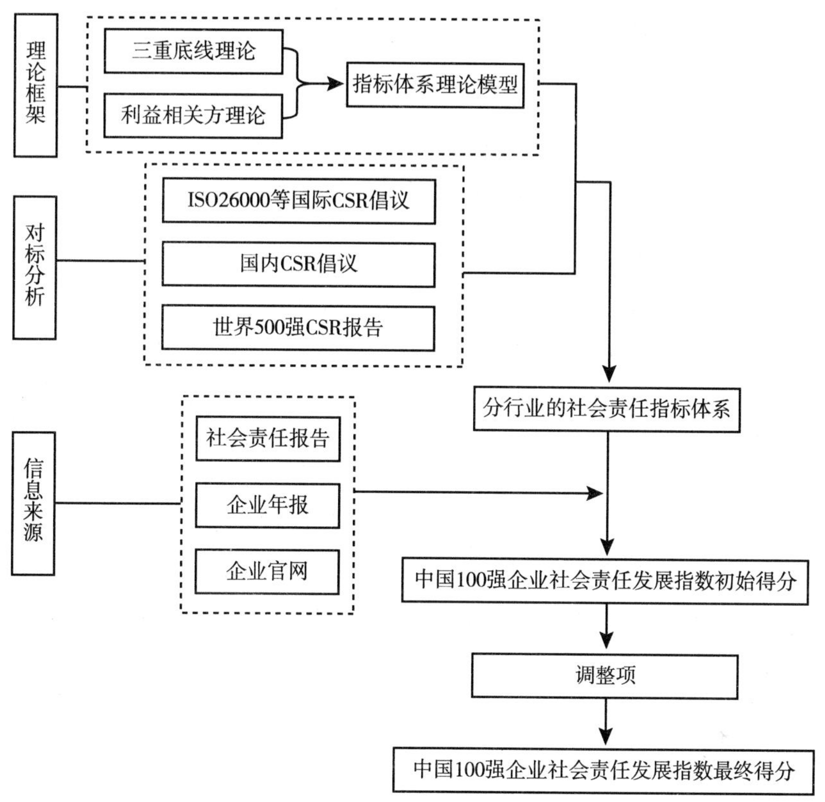

图 0－1　中国 100 强系列企业社会责任发展指数研究路径

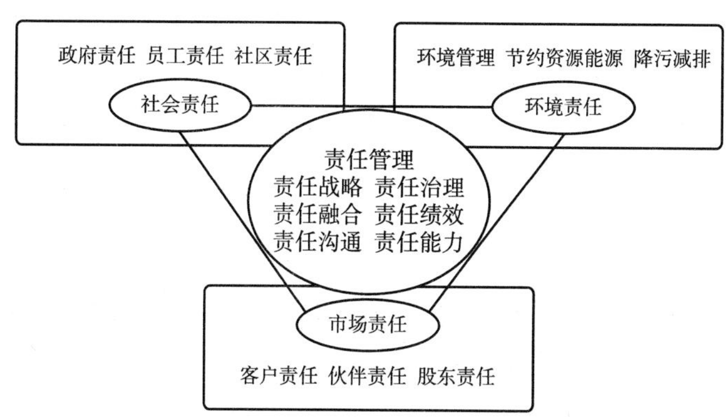

图 0－2　“四位一体”理论模型

社会责任为模型的左翼，包括政府责任、员工责任和社区责任。环境责任为模型的右翼，包括环境管理、节约能源资源、降污减排等内容。整个模型围绕责任管理这一核心，以市场责任为基石，社会责任、环境责任为两翼，形成一个稳定的闭环三角结构。

二 对标分析

为了使中国企业社会责任发展指数指标体系既能遵从国际规范又符合中国实践，本研究参考了国际企业社会责任倡议和指标体系、国内企业社会责任倡议以及世界500强企业的社会责任报告。

参考的国际企业社会责任倡议和指标体系包括国际标准化组织颁布的社会责任指南（ISO26000）、全球报告倡议组织（GRI）可持续发展报告指南（G4）、《财富》100强责任排名指数、道琼斯可持续发展指数、英国企业商会（BiTC）企业责任指数等；参考的国内企业社会责任倡议包括《中央企业履行社会责任的指导意见》《中国工业企业及工业协会社会责任指南》《深圳证券交易所上市公司社会责任指引》等；参考的世界500强企业的社会责任报告主要是中国100强系列企业所涉及的行业的社会责任报告，以借鉴其中的行业关键指标。

三 分行业评价指标体系

不同行业的责任议题的重要性存在着较大的差别。中国100强企业社会责任发展指数（2013）依据不同行业的社会责任特性，构建了分行业的企业社会责任指标体系。行业分类以国家统计局的“国民经济行业分类”为基础，根据各行业社会责任关键议题的相近程度，进行合并和拆分，确保指标体系构建的科学性和指标的实质性。

2013年，中国100强系列企业分布于42个行业。其中，混业企业最多，有67家；[①] 其次是金属冶炼及压延加工业，有31家；再次为机械设备制造业和交通运输设备制造业，各有28家企业。

表0－1　中国100强系列企业（2013）行业分布

单位：家

编号	100强企业的行业分类	对应的国民经济行业分类	数量
1	金属冶炼及压延加工业	黑色金属冶炼及压延加工业、有色金属冶炼及压延加工业	31
2	机械设备制造业	通用设备制造业、专用设备制造业、电气机械及器材制造业（不含家用电力器具制造、非电力家用器具制造）	28
3	交通运输设备制造业	交通运输设备制造业	28
4	房地产开发业	房地产开发经营	25
5	工业化学品制造业	化学原料及化学制品制造业（不含日用化学产品制造）、化学纤维制造业、橡胶制品业、塑料制品业	22
6	食品饮料业	农副食品加工业、食品制造业、软饮料制造业	18
7	零售业	零售业	17
8	电子产品及电子元件制造业	电子器件制造、电子元件制造	17
9	计算机及相关设备制造业	电子计算机制造	16
10	银行业	银行业	15
11	批发贸易业	批发业	14
12	交通运输服务业	交通运输、仓储和邮政业	14
13	建筑业	建筑业	12
14	通信设备制造业	通信设备制造、雷达及配套设备制造	11
15	一般采矿业	黑色金属矿采选业、有色金属矿采选业、非金属矿采选业和其他采矿业	10
16	金属制品业	金属制品业	10

① 对于跨两个或三个行业的企业，根据分行业评价指标体系分别对企业涉及的所有行业进行评价；对于跨三个以上行业的企业，选取最为主要的三个行业进行评价。

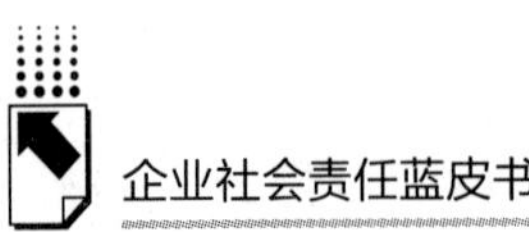

续表

编号	100强企业的行业分类	对应的国民经济行业分类	数量
17	家用电器制造业	家用电力器具制造、非电力家用器具制造	9
18	石油和天然气开采业与加工业	石油天然气开采业,石油加工、炼焦及核燃料加工业	9
19	电力生产业	电力生产业	9
20	医药生物制造业	医药制造业	9
21	保险业	保险业	7
22	纺织业	纺织业	7
23	服装鞋帽制造业	纺织服装、鞋、帽制造业	6
24	计算机服务业	计算机服务业	5
25	日用化学品制造业	日用化学产品制造	5
26	非金属矿物制品业	黑色金属矿采选业、有色金属矿采选业、非金属矿采选业	5
27	煤炭开采与洗选业	煤炭开采和洗选业	5
28	证券基金及其他金融服务业	包括资本市场服务业和其他金融业	3
29	通信服务业	通信服务业	3
30	旅游业	对应交通运输、仓储和邮政业,住宿和餐饮业,文化、体育和娱乐业等部分内容的综合性行业	3
31	农林牧渔业	农林牧渔业	3
32	造纸业	造纸及纸制品业	2
33	电力供应业	电力供应业	2
34	餐饮业	餐饮业	2
35	酒店业	住宿业	2
36	互联网服务业	互联网和相关服务业	2
37	一般服务业	租赁和商务服务,科学研究、技术服务和地质勘查业,水利、环境和公共设施管理业	1
38	水的生产和供应业	水的生产和供应业	1
39	房地产服务业	房地产业	1
40	一般制造业	制造业(本研究42个行业中制造业类未涵盖的其他制造业)	1

续表

编号	100强企业的行业分类	对应的国民经济行业分类	数量
41	酒精及饮料酒制造业	酒、饮料和精制茶制造业	1
42	文化娱乐业	文化、体育和娱乐业	1
43	混业	除以上行业外，混业企业还涉足一般采矿业，计算机服务业，证券、基金等其他金融业，酒店业等	67

注：由于混业的存在，即部分企业所在的行业大于1个，42个行业的企业数量之和大于300家。

如上所述，经过行业细分、强化特征议题后，2013年发展指数指标体系的科学性、针对性均得以改进。表0－2展示了中国100强企业社会责任发展指数（2013）的指标体系。[①]

表0－2　中国100强企业社会责任发展指数（2013）指标体系

一级指标	二级指标	三级指标
责任管理	（一）责任战略	(1)企业社会责任理念；(2)核心社会责任议题；(3)企业社会责任规划
	（二）责任治理	(1)社会责任领导机构；(2)社会责任组织体系；(3)社会责任管理制度
	（三）责任融合	(1)推进下属企业社会责任工作；(2)推动供应链合作伙伴履行社会责任
	（四）责任绩效	(1)构建企业社会责任指标体系；(2)CSR指标体系考核评价；(3)企业内部社会责任优秀评选
	（五）责任沟通	(1)利益相关方对企业的期望以及企业的回应措施；(2)企业高层领导参与社会责任沟通与交流活动；(3)公司主页上有CSR专栏；(4)发布社会责任报告
	（六）责任能力	(1)社会责任培训；(2)开展CSR课题研究；(3)与教研机构开展CSR合作；(4)参加国内外社会责任标准制定

① 以一般制造业为例。

续表

一级指标	二级指标	三级指标
市场责任	（一）客户责任	(1)客户关系管理制度;(2)支持产品服务创新的制度措施;(3)研发投入;(4)研发人员数量及比例;(5)新增专利数;(6)重大创新奖项;(7)产品质量管理体系;(8)产品合格率;(9)售后服务体系;(10)积极应对客户投诉;(11)客户信息保护;(12)客户满意度调查
	（二）伙伴责任	(1)供应链社会责任评估和调查;(2)战略共享机制及平台;(3)责任采购制度及(或)方针;(4)诚信经营的理念与制度保障;(5)公平竞争的理念和制度保障;(6)诚信经营和公平竞争培训;(7)信用评估等级
	（三）股东责任	(1)成长性;(2)收益性;(3)安全性;(4)投资者关系管理体系
社会责任	（一）政府责任	(1)响应国家政策;(2)纳税总额;(3)确保就业及(或)带动就业的政策或措施;(4)报告期内吸纳就业人数;(5)企业守法合规体系;(6)守法合规措施;(7)守法合规培训
	（二）员工责任	(1)遵守国家劳动法律法规;(2)劳动合同签订率/集体合同覆盖率;(3)社保覆盖率;(4)参加工会的员工比例;(5)禁止强迫劳动;(6)保护雇员个人信息和隐私;(7)社会对话机制和集体谈判机制;(9)兼职、临时工和分包商员工权益保护;(10)向员工提供有竞争力的薪酬;(11)每年人均带薪休假天数;(12)平等雇佣制度;(13)女性管理者比例;(15)残疾人雇佣率或雇用人数;(16)职业病防治制度;(17)职业病发生次数;(18)员工心理健康制度/措施;(23)职业安全健康培训;(24)体检及健康档案覆盖率;(26)员工培训制度;(28)员工职业发展通道;(30)员工培训力度;(31)民主管理与厂务公开;(33)为特殊人群(如孕妇、哺乳妇女等)提供特殊保护;(34)确保工作生活平衡;(35)困难员工帮扶投入;(36)员工满意度;(37)员工流失率
	（三）安全生产	(1)安全生产管理体系;(2)安全应急管理机制;(3)安全教育与培训;(4)安全培训绩效;(5)安全生产投入;(6)员工伤亡人数
	（四）社区责任	(1)评估运营对社区的影响;(2)支持社区成员(尤其是弱势群体)的教育和学习;(3)支持本地化采购;(4)支持员工本地化;(5)捐赠方针或捐赠制度;(6)企业公益基金/基金会;(7)捐赠总额(万元);(8)海外公益;(9)支持志愿者活动的政策、措施;(10)员工志愿者活动数据
环境责任	（一）环境管理	(1)环境管理体系;(2)环境事故应急机制;(3)绿色采购;(4)环保培训与宣教;(5)环保总投资;(6)环保技术设备的研发与应用;(7)环保产品的研发与销售体系;(8)环保公益;(9)新建项目环境评估制度;(10)环保培训力度
	（二）节约资源能源	(1)节约能源政策措施;(2)单位产值能耗及能源节约量;(3)节约用水制度/措施;(4)单位产值水耗及水资源节约量;(5)使用可再生能源的政策、措施;(6)循环经济政策/措施;(7)绿色办公措施

续表

一级指标	二级指标	三级指标
环境责任	（三）减排降污	(1)减少废气排放的政策、措施或技术；(2)减少废水排放的制度、措施或技术；(3)减少废弃物排放制度、措施或技术；(4)废弃物排放量及减排量；(5)厂区及周边生态环境治理；(6)积极应对气候变化；(7)温室气体排放量及减排量；(8)生产噪声治理
调整项	（一）负调整项	(1)责任管理负面信息；(2)股东责任负面信息；(3)伙伴责任负面信息；(4)客户责任负面信息；(5)政府责任负面信息；(6)员工责任负面信息；(7)安全生产负面信息；(8)社区责任负面信息；(9)环境责任负面信息
	（二）正调整项	(1)责任管理获奖；(2)股东责任获奖；(3)伙伴责任获奖；(4)客户责任获奖；(5)政府责任获奖；(6)员工责任获奖；(7)安全生产获奖；(8)社区责任获奖；(9)环境责任获奖
	（三）领先实践	领先的责任管理措施

四　指标赋权与评分

中国100强企业社会责任发展指数（2013）的赋值分为以下六个步骤：

1. 根据各行业指标体系中各项企业社会责任内容的相对重要性，运用层次分析法确定责任管理、市场责任、社会责任、环境责任等四大类责任板块的权重；

2. 根据指标的实质性和重要性，为每大类责任板块下的具体指标赋权；

3. 根据企业社会责任管理现状和信息披露的情况，给出各项社会责任内容下的每一个指标的得分；①

① 评分标准是：无论管理类指标或绩效类指标，如果从企业公开信息中能够说明企业已经建立了相关体系或者披露了相关绩效数据，就给分；否则，该项指标不得分。指标得分之和就是该项责任板块的得分。

4. 根据权重和各项责任板块的得分，计算企业在所属行业下社会责任发展指数的初始得分。计算公式为：企业社会责任指数初始得分 = $\sum_{j=1,2,3,4} A_j W_j$，其中，A_j 为企业某社会责任板块得分，W_j 为该项责任板块的权重；

5. 初始得分加上调整项得分就是企业在所属行业下的社会责任发展指数得分。调整项得分包括企业社会责任相关奖项的奖励分（每个二级指标下的奖项奖励 1 分），以及对企业社会责任管理的创新实践的特别加分（加 5 分）；

6. 如果企业的经营范围为单一行业，则所属行业下的社会责任发展指数得分就是该企业的社会责任发展指数最终得分。如果企业被确定为混业经营，则该企业的社会责任指数最终得分 = $\sum_{j=1,\cdots,k} B_j I_j$，其中，$B_j$ 为企业在某行业下的社会责任发展指数得分，I_j 为该行业的权重。各行业权重按照行业的社会责任敏感度设定，跨两个行业的企业，按照“6、4”原则赋权，社会责任敏感度较高的行业权重为 60%，敏感度较低的行业权重为 40%；跨三个行业的企业，按照“5、3、2”原则赋权，社会责任敏感度最高的行业权重为 50%，其次为 30%，再次为 20%。①

五　评价对象

（一）国有企业 100 强

中国国有企业 100 强的样本以中国企业联合会、中国企业家协会联合发布的“2013 年中国企业 500 强”榜单为基础，按照营业收入依次选取前 100 家企业，并做出如下调整：（1）剔除特种

① 社会责任敏感度主要从环境敏感度、客户敏感度考察，耗能大、污染多的行业环境敏感度较高；与消费者直接接触的行业敏感度较高。

行业企业；（2）剔除依靠财政拨款和政策性银行融资的企业；（3）剔除兼并重组、破产倒闭的企业；（4）增加2012年营业收入达到100强要求的企业；[①]（5）如果股份公司占集团资产的90%以上，以股份公司为评价对象。调整后的100家国有企业涉及30个行业，中央企业70家，国有金融企业11家，其他国有企业19家。

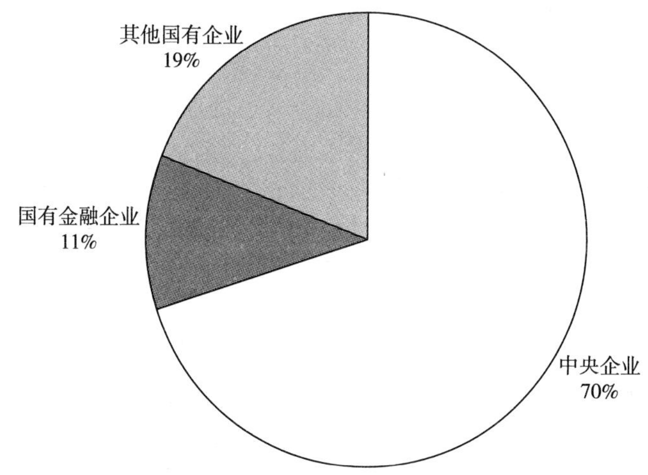

图0-3 国有企业100强企业性质分布

（二）民营企业100强

民营企业100强的样本选取以中国企业联合会、中国企业家协会发布的“2013年中国企业500强”榜单为基础，以民营资本控股为原则，根据营业收入规模选出中国民营企业100强。民营企业涉及26个行业，总部分布在我国19个省、自治区和直辖市（见图0-4）。

① 一些企业虽未申报“2013年中国企业500强”，但它们的企业规模已经达到100强的要求。

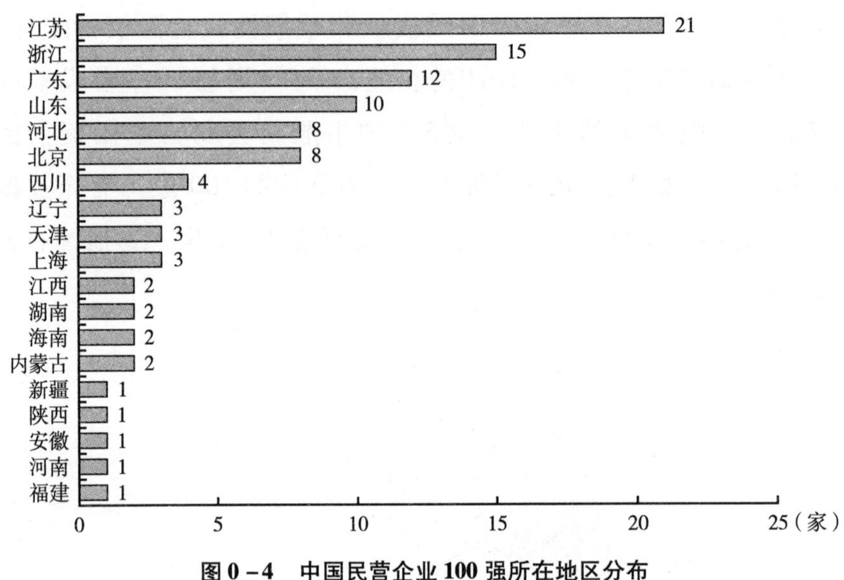

图 0－4　中国民营企业 100 强所在地区分布

（三）外资企业 100 强

2013 年外资企业 100 强的选择以《财富》杂志公布的“2013 年世界 500 强”榜单为基础，按照销售收入依次选取前 100 家企业，并做出如下调整：（1）剔除在中国没有经营业务的国外企业；（2）依据在中国的影响力和品牌知名度确定外资企业 100 强名单。外资企业分布的行业范围较广，100 强外资企业覆盖了 29 个行业。母公司总部所在地分布于美国（34 家）的外资企业最多，其次为总部位于日本（18 家）、法国（12 家）和德国（9 家）的外资企业数量，总部位于中国台湾（5 家）和韩国（5 家）的企业相同，总部位于英国的外资企业 4 家、位于新加坡的外资企业 3 家（见图 0－5）。

六　信息来源

中国 100 强企业社会责任发展指数的评价信息来自企业主动公开

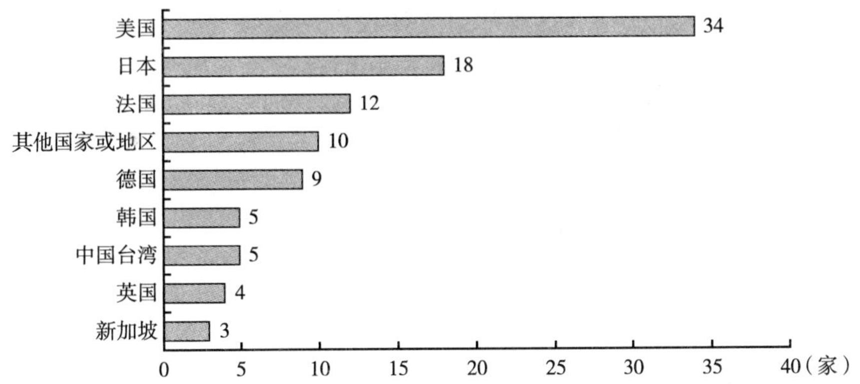

图 0-5 外资企业 100 强母公司所在地

注：其他国家或地区是总部位于该地的外资企业数量小于 3 家的国家或地区数量总和，其中，总部位于荷兰、瑞士、瑞典的外资企业各有 2 家，总部位于爱尔兰、泰国、中国香港和芬兰的企业总数各有 1 家。

披露的社会/环境信息。这些信息应该满足以下基本原则：①主动性，向社会主动披露社会/环境信息是企业的重要责任，因此，这些信息应该是企业主动披露的信息；②公开性，利益相关方能够通过公开渠道方便地获取相关信息；③实质性，这些信息要能切实反映企业履行社会责任的水平；④时效性，这些信息要反映出企业最新的责任实践。

依据上述原则，本研究确定了三类信息来源：2012 年度企业社会责任报告①、2012 年企业年报及企业官方网站。2013 年，中国 100 强系列企业中共有 212 家企业（占 70.7%）在官网中设置了企业社会责任专栏，及时披露企业社会责任管理和实践信息；共有 116 家企

① 企业社会责任报告是企业非财务报告的统称，包括环境报告、可持续发展报告、企业公民报告、企业社会责任报告等。中国 100 强企业社会责任发展指数（2013）为了满足时效性要求，仅将 2012 年的企业社会责任报告纳入信息来源范围，对于其他年度的社会责任报告所公布的责任信息不作分析。

业（占38.7%）发布了企业社会责任报告，系统地向利益相关方披露上年度企业社会责任管理与实践的状况（见图0－6），包括69家国有企业、20家民营企业和21家外资企业。

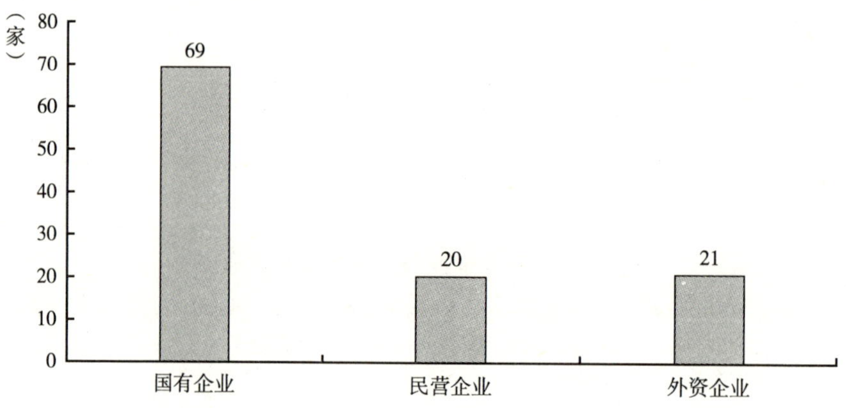

图0－6　2013年100强企业发布CSR报告情况

此外，本研究在对企业履行社会责任的情况进行评价时，还考虑了企业的缺失行为和负面信息。由于中国企业很少主动披露负面信息，因此企业社会责任负面信息的来源不局限于社会责任报告、年报和官方网站，课题组统计了新华网、人民网等权威媒体和政府网站的相关报道。

七　时间范围

本年度的信息搜集截止日期为2013年7月31日。如果企业在此之前公开发布了2012年度的企业社会责任报告和企业年度报告，则纳入信息采集范围；否则不作为信息来源。企业官方网站的信息采集区间为2012年8月1日至2013年7月31日期间发布的消息。

八　发展阶段划分

为了直观地反映出100强企业的社会责任管理现状和信息披露水平，课题组根据企业社会责任发展的阶段特征，将企业分为五类：卓越者、领先者、追赶者、起步者和旁观者，各类企业对应的社会责任发展指数得分区间和企业社会责任发展特征如表0－3所示。

表0－3　企业社会责任发展类型

序号	发展阶段	得分区间	企业特征
1	卓越者	80分以上	企业建立了完善的社会责任管理体系，社会责任信息披露完整，是我国企业社会责任的卓越引领者
2	领先者	60～80分	企业逐步建立社会责任管理体系，社会责任信息披露较为完整，是我国企业社会责任的先行者
3	追赶者	40～60分	企业开始推动社会责任管理工作，社会责任披露基本完善，是社会责任领先企业的追赶者
4	起步者	20～40分	企业社会责任工作刚刚“起步”，尚未建立系统的社会责任管理体系，社会责任信息披露也较为零散、片面，与领先者和追赶者有着较大的差距
5	旁观者	20分以下	企业社会责任信息披露严重不足

第二节　评价结果

一　排名结果

中国企业100强社会责任发展指数（2013）排名前100的企业及其得分如表0－4所示（全部300家企业的排名详见附录一）。

表 0－4　中国 100 强企业社会责任发展指数（2013）

单位：分

2013 年排名	企业名称	公司性质	行业名称	社会责任发展指数	领先实践	2012 年排名
一　卓越者(9 家)						
1	国家电网公司	中央企业	电力供应业	89.3	全面开展社会责任管理试点	2
2	中国南方电网有限责任公司	中央企业	电力供应业	88.3	开展社会责任周活动	3
3	中国石油化工集团公司	中央企业	石油和天然气开采业与加工业	86.6	成立董事会社会责任委员会	4
4	中国华电集团公司	中央企业	电力生产业	81.6	发布首份分布式能源报告	8
5	中国移动通信集团公司	中央企业	通信服务业	81.5		11
6	华润(集团)有限公司	中央企业	混业(电力生产业、酒精及饮料酒制造业、零售业)	80.7		6
7	中国建筑材料集团有限公司	中央企业	非金属矿物制品业	80.5		14
8	中国远洋运输(集团)总公司	中央企业	交通运输服务业	80.4		1
9	中国华能集团公司	中央企业	电力生产业	80.1		5
二　领先者(33 家)						
10	中国黄金集团公司	中央企业	一般采矿业	79.9		12
11	中国民生银行股份有限公司	民营企业	银行业	79.8	举办《感恩于心、回报于行——社会责任中的民生现象》大型展览	9
12	中国铝业公司	中央企业	混业(一般采矿业、批发贸易业、金属冶炼及压延加工业)	78.8		10

续表

2013年排名	企业名称	公司性质	行业名称	社会责任发展指数	领先实践	2012年排名
13	中国建筑股份有限公司	中央企业	建筑业	76.7		22
14	中国电信集团公司	中央企业	通信服务业	74.9		13
15	华为技术有限公司	民营企业	通信设备制造业	74.6		6
16	广东省粤电集团有限公司	其他国有企业	电力生产业	74.4		43
17	中国电子信息产业集团有限公司	中央企业	电子产品及电子元件制造业	73.5		21
18	中国五矿集团公司	中央企业	混业（一般采矿业、批发贸易业、金属冶炼及压延加工业）	72.6		24
19	中国东方电气集团有限公司	中央企业	机械设备制造业	72.1		15
20	兴业银行股份有限公司	民营企业	银行业	71.8		25
21	中国联合网络通信集团有限公司	中央企业	通信服务业	70.5		101
21	三星中国投资有限公司	外资企业	混业（电子产品及电子元件制造业、通信设备制造业）	70.5	在外企中率先建立社会责任研究基地	56
23	联想集团	民营企业	计算机及相关设备制造业	69.2	公开发行《联想社会责任通讯》季刊	27
24	上海贝尔股份有限公司	中央企业	通信设备制造业	67.1		40
25	太原钢铁（集团）有限公司	其他国有企业	金属冶炼及压延加工业	67.0		18

续表

2013年排名	企业名称	公司性质	行业名称	社会责任发展指数	领先实践	2012年排名
26	神华集团有限责任公司	中央企业	煤炭开采与洗选业	66.0		34
27	中国农业银行股份有限公司	国有金融企业	银行业	64.6		54
28	中国平安保险(集团)股份有限公司	民营企业	保险业	64.4		38
29	武汉钢铁(集团)公司	中央企业	金属冶炼及压延加工业	64.0		15
30	宝钢集团有限公司	中央企业	金属冶炼及压延加工业	63.9	董事长等高管与相关方共进“阳光早餐”	17
31	中国国际航空股份有限公司	中央企业	交通运输服务业	63.4		56
32	中国工商银行股份有限公司	国有金融企业	银行业	63.1		42
33	北京汽车集团有限公司	其他国有企业	交通运输设备制造业	62.7		163
34	英特尔(中国)有限公司	外资企业	电子产品及电子元件制造业	62.4		20
35	招商银行股份有限公司	民营企业	银行业	62.3		49
36	中兴通讯股份有限公司	民营企业	通信设备制造业	61.8		40
37	东风汽车公司	中央企业	交通运输设备制造业	61.6		36
38	交通银行股份有限公司	国有金融企业	银行业	61.4		23
39	上海汽车工业(集团)总公司	其他国有企业	交通运输设备制造业	61.2		83

续表

2013年排名	企业名称	公司性质	行业名称	社会责任发展指数	领先实践	2012年排名
40	中国太平洋保险（集团）股份有限公司	国有金融企业	保险业	60.9		28
41	光宝集团	外资企业	混业（电子产品及电子元件制造业、计算机及相关设备制造业）	60.7		31
42	中国海洋石油总公司	中央企业	石油和天然气开采业与加工业	60.0		70
追赶者（45家）						
43	中国海运（集团）总公司	中央企业	交通运输服务业	59.3		60
44	苏宁电器集团有限公司	民营企业	零售业	59.2		30
45	中国第二重型机械集团公司	中央企业	机械设备制造业	59.0		43
46	浦项（中国）投资有限公司	外资企业	金属冶炼及压延加工业	58.9		261
47	中国石油天然气集团公司	中央企业	石油和天然气开采业与加工业	55.9		32
48	中国机械工业集团有限公司	中央企业	混业（机械设备制造业、建筑业、批发贸易业）	55.8		46
49	万科企业股份有限公司	民营企业	房地产开发业	55.4		50
50	中国节能环保集团公司	中央企业	一般制造业	55.0		111
51	中国中煤能源集团有限公司	中央企业	煤炭开采与洗选业	54.9		60
52	中国交通建设股份有限公司	中央企业	建筑业	54.8		48

续表

2013年排名	企业名称	公司性质	行业名称	社会责任发展指数	领先实践	2012年排名
53	平安银行股份有限公司(深圳发展银行股份有限公司)	民营企业	银行业	54.5		67
54	中国有色矿业集团有限公司	中央企业	混业(建筑业、一般采矿业、金属冶炼及压延加工业)	53.0		51
55	广东物资集团公司	其他国有企业	批发贸易业	52.8		242
56	中国建设银行股份有限公司	国有金融企业	银行业	52.6		60
57	中国银行股份有限公司	国有金融企业	银行业	52.2		58
57	中国南方航空集团公司	中央企业	交通运输服务业	52.2		37
59	松下电器(中国)有限公司	外资企业	混业(机械设备制造业、家用电器制造业)	51.3		108
60	富士施乐(中国)有限公司	外资企业	计算机及相关设备制造业	51.1		102
61	上海复星医药(集团)股份有限公司	民营企业	医药生物制造业	50.8		65
62	LG化学(中国)投资有限公司	外资企业	工业化学品制造业	50.7		—
63	中国广东核电集团有限公司	中央企业	电力生产业	50.4	设立“公众开放体验日”	59
63	上海电气(集团)总公司	其他国有企业	机械设备制造业	50.4		98

续表

2013年排名	企业名称	公司性质	行业名称	社会责任发展指数	领先实践	2012年排名
65	中国国电集团公司	中央企业	电力生产业	50.0		67
66	中国中铁股份有限公司	中央企业	建筑业	49.0		87
67	台达集团	外资企业	电子产品及电子元件制造业	48.3		218
68	中国中钢集团公司	中央企业	混业（机械设备制造业、一般采矿业、批发贸易业）	48.0		39
69	广州汽车工业集团有限公司	其他国有企业	交通运输设备制造业	47.0		207
69	华夏银行股份有限公司	民营企业	银行业	47.0		75
69	浙江吉利控股集团有限公司	民营企业	交通运输设备制造业	47.0		179
72	中国中化集团公司	中央企业	工业化学品制造业	46.9		76
73	索尼（中国）有限公司	外资企业	混业（家用电器制造业、电子产品及电子元件制造业、计算机及相关设备制造业）	46.7		47
74	中国电力建设集团有限公司	中央企业	混业（机械设备制造业、建筑业）	46.6		171
75	佳能（中国）有限公司	外资企业	混业（电子产品及电子元件制造业、计算机及相关设备制造业、计算机服务业）	46.5	公开发行《佳能（中国）企业社会责任专刊》季刊	29
76	中国北车股份有限公司	中央企业	交通运输设备制造业	45.1		98

续表

2013年排名	企业名称	公司性质	行业名称	社会责任发展指数	领先实践	2012年排名
77	中国航空油料集团公司	中央企业	交通运输服务业	44.4		79
78	陕西延长石油（集团）有限责任公司	其他国有企业	石油和天然气开采业与加工业	44.2		97
79	海尔集团公司	民营企业	家用电器制造业	43.7		70
80	国家开发投资公司	中央企业	混业（电力生产业、煤炭开采与洗选业、证券期货基金及其他金融服务业）	42.8		80
81	招商局集团有限公司	中央企业	混业（交通运输服务业、房地产开发业、银行业）	42.7		86
82	阿斯利康制药有限公司	外资企业	医药生物制造业	42.3		278
83	东芝集团（中国）	外资企业	混业（机械设备制造业、电子产品及电子元件制造业、计算机及相关设备制造业）	42.2		92
84	冀中能源股份有限公司	其他国有企业	煤炭开采与洗选业	41.5		—
84	中国电力投资集团公司	中央企业	电力生产业	41.5		154
86	中国国旅集团有限公司	中央企业	混业（房地产服务业、旅游业）	41.2		64
86	华硕电脑股份有限公司	外资企业	计算机及相关设备制造业	41.2		215

续表

2013年排名	企业名称	公司性质	行业名称	社会责任发展指数	领先实践	2012年排名
起步者(13家)						
88	中国铁建股份有限公司	中央企业	建筑业	39.1		73
89	富士康科技集团	外资企业	电子产品及电子元件制造业	37.2		91
90	中国冶金科工集团有限公司	中央企业	混业（建筑业、一般采矿业）	35.6		55
91	夏普中国商贸有限公司	外资企业	混业（通信设备制造业、计算机及相关设备制造业）	35.2		72
92	扬子江药业集团有限公司	民营企业	医药生物制造业	34.9		124
93	阿迪达斯（中国）有限公司	外资企业	服装鞋帽制造业	34.6		296
93	天狮集团有限公司	民营企业	混业（医药生物制造业、零售业）	34.6		107
95	丰田汽车（中国）投资有限公司	外资企业	交通运输设备制造业	34.3		109
96	中粮集团有限公司	中央企业	混业（食品饮料业、房地产开发业、批发贸易业）	34.2		81
97	新华人寿保险股份有限公司	国有金融企业	保险业	34.1		118
98	首钢总公司	其他国有企业	金属冶炼及压延加工业	33.6		89
99	日立（中国）有限公司	外资企业	混业（机械设备制造业、家用电器制造业、计算机及相关设备制造业）	33.4		93
100	联合利华中国有限公司	外资企业	混业（食品饮料业、日用化学品制造业）	32.7		111

二　领先实践

领先实践指企业在社会责任管理体系建设或信息披露方面具有创新性、引领性的先验做法，对行业或相关领域具有重要的借鉴和指导意义。100强企业中共有10家企业具有社会责任领先实践，分别为：国家电网公司“全面开展社会责任管理试点”，中国石油化工集团公司“成立董事会社会责任委员会”，三星中国投资有限公司在外企中率先建立社会责任研究基地，中国南方电网有限责任公司“开展社会责任周活动”，中国广核集团有限公司设立“公众开放体验日”，中国民生银行股份有限公司举办《感恩于心、回报于行——社会责任中的民生现象》大型展览，中国华电集团公司发布“首份分布式能源报告”，联想集团公开发行《联想社会责任通讯》季刊，佳能（中国）有限公司公开发行《佳能（中国）企业社会责任专刊》季刊，宝钢集团有限公司“董事长等高管与相关方共进‘阳光早餐’”。

第三节　中国100强系列企业社会责任发展阶段性特征

一　中国企业社会责任发展指数为26.4分，整体处于起步者阶段，超过一半的企业仍在“旁观”

2013年中国100强企业社会责任发展指数平均得分为26.4分，较2012年提升3.3分，但整体仍处于起步者阶段。具体来看，有9家企业（占3.0%）处于卓越者阶段；33家企业（占11.0%）处于领先者阶段；处于追赶者和起步者阶段的企业分别有45家（占15.0%）和46家（占15.3%）；处于旁观者阶段的企业最多，为167家（占55.7%），其中10家企业（占3.3%）

的社会责任发展指数得分为0，未主动披露任何社会责任相关信息。

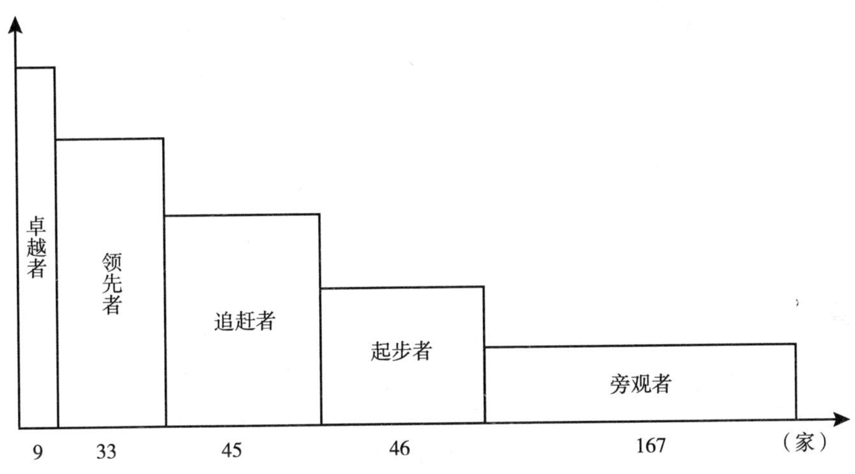

图0－7　中国100强企业社会责任指数发展阶段

与上年相比，处于卓越者、领先者、追赶者及起步者阶段的企业数量均呈现增加的趋势，其中，卓越者从2012年的仅有3家增加至9家；处于旁观者阶段的企业数量呈现下降的趋势，由2012年的185家降低至167家，但仍有超过一半的企业在“旁观”（见图0－8）。

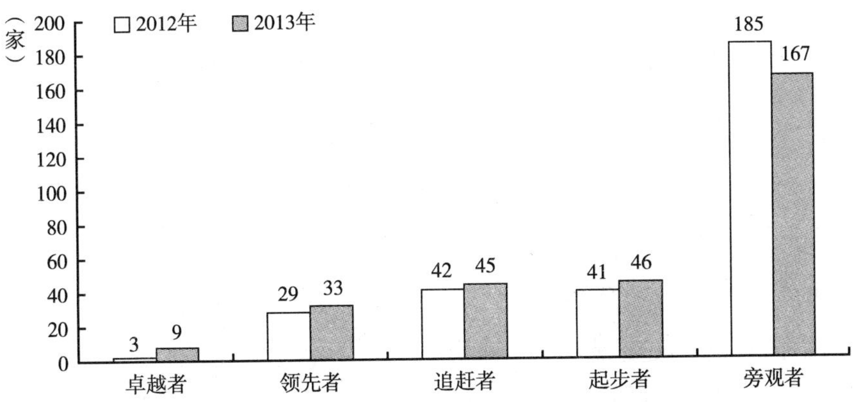

图0－8　2012年和2013年中国100强企业社会责任指数发展阶段

二　国有企业社会责任指数领先于民营企业和外资企业

从企业性质来看，2013 年，国有企业社会责任发展指数（43.9 分）高于民营企业（16.6 分）和外资企业（18.6 分）。国有企业中，中央企业社会责任发展指数最高（47.8 分），国有金融企业其次（40.5 分），其他国有企业居于最后（31.5 分）（见图 0－9）。

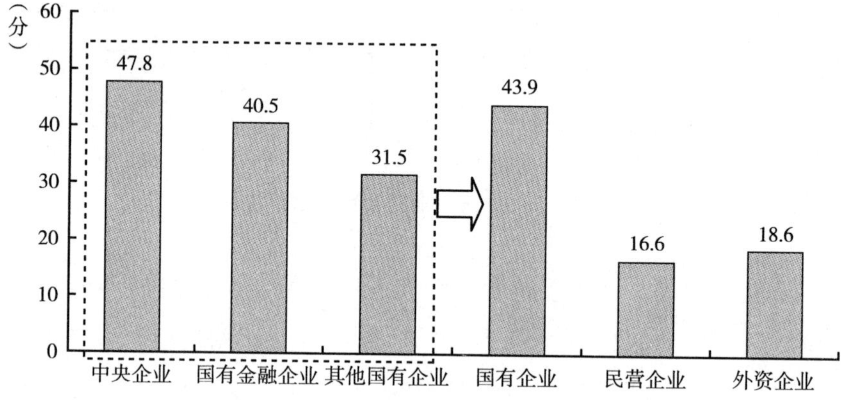

图 0－9　不同性质企业社会责任发展指数平均水平

三　外资企业社会责任指数增长显著，实现对民营企业的首次“赶超”

与上年相比，三类企业社会责任发展指数整体呈上升趋势，显示出我国企业社会责任管理水平和社会责任信息披露情况的改善。外资企业社会责任指数年度增幅最大（5.4 分），国有企业其次（3.0 分），民营企业幅度最小（1.4 分）。2013 年外资企业社会责任指数首次超过民营企业（见表 0－5）。

表 0-5　2012 年和 2013 年企业社会责任发展指数年度变化

单位：分

类　型	2012 年	2013 年	比 2012 年提高
国有企业	40.9	43.9	3.0
民营企业	15.2	16.6	1.4
外资企业	13.2	18.6	5.4

四　不同地区外资企业表现差异较大，东亚地区得分最高

外资企业社会责任发展指数平均得分为 18.6 分，东亚地区外资企业表现突出。其中，总部位于韩国的外资企业平均得分最高（40.3 分），达到追赶者水平；总部位于中国台湾的外资企业居于其次（38.0 分）；总部位于日本的外资企业位居第三（25.5 分）；英国（21.4 分）、德国（16.6 分）、美国（14.0 分）、其他国家或地区（16.3 分）、法国（10.5 分）和新加坡（4.3 分）的外资企业社会责任发展指数依次降低。

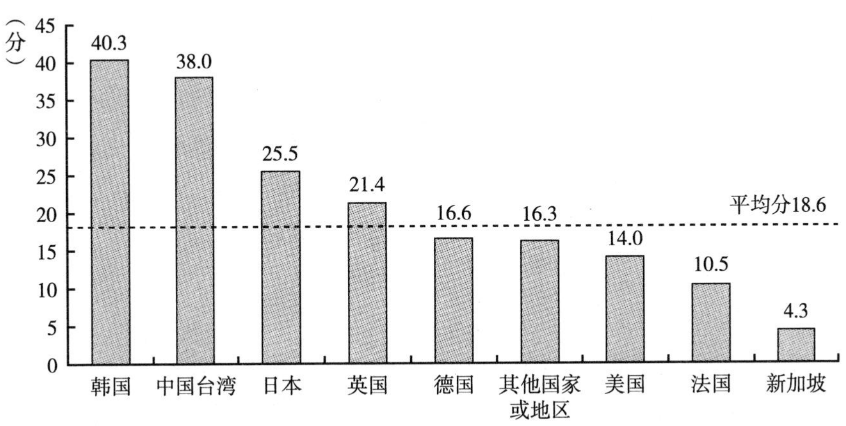

图 0-10　不同国家和地区在华外资企业社会责任发展指数

五 责任管理落后于责任实践，市场责任指数高于环境责任和社会责任指数

2013 年中国 100 强系列企业责任管理平均得分为 21.0 分，处于起步者阶段，责任实践得分为25.8 分，[①] 责任管理落后于责任实践。责任实践三个方面均处于起步者阶段，其中，市场责任得分最高（29.4 分），其次为社会责任（25.2 分）和环境责任（22.8 分）。[②]

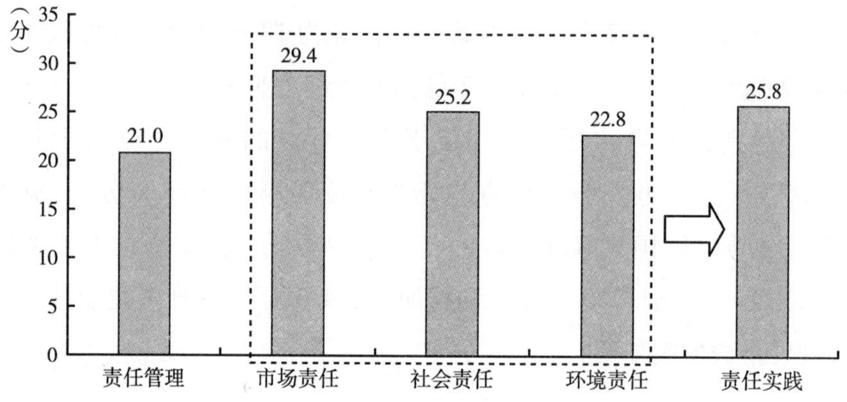

图 0－11　企业社会责任发展指数的结构特征

与2012 年相比，四大板块得分均有所提升，其中，市场责任指数提高最快，提高了 4.8 分，责任管理指数提高了 2.5 分，社会责任指数提高了 2.6 分，环境责任指数提高了 1.3 分。

① 责任实践指数即市场责任指数、社会责任指数和环境责任指数的均值。

② 履行市场责任是企业生存的基础，企业对客户责任、股东责任等相关信息披露较为充分。社会责任指数和环境责任指数较低，既因为企业对社会、环境信息披露重视不足，也因为社会责任与环境责任的内涵不断发展，新的责任要求和评价指标不断涌现，加大了企业披露相关信息的难度。

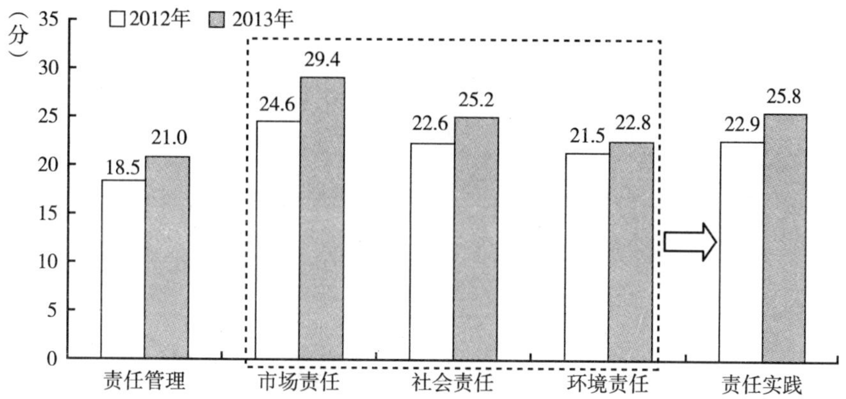

图 0－12　2012 年和 2013 年中国 100 强企业各板块社会责任发展指数

六　134 家企业较 2012 年排名有所上升，159 家企业较 2012 年排名有所下降

与 2012 年相比，134 家企业排名有所上升。从企业性质来看，排名上升的外资企业数量最多，有 51 家；排名上升的国有企业和民营企业分别有 46 家和 37 家。从名次上升的速度来看，有 16 家企业的排名上升超过 100 位，可见这些企业在 2012 年大力加强责任管理，积极披露社会责任信息。

表 0－6　2012 年名次上升最快的 10 家企业

上升位次排名	企业名称	企业性质	2012 年排名	2013 年排名	上升位次
1	浦项（中国）投资有限公司	外资企业	261	46	215
2	阿迪达斯（中国）有限公司	外资企业	296	93	203
3	阿斯利康制药有限公司	外资企业	278	82	196
4	广东物资集团公司	其他国有企业	242	55	187
5	美铝（中国）投资有限公司	外资企业	286	129	157

续表

上升位次排名	企业名称	企业性质	2012年排名	2013年排名	上升位次
6	台达集团	外资企业	218	67	151
7	家乐福(中国)	外资企业	264	120	144
8	广州汽车工业集团有限公司	其他国有企业	207	69	138
9	北京汽车集团有限公司	其他国有企业	163	33	130
10	华硕电脑股份有限公司	外资企业	215	87	128

同时，与2012年相比，159家企业排名有所下降。从企业性质来看，排名下降的民营企业数量最多（61家），排名下降的国有企业和外资企业分别有50家和46家。从名次下降的速度来看，下降超过100位的企业有9家。

表0-7　2013年名次下降最多的10家企业

下降位次排名	企业名称	企业性质	2012年排名	2013年排名	变动情况
1	三井物产(中国)有限公司	外资企业	150	269	-119
2	欧莱雅(中国)有限公司	外资企业	78	196	-118
3	卡特彼勒(中国)投资有限公司	外资企业	133	216	-83
4	思科中国	外资企业	181	258	-77
5	普利司通(中国)	外资企业	104	173	-69
6	百胜(中国)投资有限公司	外资企业	157	225	-68
7	富士胶片(中国)投资有限公司	外资企业	140	205	-65
8	BP中国	外资企业	190	254	-64
9	微软中国	外资企业	160	222	-62
10	沃尔玛(中国)投资有限公司	外资企业	123	185	-62

第四节　中国100强系列企业社会责任指数五年回顾（2009～2013年）

一　2009年以来，中国100强系列企业社会责任发展指数以两位数的速度持续增长，于2012年整体进入起步者阶段

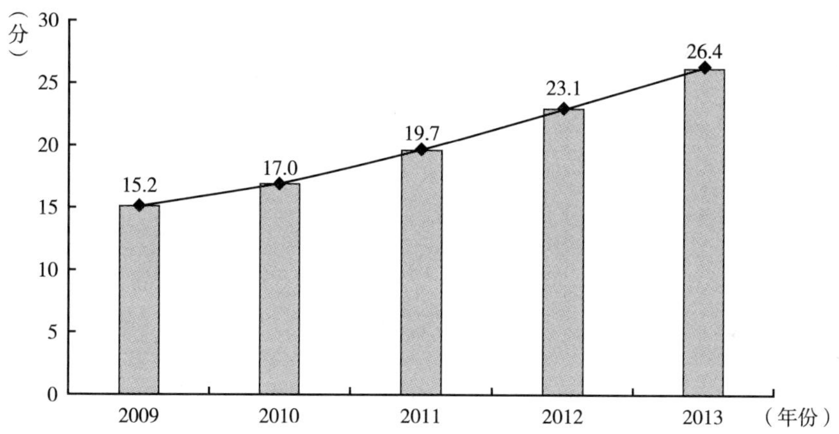

图0－13　2009～2013年中国100强系列企业社会责任发展指数的年度变化

2009年，中国企业社会责任发展指数首次公布，当年指数为15.2分，[①] 整体处于旁观者阶段。2012年，社会责任发展指数得分为23.1分，整体从旁观者阶段进入起步者阶段。到2013年，指数增长到26.4分，5年的平均增长率为18.4%。

① 2009年的指数原始分数为20.2分。2010年，中国企业社会责任发展指数的评价指标体系根据ISO26000做了大幅度调整，导致此后发展指数下降，课题组根据可比性原则，对2009年的指数进行了调减。下同。

二 国企100 强一直领先于民企 100 强、外企 100 强，且优势不断扩大，2013 年外资企业实现了对民营企业的“赶超”

5 年来，国有企业 100 强社会责任发展指数一直领先于民营企业 100 强和外资企业 100 强，随着国有企业 100 强社会责任发展指数持续增长，领先优势在逐步扩大。2009 年，外企 100 强的得分低于国企 100 强和民企 100 强，此后，部分外企开始重视在华的社会责任管理体系建设，加大社会/环境信息披露，推动外企 100 强社会责任发展指数持续增长，并于 2013 年超越民营企业。

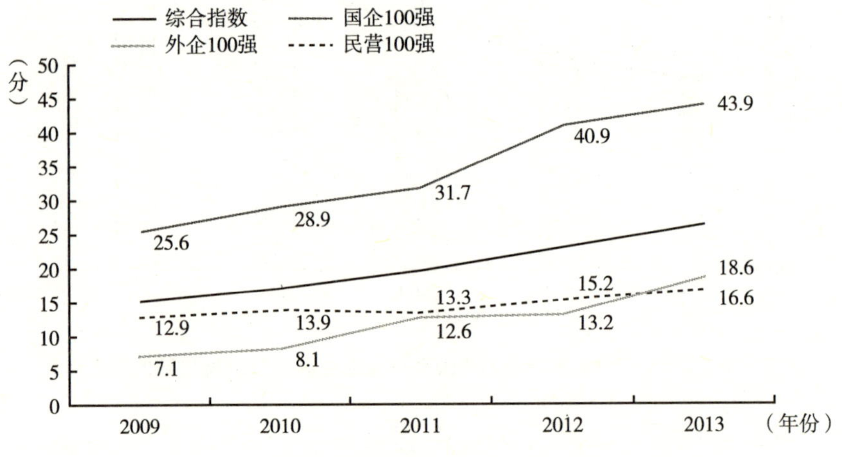

图 0－14　2009～2013 年国企、民营、外企 100 强社会责任发展指数的年度变化

三 国有企业中，中央企业社会责任发展指数持续增长且居于领先地位，国有金融企业指数缓慢增长，近两年地方国企指数高速增长

2009 年，中央企业从 35.1 分开始持续增长，到 2013 年达到了

47.8 分，增长 12.7 分，年均增长 3.17 分。2009 年，国有企业中的国有金融企业起点最高，达到 38.3 分，但国有金融企业的社会责任指数增长缓慢，到 2013 年只有 40.5 分，仅增长 2.2 分，年均增长 0.55 分。其他国企（主要是地方国有企业）的起点较低，2009 年仅有 10.5 分，2011 年以后其他国企指数高速增长（从 11.9 分增长到 31.5 分）。

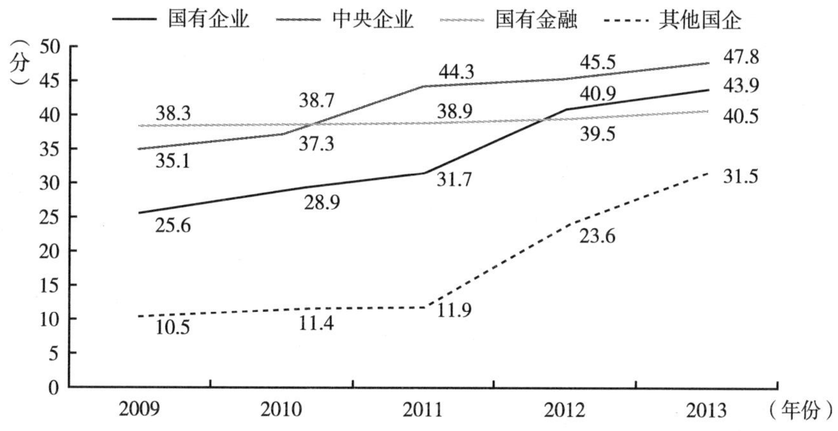

图 0-15　2009～2013 年国有企业社会责任指数的年度变化

四　5年来，国家电网、南方电网、中国石化等 10 家企业一直居于前 30 名

五年来，国家电网、南方电网、中国石化等 10 家企业的社会责任发展指数持续居于 100 强系列企业的前 30 位（见表 0-8）。这些企业一直重视社会责任管理体系建设和社会/环境信息披露，引领着中国企业社会责任的发展。

表 0-8　2009~2013 年排名稳定在前 30 名的企业

序号	企业名称	企业性质	企业所属行业	2009 年排名	2010 年排名	2011 年排名	2012 年排名	2013 年排名
1	国家电网公司	中央企业	电力供应业	2	3	3	2	1
2	中国南方电网有限责任公司	中央企业	电力供应业	25	6	4	3	2
3	中国石油化工集团公司	中央企业	石油和天然气开采业与加工业	14	6	5	4	3
4	中国华电集团公司	中央企业	电力生产业	24	15	9	8	4
5	中国移动通信集团公司	中央企业	通信服务业	3	2	2	11	5
6	中国远洋运输（集团）总公司	中央企业	交通运输服务业	1	1	1	1	8
7	中国华能集团公司	中央企业	电力生产业	5	9	8	5	9
8	中国民生银行股份有限公司	民营企业	银行业	10	10	6	9	11
9	武汉钢铁（集团）公司	中央企业	金属冶炼及压延加工业	15	12	13	15	29
10	宝钢集团有限公司	中央企业	金属冶炼及压延加工业	6	5	7	17	30

中国企业 100 强指数篇*

The CSR Development Index of the Top 100 Firms in China

中国企业100强指数篇共分为三章："中国国有企业100强社会责任发展指数（2013）""中国民营企业100强社会责任发展指数（2013）"和"中国外资企业100强社会责任发展指数（2013）"。对这三类企业的社会责任管理与社会责任信息披露分别进行评价、分析，有利于把握各性质企业的社会责任发展特征，有重点地推动各类企业社会责任发展。

2009～2013年五年间，外资企业社会责任发展指数增长最快。2013年，外资企业社会责任发展指数首次超过民营企业，社会责任管理水平与信息披露水平显著提升。

表1　不同性质企业社会责任发展指数年度变化（2009～2013年）

单位：分，%

类　型	2009年	2010年	2011年	2012年	2013年	2013年较2012年增长	2013年较2009年增长
国有企业	25.6	28.9	31.7	40.9	43.9	7.3	71.5
民营企业	12.9	13.9	13.3	15.2	16.6	9.2	28.7
外资企业	7.1	8.1	12.6	13.2	18.6	40.9	162.0

* 数据源自责任云（www.zerenyun.com）。

B.2

第一章 中国国有企业100强社会责任发展指数（2013）*

在我国社会主义市场经济的条件下，国有企业作为一种特殊性质的企业组织，在市场经济中占据主体地位。国有企业大多处于关系国计民生的重要行业和关键领域，掌握着国家的经济命脉，对国家社会经济发展具有巨大的影响力，国有企业因其特殊性质也承担着更多的社会责任。本研究在“中国100强企业社会责任发展指数”的基础上，对中国国有企业100强的社会责任管理状况与社会责任信息披露水平进行了综合评价，以把握中国国有企业社会责任的阶段性特征。

第一节　样本特征

国有企业100强的样本以中国企业联合会、中国企业家协会联合发布的“2013年中国企业500强”榜单为基础，按照营业收入依次选取前100家企业。由于军工企业、依靠财政拨款和政策性银行融资的企业具有特殊性，国有企业的样本中剔除该两类企业。调整后的100家国有企业涉及30个行业。其中，中央企业70家，国有金融企

* 数据源自责任云（www. zerenyun. com）。

业11家，其他国有企业19家。样本规模大、行业分布广，符合我国国有企业的基本特点，具有较强的代表性。

一　企业规模巨大

2012年，国有企业100强的平均营业收入[①]为2817.8亿元，较2011年的2167.1亿元有所增长。其中，3家企业的营业收入超过1万亿元；62家企业（占66.7%）的营业收入在1000亿～10000亿元之间（见表1－1）。

表1－1　国有企业100强营业收入分布

单位：家

营业收入	企业数量	营业收入	企业数量
10000亿元以上	3	500亿元以下	12
1000亿～10000亿元	62	未公布	7
500亿～1000亿元	16	合　计	100

二　企业覆盖30个行业

2013年国有企业100强业务范围广泛，共涵盖30个行业。具体来看，跨多个行业（即混业）的国有企业占比最大，共有18家；金属冶炼及压延加工业和交通运输服务业企业分别有12家和11家；纺织业、非金属矿物制品业等10个行业均有2家企业；酒精及饮料酒制造业、一般制造业等5个行业企业均有1家（见图1－1）。

三　中央企业数量占七成

将企业性质按照中央企业、国有金融企业和其他国有企业进一步

① 营业收入信息来源于中国企业联合会发布的中国企业500强、企业年度报告和社会责任报告。7家企业未公开披露2012年营业收入，在统计营业收入时，剔除这些企业。

细分，国有企业100强中，中央企业共有70家，国有金融企业共11家，其他国有企业共19家（见图1－2）。

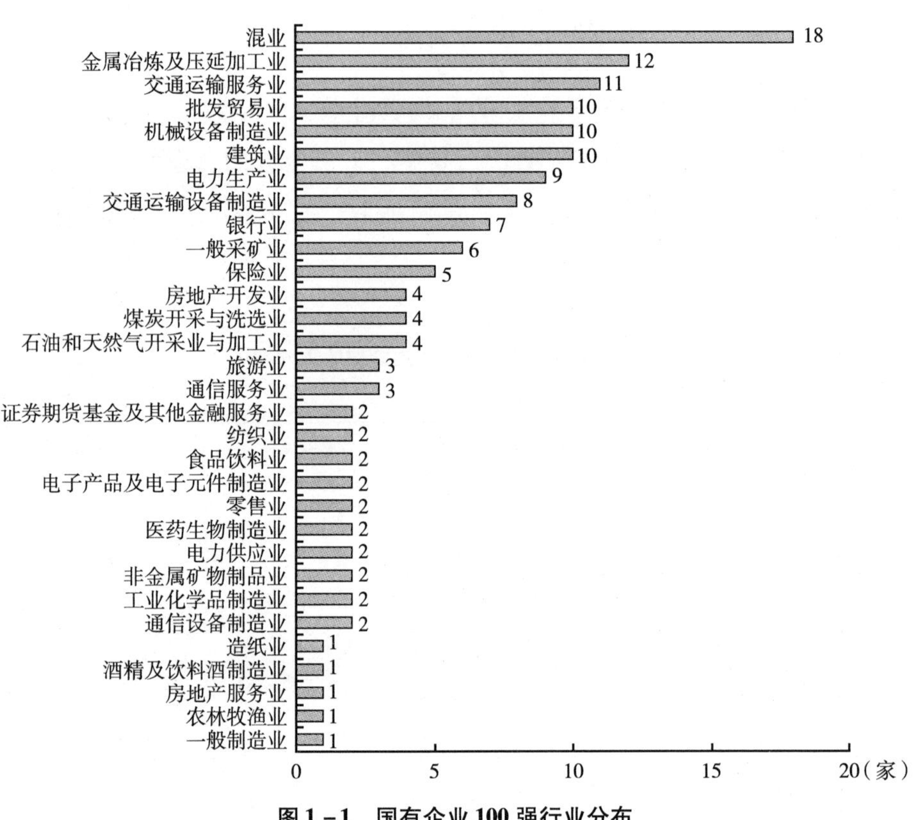

图1－1　国有企业100强行业分布

四　总部所在地以北京居多

国有企业100强中，总部位于北京的企业最多（63家），其次为上海（10家）和广东（7家）的企业。总部位于天津（3家）、香港（3家）、河北（2家）、四川（2家）和湖北（2家）的企业依次减少。总部位于浙江、山西等八个省份的国有企业分别仅有1家（见图1－3）。

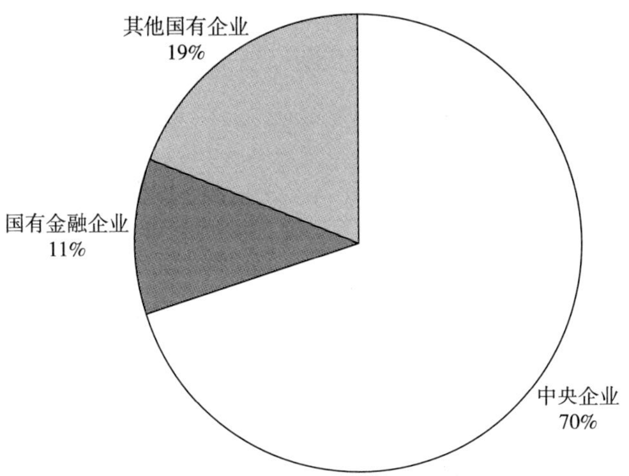

图1-2　国有企业100强企业性质构成

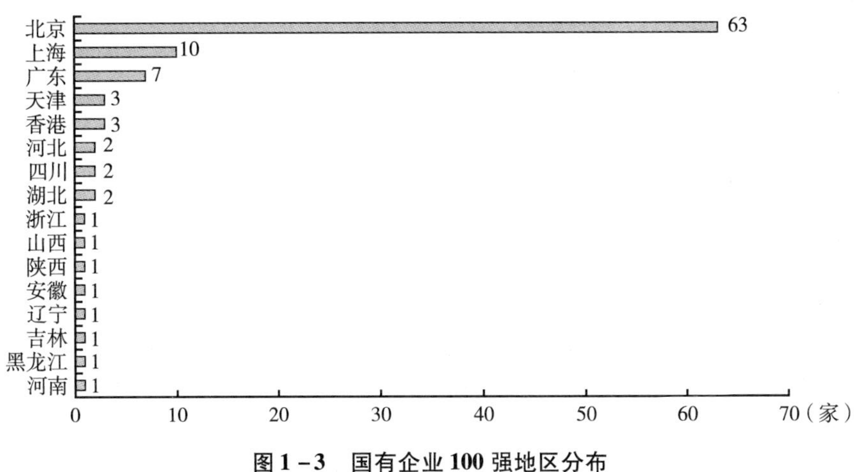

图1-3　国有企业100强地区分布

第二节　评价结果

2013年，我国国有企业100强社会责任发展指数平均得分为43.9分。在评价的100家国有企业中，有6家国企的社会责任实践具有较强的创新性和引领性，分别是：国家电网公司（“全面开展社会责任管理试点”）、中国南方电网有限责任公司（“开展社会责任周活动”）、中国石油化工集团公司（“成立董事会社会责任委员会”）、中国华电集团公司（“集团公司发布国内首份分布式能源报告”）、宝钢集团有限公司（“董事长等高管与相关方共进‘阳光早餐’”）及中国广核集团有限公司（设立“公众开放体验日”）。国有企业100强具体得分和排名如表1－2所示。

表1－2 国有企业100强社会责任发展指数（2013）

单位：分

排名	企业名称	行业名称	公司性质	社会责任发展指数
卓越者(9家)				
1	国家电网公司	电力供应业	中央企业	89.3
2	中国南方电网有限责任公司	电力供应业	中央企业	88.3
3	中国石油化工集团公司	石油和天然气开采业与加工业	中央企业	86.6
4	中国华电集团公司	电力生产业	中央企业	81.6
5	中国移动通信集团公司	通信服务业	中央企业	81.5
6	华润(集团)有限公司	混业(电力生产业、酒精及饮料酒制造业、零售业)	中央企业	80.7
7	中国建筑材料集团有限公司	非金属矿物制品业	中央企业	80.5
8	中国远洋运输(集团)总公司	交通运输服务业	中央企业	80.4
9	中国华能集团公司	电力生产业	中央企业	80.1
领先者(23家)				
10	中国黄金集团公司	一般采矿业	中央企业	79.9
11	中国铝业公司	混业(一般采矿业、批发贸易业、金属冶炼及压延加工业)	中央企业	78.8
12	中国建筑股份有限公司	建筑业	中央企业	76.7
13	中国电信集团公司	通信服务业	中央企业	74.9
14	广东省粤电集团有限公司	电力生产业	其他国有企业	74.4
15	中国电子信息产业集团有限公司	电子产品及电子元件制造业	中央企业	73.5
16	中国五矿集团公司	混业(一般采矿业、批发贸易业、金属冶炼及压延加工业)	中央企业	72.6

续表

排名	企业名称	行业名称	公司性质	社会责任发展指数
17	中国东方电气集团有限公司	机械设备制造业	中央企业	72.1
18	中国联合网络通信集团有限公司	通信服务业	中央企业	70.5
19	上海贝尔股份有限公司	通信设备制造业	中央企业	67.1
20	太原钢铁（集团）有限公司	金属冶炼及压延加工业	其他国有企业	67.0
21	神华集团有限责任公司	煤炭开采与洗选业	中央企业	66.0
22	中国农业银行股份有限公司	银行业	国有金融企业	64.6
23	武汉钢铁（集团）公司	金属冶炼及压延加工业	中央企业	64.0
24	宝钢集团有限公司	金属冶炼及压延加工业	中央企业	63.9
25	中国国际航空股份有限公司	交通运输服务业	中央企业	63.4
26	中国工商银行股份有限公司	银行业	国有金融企业	63.1
27	北京汽车集团有限公司	交通运输设备制造业	其他国有企业	62.7
28	东风汽车公司	交通运输设备制造业	中央企业	61.6
29	交通银行股份有限公司	银行业	国有金融企业	61.4
30	上海汽车集团股份有限公司	交通运输设备制造业	其他国有企业	61.2
31	中国太平洋保险（集团）股份有限公司	保险业	国有金融企业	60.9
32	中国海洋石油总公司	石油和天然气开采业与加工业	中央企业	60.0
		追赶者（28家）		
33	中国海运（集团）总公司	交通运输服务业	中央企业	59.3
34	中国第二重型机械集团公司	机械设备制造业	中央企业	59.0
35	中国石油天然气集团公司	石油和天然气开采业与加工业	中央企业	55.9
36	中国机械工业集团有限公司	混业（机械设备制造业、建筑业、批发贸易业）	中央企业	55.8
37	中国节能环保集团公司	一般制造业	中央企业	55.0
38	中国中煤能源集团有限公司	煤炭开采与洗选业	中央企业	54.9

续表

排名	企业名称	行业名称	公司性质	社会责任发展指数
39	中国交通建设股份有限公司	建筑业	中央企业	54.8
40	中国有色矿业集团有限公司	混业（建筑业、一般采矿业、金属冶炼及压延加工业）	中央企业	53.0
41	广东物资集团公司	批发贸易业	其他国有企业	52.8
42	中国建设银行股份有限公司	银行业	国有金融企业	52.6
43	中国银行股份有限公司	银行业	国有金融企业	52.2
44	中国南方航空集团公司	交通运输服务业	中央企业	52.1
45	中国广核集团有限公司	电力生产业	中央企业	50.4
45	上海电气集团股份有限公司	机械设备制造业	其他国有企业	50.4
47	中国国电集团公司	电力生产业	中央企业	50.0
48	中国中铁股份有限公司	建筑业	中央企业	49.0
49	中国中钢集团公司	混业（机械设备制造业、一般采矿业、批发贸易业）	中央企业	48.0
50	广州汽车集团股份有限公司	交通运输设备制造业	其他国有企业	47.0
51	中国中化集团公司	工业化学品制造业	中央企业	46.9
52	中国电力建设集团有限公司	混业（机械设备制造业、建筑业）	中央企业	46.6
53	中国北车股份有限公司	交通运输设备制造业	中央企业	45.1
54	中国航空油料集团公司	交通运输服务业	中央企业	44.4
55	陕西延长石油（集团）有限责任公司	石油和天然气开采业与加工业	其他国有企业	44.2
56	国家开发投资公司	混业（电力生产业、煤炭开采与洗选业、证券期货基金及其他金融服务业）	中央企业	42.8
57	招商局集团有限公司	混业（交通运输服务业、房地产开发业、银行业）	中央企业	42.7
58	冀中能源股份有限公司	煤炭开采与洗选业	其他国有企业	41.5

续表

排名	企业名称	行业名称	公司性质	社会责任发展指数
58	中国电力投资集团公司	电力生产业	中央企业	41.5
60	中国国旅集团有限公司	混业（房地产服务业、旅游业）	中央企业	41.2
		起步者（15家）		
61	中国铁建股份有限公司	建筑业	中央企业	39.1
62	中国冶金科工股份有限公司	混业（建筑业、一般采矿业）	中央企业	35.6
63	中粮集团有限公司	混业（食品饮料业、房地产开发业、批发贸易业）	中央企业	34.2
64	新华人寿保险股份有限公司	保险业	国有金融企业	34.1
65	首钢总公司	金属冶炼及压延加工业	其他国有企业	33.6
66	中国第一重型机械集团公司	机械设备制造业	中央企业	31.3
67	中国东方航空集团公司	交通运输服务业	中央企业	28.4
68	中国外运长航集团有限公司	交通运输服务业	中央企业	27.3
69	河北钢铁集团有限公司	金属冶炼及压延加工业	其他国有企业	27.2
70	中国第一汽车集团公司	交通运输设备制造业	中央企业	26.7
71	中国化工集团公司	工业化学品制造业	中央企业	26.6
72	新兴际华集团有限公司	金属冶炼及压延加工业	中央企业	24.3
73	华侨城集团公司	混业（电子产品及电子元件制造业、房地产开发业、旅游业）	中央企业	23.3
74	香港中旅（集团）有限公司	旅游业	中央企业	22.6
75	中国医药集团总公司	医药生物制造业	中央企业	21.1
		旁观者（25家）		
76	中国化学工程股份有限公司	建筑业	中央企业	17.9
77	中国人民保险集团股份有限公司	保险业	国有金融企业	17.8
78	鞍钢集团公司	金属冶炼及压延加工业	中央企业	17.5
79	中国普天信息产业集团公司	通信设备制造业	中央企业	17.3
79	中国大唐集团公司	电力生产业	中央企业	17.3
81	中国中信集团有限公司	混业（房地产开发业、银行业、证券期货基金及其他金融服务业）	国有金融企业	15.8

续表

排名	企业名称	行业名称	公司性质	社会责任发展指数
82	中国铁路物资股份有限公司	交通运输服务业	中央企业	12.8
83	中国中纺集团公司	混业(食品饮料业、纺织业)	中央企业	12.6
84	中国人寿保险(集团)公司	保险业	国有金融企业	11.9
84	中国诚通控股集团有限公司	混业(造纸业、交通运输服务业、批发贸易业)	中央企业	11.9
86	中国恒天集团公司	混业(机械设备制造业、纺织业)	中央企业	11.7
87	泰康人寿保险股份有限公司	保险业	国有金融企业	10.9
88	中国南车集团公司	交通运输设备制造业	中央企业	10.8
89	哈尔滨电气集团公司	机械设备制造业	中央企业	10.0
90	中国林业集团公司	农林牧渔业	中央企业	9.8
91	中国中材集团公司	非金属矿物制品业	中央企业	9.5
92	浙江省物产集团公司	批发贸易业	其他国有企业	9.4
93	马钢(集团)控股有限公司	金属冶炼及压延加工业	其他国有企业	7.5
94	上海建工(集团)总公司	建筑业	其他国有企业	7.2
95	天津市物资集团总公司	批发贸易业	其他国有企业	6.2
96	中国通用技术(集团)控股有限责任公司	混业(机械设备制造业、医药生物制造业、批发贸易业)	中央企业	5.3
97	百联集团有限公司	零售业	其他国有企业	2.5
97	中国邮政集团公司	交通运输服务业	其他国有企业	2.5
99	天津冶金集团有限公司	金属冶炼及压延加工业	其他国有企业	2.0
100	天津汽车工业(集团)有限公司	交通运输设备制造业	其他国有企业	0.0

第三节　国有企业100强社会责任发展阶段性特征

一　国有企业社会责任发展指数为43.9分，整体处于追赶者水平，9家进入卓越者阶段

2013年，中国国有100强企业社会责任发展指数平均得分为43.9分，整体处于追赶者水平，整体水平较上年有所增长。有9家企业达到卓越者阶段，23家企业处于领先者阶段，但仍有1/4的国有企业处于旁观者水平（见图1－4）。

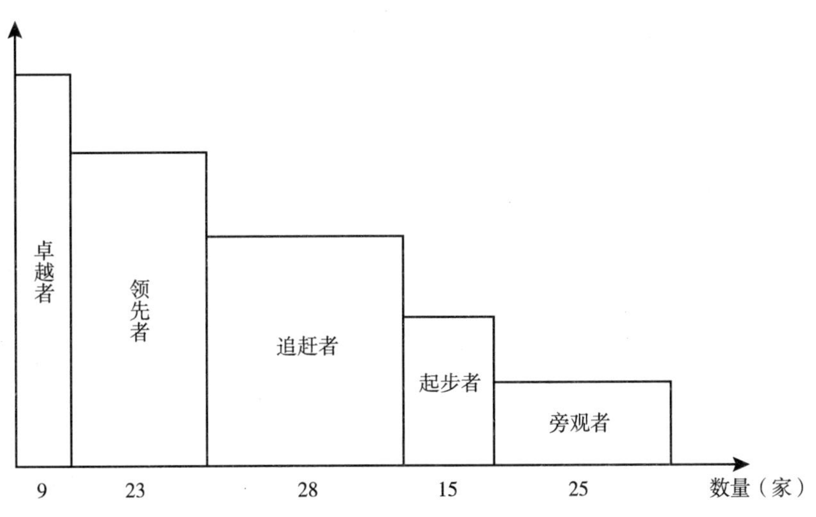

图1－4　国有企业100强企业社会责任分类

二　中央企业社会责任发展指数最高，地方国有企业增速最快

中央企业社会责任发展指数平均得分为47.8分，高于国有金融

企业（40.5 分）和其他国有企业（31.5 分），三类企业得分较上年均有所增长（见图 1－5）。与 2012 年相比，三类企业中，其他国有企业 2013 年社会责任指数年度增长最快（增速为 33.5%），中央企业其次（增速为 5.1%），国有金融企业增长缓慢（增速为 2.5%）。

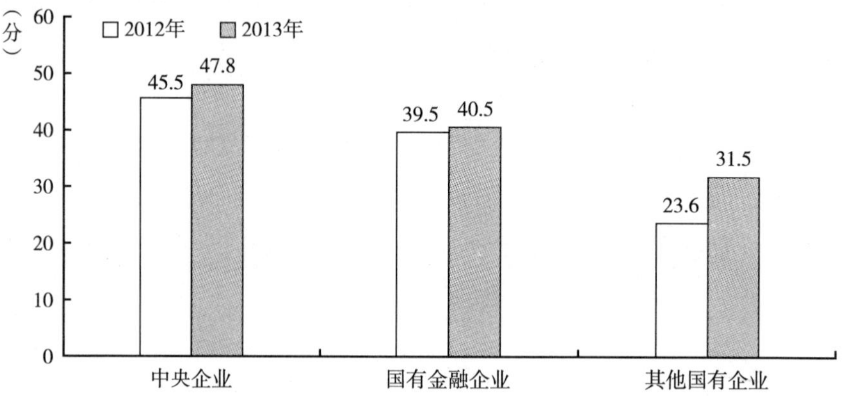

图 1－5　2012 年和 2013 年三类国有企业社会责任发展指数比较

三　规模超过万亿企业社会责任发展指数领先

企业规模在 10000 亿元以上的企业信息披露水平最高，社会责任发展指数平均得分为 77.2 分，达到领先者水平；营业收入在 1000 亿～10000 亿元的企业其次，社会责任发展指数平均得分为 49.1 分；营业收入在 500 亿～1000 亿元的企业社会责任发展指数平均得分最低，为 30.3 分（见表 1－3）。

四　社会责任和市场责任信息披露优于环境责任

2013 年国有 100 强企业责任实践（42.6 分）整体表现优于责任管理（37.7 分）。从责任实践内部来看，市场责任（48.2 分）优于社会责任（44.1 分）和环境责任（35.6 分）方面的责任实践。环境

责任实践得分最低的原因除了企业重视不够、信息披露不足以外，环境责任的外延快速增长导致新的环境披露指标不断出现，加大了企业环境责任的管理难度。

表 1－3 不同规模国有企业的社会责任发展指数

单位：家

企业规模	企业数量	社会责任发展指数	企业类型
10000 亿元以上	3	77.2	领先者
1000 亿～10000 亿元	62	49.1	追赶者
500 亿～1000 亿元	16	30.3	起步者
500 亿元以下	12	37.2	起步者

注：未能从公开渠道获取到部分企业的销售收入，故表中的汇总企业数仅为 93 家。

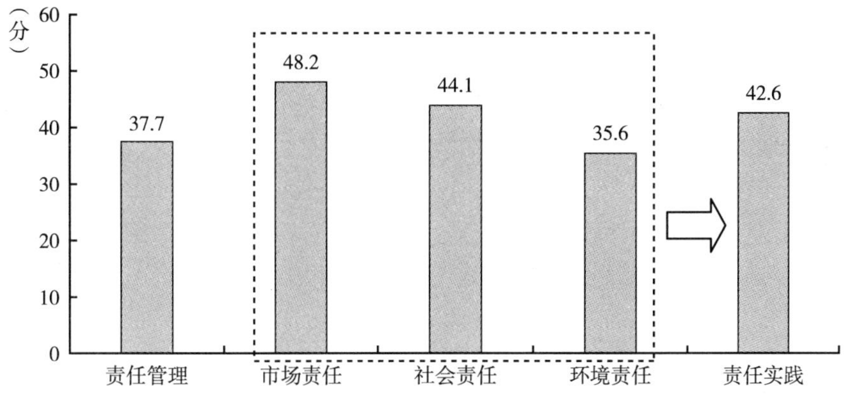

图 1－6 国有企业 100 强企业社会责任发展指数结构特征

B.3

第二章
中国民营企业100强社会责任发展指数（2013）*

民营企业数量占到全国实有企业的近81%，[①] 因此，积极推进民营企业履行在市场、社会、环境方面的责任，对于促进我国经济实现全面、协调、可持续发展具有重要的作用和战略意义。本研究在“中国100强企业社会责任发展指数”的基础上，对中国民营企业100强的社会责任管理状况与社会责任信息披露水平进行评价，把握中国民营企业社会责任的阶段性特征。

第一节 样本特征

本研究以中国企业联合会、中国企业家协会发布的“2013年中国企业500强”榜单为基础，以民营资本控股为原则，综合考虑企业规模和稳定性这两个因素，选出中国民营企业100强。

---

* 数据源自责任云（www. zerenyun. com）。

① 根据国家工商行政管理总局2013年7月的统计结果，截至2013年7月底，全国实有企业1437.54万户（含分支机构，下同），比2013年6月底增长2.07%，注册资本（金）90.73万亿元，增长1.93%。其中，私营企业1162.37万户，增长2.30%；注册资本（金）35.32万亿元，增长3.18%。民营企业发展迅速，已成为中国经济增长的重要推动力。

一　民营企业100强规模增长迅速

中国民营企业100强2012年度平均营业收入为658.3亿元，比2011年的482.7亿元增长36.4%。其中，营业收入在1000亿元以上的企业有17家。[①] 但与国有企业100强2012年平均营业收入2817.8亿元相比，规模相对较小（见表2－1）。

表2－1　民营企业100强营业收入分布

单位：家

营业收入	企业数量	营业收入	企业数量
1000亿元以上	17	未公布	3
500亿～1000亿元	28	合　计	100
500亿元以下	52		

二　行业分布广泛，覆盖26个行业

中国民营企业100强行业分布广泛，共涉及26个行业。其中，混业28家，房地产开发业21家，金属冶炼及压延加工业18家，工业化学品制造业12家，金属制品业、交通运输设备制造业和零售业各8家，石油和天然气开采与加工业、煤炭开采与洗选业及保险业三个行业各1家（见图2－1）。

三　总部位于沿海地区的企业最多

从地域分布上看，100家民营企业共涉及19个省、市、自治区。其中，华东地区企业有51家，占100家民营企业一半以上；华北地

① 营业收入来源于中国企业联合会发布的中国企业500强、全国工商联发布的中国民营企业500强、企业年度报告和企业社会责任报告。

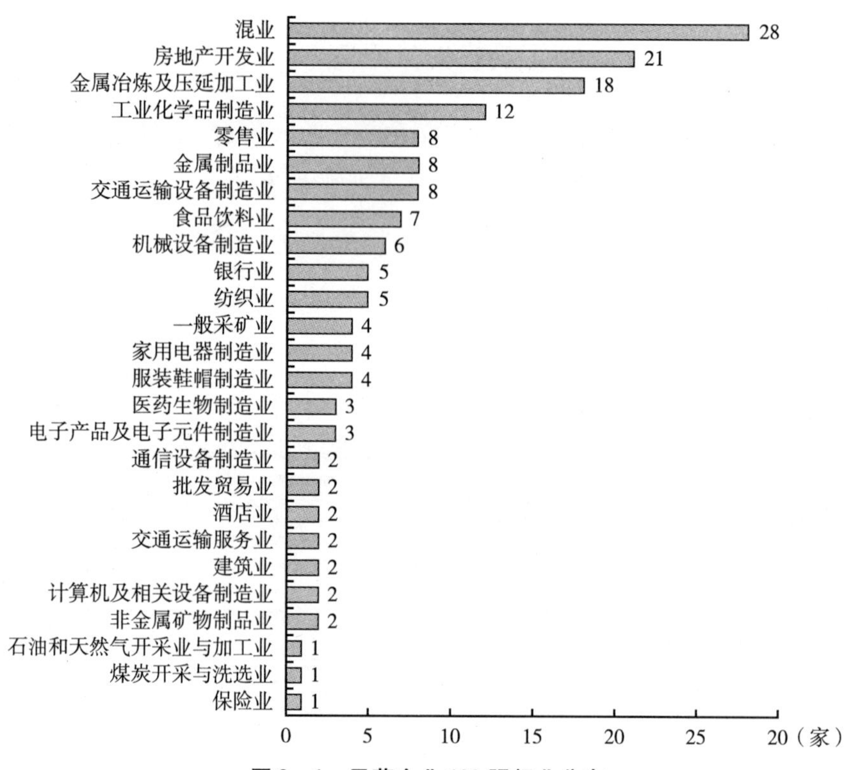

图 2－1 民营企业 100 强行业分布

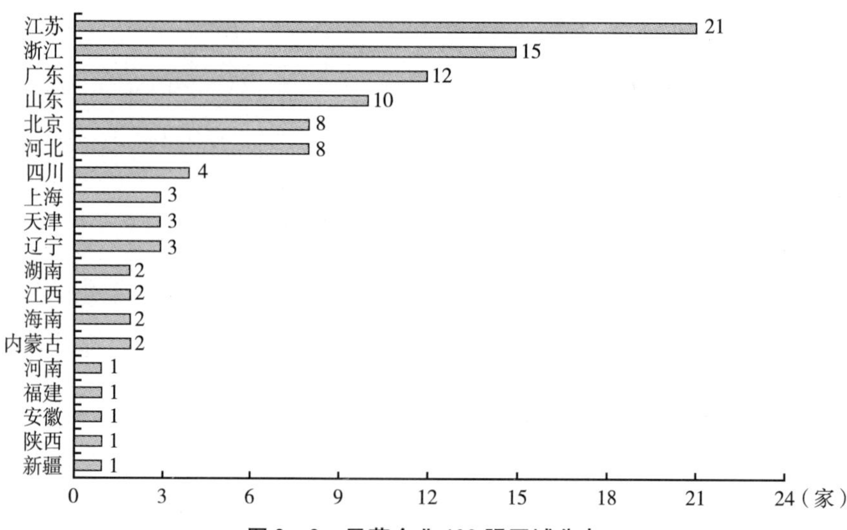

图 2－2 民营企业 100 强区域分布

区企业有 21 家，华南地区 14 家，华中地区、西南地区、东北地区和西北地区的企业较少。由图 2－2 可以看出，沿海的 10 个省份：辽宁、天津、河北、山东、江苏、浙江、上海、福建、广东和海南，一共拥有 78 家民营 100 强企业。可见，100 强民营企业绝大多数分布于沿海经济发达地区。

第二节　评价结果

2013 年民营企业 100 强社会责任发展指数平均得分为 16.6 分。在评价的 100 家民营企业中，有 2 家企业的社会责任管理具有较强的创新性和引领性。这 2 家民企及其领先实践分别是：中国民生银行股份有限公司（“举办《感恩于心、回报于行——社会责任中的民生现象》大型展览”）和联想集团（“公开发行《联想社会责任通讯》季刊”）。民营企业 100 强社会责任发展指数具体得分和排名如表 2－2 所示。

表 2－2　中国民营企业 100 强社会责任发展指数（2013）

单位：分

排名	企业名称	企业所属行业	总部所在省份	社会责任发展指数
领先者(7 家)				
1	中国民生银行股份有限公司	银行业	北京	79.8
2	华为投资控股有限公司	通信设备制造业	广东	74.6
3	兴业银行股份有限公司	银行业	福建	71.8
4	联想集团	计算机及相关设备制造业	北京	69.2
5	中国平安保险(集团)股份有限公司	保险业	广东	64.4
6	招商银行股份有限公司	银行业	广东	62.3
7	中兴通讯股份有限公司	通信设备制造业	广东	61.8

续表

排名	企业名称	企业所属行业	总部所在省份	社会责任发展指数
		追赶者(7家)		
8	苏宁云商集团股份有限公司	零售业	江苏	59.2
9	万科企业股份有限公司	房地产开发业	广东	55.3
10	平安银行股份有限公司	银行业	广东	54.5
11	上海复星医药(集团)股份有限公司	医药生物制造业	上海	50.8
12	华夏银行股份有限公司	银行业	北京	47.0
12	浙江吉利控股集团有限公司	交通运输设备制造业	浙江	47.0
14	海尔集团公司	家用电器制造业	山东	43.7
		起步者(10家)		
15	扬子江药业集团有限公司	医药生物制造业	江苏	34.9
16	天狮集团有限公司	混业(医药生物制造业、零售业)	天津	34.6
17	内蒙古伊利实业集团股份有限公司	食品饮料业	内蒙古	29.7
17	大连万达集团股份有限公司	房地产开发业	辽宁	29.7
19	长城汽车股份有限公司	交通运输设备制造业	河北	25.3
20	海航集团有限公司	交通运输服务业	海南	24.4
21	比亚迪股份有限公司	交通运输设备制造业	广东	24.2
22	雅戈尔集团股份有限公司	混业(服装鞋帽制造业、房地产开发业)	浙江	23.9
23	杭州娃哈哈集团有限公司	食品饮料业	浙江	20.3
24	中天钢铁集团有限公司	金属冶炼及压延加工业	江苏	20.1
		旁观者(76家)		
25	正泰集团有限公司	机械设备制造业	浙江	18.2
26	碧桂园控股有限公司	房地产开发业	广东	18.0
27	国美电器有限公司	零售业	北京	17.6
28	物美控股集团有限公司	零售业	北京	17.1
29	山东时风(集团)有限责任公司	交通运输设备制造业	山东	16.2
30	美的集团有限公司	家用电器制造业	广东	15.6
31	恒大地产集团有限公司	房地产开发业	广东	15.3
32	山东新希望六和集团有限公司	食品饮料业	山东	13.8

续表

排名	企业名称	企业所属行业	总部所在省份	社会责任发展指数
33	通威集团有限公司	食品饮料业	四川	13.5
34	江苏阳光集团有限公司	混业（纺织业、服装鞋帽制造业）	江苏	13.1
35	江苏三房巷集团有限公司	混业（纺织业、工业化学品制造业）	江苏	12.7
36	临沂新程金锣肉制品集团有限公司	食品饮料业	山东	12.5
37	恒力集团有限公司	混业（机械设备制造业、纺织业）	江苏	12.3
38	庞大汽贸集团股份有限公司	零售业	河北	11.5
39	中天发展控股集团有限公司	混业（建筑业、房地产开发业）	浙江	11.3
40	人民电器集团有限公司	机械设备制造业	浙江	11.1
41	浙江荣盛控股集团有限公司	混业（房地产开发业、工业化学品制造业）	浙江	11.0
41	金龙精密铜管集团股份有限公司	金属制品业	河南	11.0
43	新希望集团有限公司	混业（食品饮料业、工业化学品制造业）	四川	10.6
43	四川宏达（集团）有限公司	工业化学品制造业	四川	10.6
45	三一集团有限公司	机械设备制造业	湖南	10.3
46	奥克斯集团有限公司	家用电器制造业	浙江	10.1
47	天津荣程联合钢铁集团有限公司	金属冶炼及压延加工业	天津	10.0
47	江苏扬子江船业集团公司	交通运输设备制造业	江苏	10.0
49	日照钢铁控股集团有限公司	金属冶炼及压延加工业	山东	9.8
49	红豆集团有限公司	服装鞋帽制造业	江苏	9.8
51	滨化集团股份有限公司	工业化学品制造业	山东	9.5
52	海亮集团有限公司	混业（房地产开发业、金属制品业）	浙江	9.3
53	三胞集团有限公司	混业（电子产品及电子元件制造业、房地产开发业）	江苏	9.0
54	杭州中策橡胶有限公司	工业化学品制造业	浙江	8.4
54	浪潮集团有限公司	混业（计算机及相关设备制造业、计算机服务业）	山东	8.4
56	雨润控股集团有限公司	食品饮料业	江苏	8.1
57	奇瑞汽车股份有限公司	交通运输设备制造业	安徽	8.0

续表

排名	企业名称	企业所属行业	总部所在省份	社会责任发展指数
58	北京建龙重工集团有限公司	混业（一般采矿业、金属冶炼及压延加工业）	北京	7.9
59	世纪金源投资集团有限公司	混业（房地产开发业、零售业、酒店业）	北京	7.1
59	河北津西钢铁集团股份有限公司	金属冶炼及压延加工业	河北	7.1
59	南山集团有限公司	混业（纺织业、房地产开发业、金属冶炼及压延加工业）	山东	7.1
62	内蒙古伊泰集团有限公司	煤炭开采与洗选业	内蒙古	7.0
63	江西萍钢实业股份有限公司	金属制品业	江西	6.9
64	海澜集团有限公司	服装鞋帽制造业	江苏	6.6
65	江苏苏宁环球集团有限公司	房地产开发业	江苏	6.2
66	江苏高力集团有限公司	房地产开发业	江苏	6.1
67	陕西东岭工贸集团股份有限公司	混业（一般采矿业、金属冶炼及压延加工业）	陕西	6.0
68	广厦控股创业投资有限公司（广厦控股集团有限公司）	混业（建筑业、房地产开发业）	浙江	5.5
68	江铃汽车集团公司	交通运输设备制造业	江西	5.5
70	新疆广汇实业投资（集团）有限责任公司	混业（一般采矿业、房地产开发业）	新疆	5.3
71	河北敬业企业集团有限责任公司	混业（金属制品业、酒店业）	河北	4.9
72	正威国际集团有限公司	混业（电子产品及电子元件制造业、金属冶炼及压延加工业）	广东	4.6
73	江苏沙钢集团有限公司	金属冶炼及压延加工业	江苏	4.5
73	万向集团公司	交通运输设备制造业	浙江	4.5
75	唐山港陆钢铁有限公司	金属冶炼及压延加工业	河北	4.3
76	晶龙实业集团有限公司	电子产品及电子元件制造业	河北	4.2
76	广东格兰仕集团有限公司	家用电器制造业	广东	4.2
78	四川省川威集团有限公司	混业（交通运输服务业、金属冶炼及压延加工业、非金属矿物制品业）	四川	3.8

续表

排名	企业名称	企业所属行业	总部所在省份	社会责任发展指数
78	浙江恒逸集团有限公司	工业化学品制造业	浙江	3.8
78	唐山瑞丰钢铁（集团）有限公司	金属冶炼及压延加工业	河北	3.8
81	大连大商集团有限公司	零售业	辽宁	3.4
82	上海华冶钢铁集团有限公司	金属冶炼及压延加工业	上海	3.3
83	南京钢铁集团有限公司	金属制品业	江苏	3.0
84	新华联合冶金投资集团有限公司	金属冶炼及压延加工业	北京	2.9
84	海南大印集团有限公司	混业（房地产开发业、批发贸易业）	海南	2.9
86	山东魏桥创业集团有限公司	纺织业	山东	2.6
87	江苏西城三联控股集团有限公司	金属制品业	江苏	2.5
88	江阴澄星实业集团有限公司	工业化学品制造业	江苏	2.2
89	新华联控股有限公司	混业（一般采矿业、房地产开发业、工业化学品制造业）	湖南	1.9
90	福佳集团有限公司	混业（石油和天然气开采业与加工业、房地产开发业、零售业）	辽宁	1.8
91	上海人民企业（集团）有限公司	机械设备制造业	上海	1.7
92	天津友发钢管集团有限公司	金属制品业	天津	1.5
93	浙江省兴合集团公司	混业（房地产开发业、批发贸易业）	浙江	1.2
94	山东大王集团有限公司	混业（机械设备制造业、工业化学品制造业）	山东	0.5
95	百兴集团有限公司	混业（房地产开发业、工业化学品制造业）	江苏	0.0
95	河北文丰钢铁有限公司	金属冶炼及压延加工业	河北	0.0
95	江苏华西集团公司	金属冶炼及压延加工业	江苏	0.0
95	江苏申特钢铁有限公司	金属冶炼及压延加工业	江苏	0.0
95	江苏新长江实业集团有限公司	混业（金属制品业、工业化学品制造业）	江苏	0.0
95	宁波金田投资控股有限公司	混业（房地产开发业、金属冶炼及压延加工业、非金属矿物制品业）	浙江	0.0

第三节　民营企业100强社会责任发展阶段性特征

一　民营企业社会责任发展指数为16.6分，整体处于旁观者阶段

评价结果显示，2013年民营企业100强社会责任发展指数平均得分为16.6分，比2012年提高1.4分，整体仍处于旁观者阶段。没有一家民营企业达到卓越者阶段，有7家企业处于领先者阶段，近80%的企业（76家）的得分低于20分，仍然处于旁观者阶段，还有6家企业得分为0（见图2－3）。

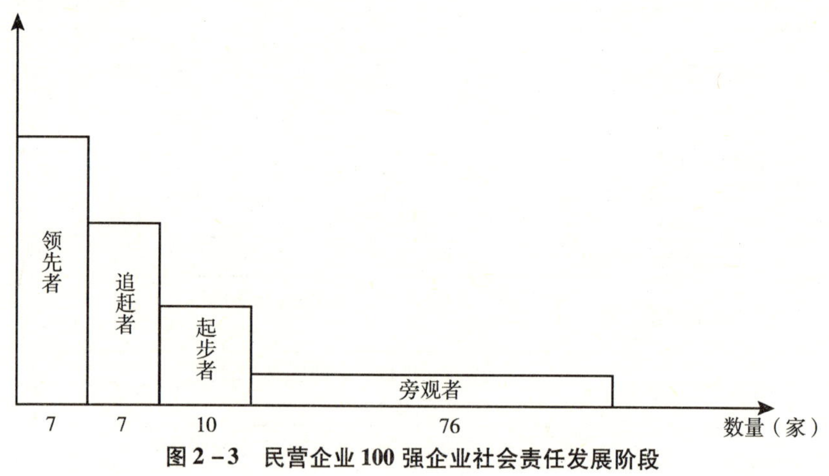

图2－3　民营企业100强企业社会责任发展阶段

二　东部沿海地区民营企业社会责任发展水平较为突出

分析结果显示，沿海地区民营企业的社会责任发展水平较为突出。民营100强企业所属的19个地区中，福建省[①]民营企业社会

① 由于福建省样本仅为1家企业，所以不能得出福建省企业社会责任整体已经步入领先者阶段的结论。

责任发展指数平均得分最高，为 71.8 分；其次为广东省、北京市的社会责任发展指数，平均得分分别为 37.9 分、31.1 分，步入起步者阶段；但多数地区的民营企业社会责任发展指数仍低于 20 分（见图 2－4）。北京市和上海市地区的社会发展指数提高得较快，分别由 2012 年的第 5 名和第 6 名，跃升到 2013 年的第 3 名和第 4 名。

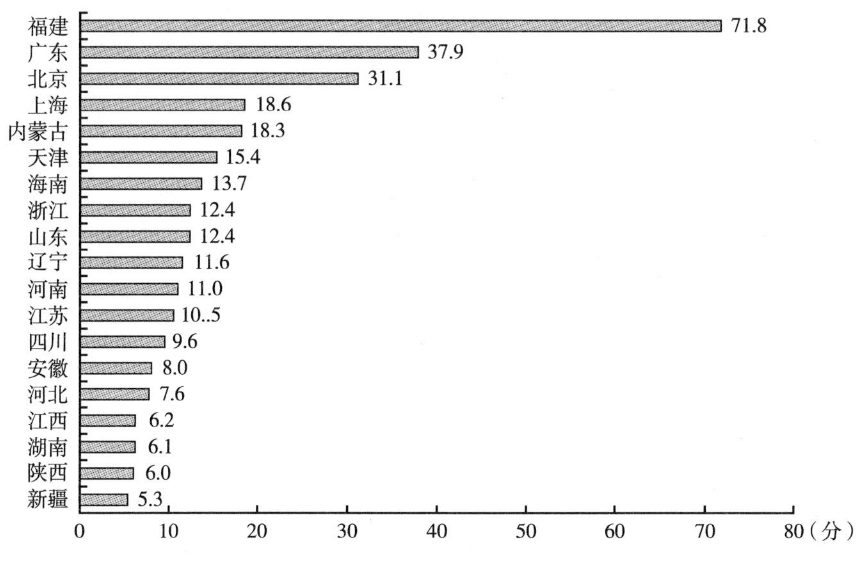

图 2－4　各区域民营企业 100 强社会责任发展指数

三　市场责任指数高于社会责任与环境责任指数

2013 年我国民营企业 100 强责任管理平均得分仅为 10.5 分，责任管理发展滞后于责任实践（16.4 分）。市场责任指数（21.9 分）高于社会责任（14.8 分）和环境责任（12.6 分）指数得分（见图 2－5）。虽然我国民营企业 100 强的市场责任、社会责任、环境责任及责任实践指数相比 2012 年均有小幅度提高，但绝对数值依然偏低。

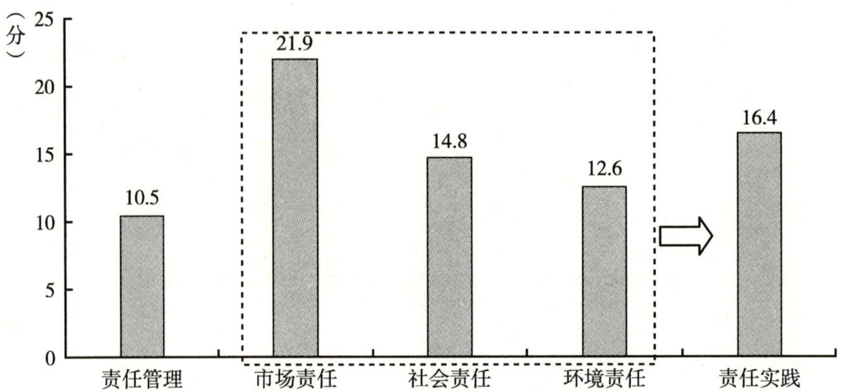

图 2-5　民营企业 100 强社会责任发展指数结构特征

B.4

第三章 中国外资企业100强社会责任发展指数（2013）*

跨国公司是全球企业社会责任理念的倡导者和传播者，在各个国家企业社会责任发展历程中均扮演着重要角色。本研究在“中国100强企业社会责任发展指数”研究的框架基础上，对中国外资企业100强2012~2013年度社会责任管理水平和社会责任信息披露情况进行了综合评价，以把握中国外资企业社会责任的阶段性特征。

第一节　样本特征

2013年外资企业100强的选择以《财富》杂志公布的“2013年世界500强”榜单为基础，按照销售收入选取前100家企业，剔除在中国没有经营业务的外资企业，再依据在中国经营业务的深度、影响力和品牌知名度进行增补，最终确定外资企业100强名单。

一　行业分布广泛，覆盖29个行业

外资企业100强企业行业分布广泛，共涉及29个行业。其中，跨行业经营的企业达到21家；计算机及相关设备制造业企业数量

* 数据源自责任云（www. zerenyun. com）。

最多，共有14家。机械设备制造业（12家）、交通运输设备制造业（12家）和电子产品及电子元件制造业（12家）涉及企业数量均在10家以上。餐饮业、农林牧渔业等6个行业均涉及2家企业，文化娱乐业、水的生产和供应业等9个行业均涉及1家企业（见图3－1）。

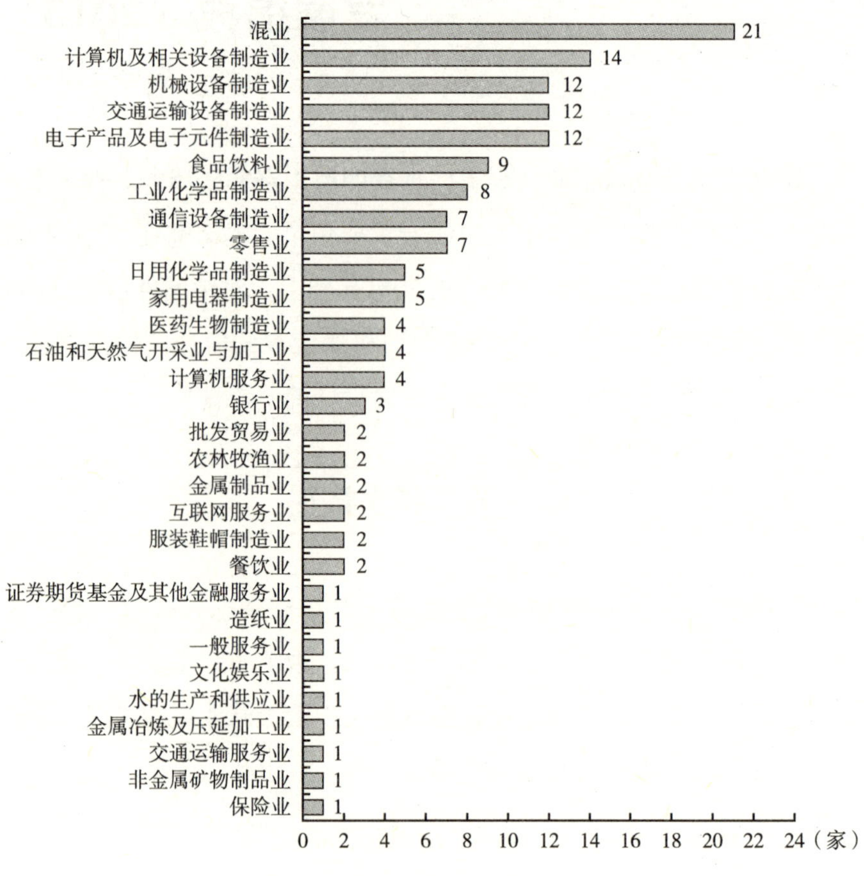

图3－1　外资企业100强行业分布

二　国别代表性强，美资企业居多

从国别分布看，美资企业最多，有34家企业；日资企业有18

家；法国和德国企业数量分别为 12 家和 9 家；中国台湾、韩国企业均为 5 家；英国企业有 4 家；新加坡企业有 3 家。总部位于其他国家或地区的外资企业有 10 家，包括总部位于瑞士（2 家）、瑞典（2 家）、荷兰（2 家）、中国香港（1 家）、泰国（1 家）、芬兰（1 家）和爱尔兰（1 家）的外资企业（见图 3－2）。

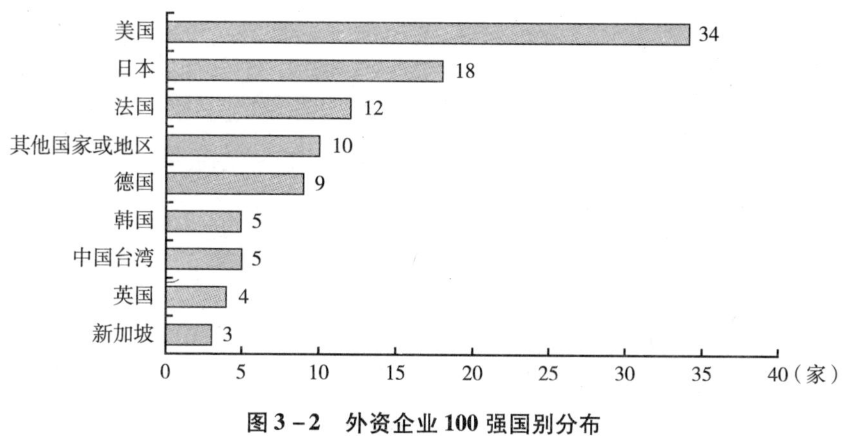

图 3－2　外资企业 100 强国别分布

第二节　评价结果

外资企业 100 强 2013 年社会责任发展指数平均得分为 18.6 分。在评价的 100 家外资企业中，有 3 家外企的社会责任管理具有较强的创新性和引领性。这 3 家外企以及领先实践分别是：三星中国投资有限公司（“在外企中率先建立社会责任研究基地”）、佳能（中国）有限公司［“公开发行《佳能（中国）企业社会责任专刊》季刊”］以及欧莱雅（中国）有限公司（“与中国社会科学院经济学部、中国消费者协会联合发布《中国可持续消费研究报告》”）。外资企业 100 强前 100 位社会责任发展指数情况如表 3－1 所示。

表 3-1　外资企业 100 强社会责任发展指数（2013）

单位：分

排名	企业名称	行业名称	总部所在区域	社会责任发展指数
领先者(3 家)				
1	三星中国投资有限公司	混业(电子产品及电子元件制造业、通信设备制造业)	韩国	70.5
2	英特尔(中国)有限公司	电子产品及电子元件制造业	美国	62.4
3	光宝集团	混业(电子产品及电子元件制造业、计算机及相关设备制造业)	中国台湾	60.7
追赶者(10 家)				
4	浦项(中国)投资有限公司	金属冶炼及压延加工业	韩国	58.9
5	松下电器(中国)有限公司	混业(机械设备制造业、家用电器制造业)	日本	51.3
6	富士施乐(中国)有限公司	计算机及相关设备制造业	日本	51.1
7	LG 化学(中国)投资有限公司	工业化学品制造业	韩国	50.7
8	台达集团	电子产品及电子元件制造业	中国台湾	48.3
9	索尼(中国)有限公司	混业(家用电器制造业、电子产品及电子元件制造业、计算机及相关设备制造业)	日本	46.7
10	佳能(中国)有限公司	混业(电子产品及电子元件制造业、计算机及相关设备制造业、计算机服务业)	日本	46.5
11	阿斯利康制药有限公司	医药生物制造业	英国	42.3
12	东芝集团(中国)	混业(机械设备制造业、电子产品及电子元件制造业、计算机及相关设备制造业)	日本	42.2
13	华硕电脑股份有限公司	计算机及相关设备制造业	中国台湾	41.2
起步者(21 家)				
14	富士康科技集团	电子产品及电子元件制造业	中国台湾	37.2
15	夏普(中国)投资有限公司	混业(通信设备制造业、计算机及相关设备制造业)	日本	35.2
16	阿迪达斯(中国)有限公司	服装鞋帽制造业	德国	34.6
17	丰田汽车(中国)投资有限公司	交通运输设备制造业	日本	34.3

续表

排名	企业名称	行业名称	公司性质	社会责任发展指数
18	日立（中国）有限公司	混业（机械设备制造业、家用电器制造业、计算机及相关设备制造业）	日本	33.4
19	联合利华（中国）有限公司	混业（食品饮料业、日用化学品制造业）	英国	32.7
20	巴斯夫（中国）有限公司	工业化学品制造业	德国	31.7
21	爱立信（中国）通信有限公司	通信设备制造业	瑞典	27.3
22	可口可乐（中国）饮料有限公司	食品饮料业	美国	27.0
23	国际商业机器中国有限公司	混业（计算机及相关设备制造业、计算机服务业）	美国	26.0
24	花旗银行（中国）有限公司	银行业	美国	25.5
25	亿滋中国	食品饮料业	美国	24.1
26	家乐福（中国）	零售业	法国	23.4
26	汇丰银行（中国）有限公司	银行业	中国香港	23.4
28	通用汽车（中国）	交通运输设备制造业	美国	22.3
29	沃尔沃（中国）投资有限公司	交通运输设备制造业	瑞典	22.2
30	小松（中国）投资有限公司	机械设备制造业	日本	22.1
31	宝洁（中国）有限公司	日用化学品制造业	美国	21.3
32	美铝（中国）投资有限公司	金属制品业	美国	21.1
33	宝马（中国）	交通运输设备制造业	德国	21.0
34	箭牌糖果（中国）有限公司	食品饮料业	美国	20.2
旁观者（66家）				
35	道达尔中国	石油和天然气开采业与加工业	法国	19.3
36	百事（中国）投资有限公司	食品饮料业	美国	19.0
37	本田中国投资有限公司	交通运输设备制造业	日本	18.9
38	壳牌中国	石油和天然气开采业与加工业	荷兰	18.3
39	安利（中国）日用品有限公司	日用化学品制造业	美国	16.9
40	雅培中国	混业（食品饮料业、医药生物制造业）	美国	16.7
40	雀巢中国有限公司	食品饮料业	瑞士	16.7
42	现代汽车中国投资有限公司	交通运输设备制造业	韩国	16.5

续表

排名	企业名称	行业名称	公司性质	社会责任发展指数
43	日产(中国)投资有限公司	交通运输设备制造业	日本	16.2
44	艾默生(中国)	机械设备制造业	美国	15.2
45	GE 中国	混业(机械设备制造业、家用电器制造业、电子产品及电子元件制造业)	美国	15.0
46	西门子(中国)有限公司	混业(机械设备制造业、计算机服务业)	德国	14.9
46	ABB(中国)有限公司	机械设备制造业	瑞士	14.9
48	飞利浦电子(中国)集团	混业(机械设备制造业、家用电器制造业)	荷兰	14.5
49	福特汽车(中国)有限公司	交通运输设备制造业	美国	14.3
50	住友商事(中国)有限公司	批发贸易业	日本	13.5
51	中国惠普有限公司	计算机及相关设备制造业	美国	13.4
52	理光中国	计算机及相关设备制造业	日本	13.3
53	达能(中国)有限公司	食品饮料业	法国	13.2
54	苹果公司	混业(通信设备制造业、计算机及相关设备制造业)	美国	13.1
55	金光纸业(中国)投资有限公司	造纸业	新加坡	13.0
56	普利司通(中国)	工业化学品制造业	日本	12.6
57	正大(中国)投资有限公司	混业(农林牧渔业、零售业)	泰国	12.4
58	安联	保险业	德国	12.1
59	博世(中国)投资有限公司	交通运输设备制造业	德国	12.0
60	沃尔玛(中国)投资有限公司	零售业	美国	11.3
61	拉法基	非金属矿物制品业	法国	11.2
62	戴尔中国有限公司	计算机及相关设备制造业	美国	11.1
63	欧莱雅(中国)有限公司	日用化学品制造业	法国	10.1
64	雪铁龙(中国)投资有限公司	交通运输设备制造业	法国	9.7
64	富士胶片(中国)投资有限公司	电子产品及电子元件制造业	日本	9.7
66	施耐德(中国)投资有限公司	机械设备制造业	法国	9.3
67	高盛(中国)	证券期货基金及其他金融服务业	美国	8.8

续表

排名	企业名称	行业名称	公司性质	社会责任发展指数
68	麦德龙（中国）	零售业	德国	8.7
69	卡特彼勒（中国）投资有限公司	机械设备制造业	美国	8.1
70	亚马逊中国	零售业	美国	7.9
71	拜耳（中国）	混业（医药生物制造业、工业化学品制造业）	德国	7.8
72	微软中国	计算机服务业	美国	7.6
72	三菱商事中国有限公司	批发贸易业	日本	7.6
74	百胜（中国）投资有限公司	餐饮业	美国	7.5
74	陶氏化学（中国）有限公司	工业化学品制造业	美国	7.5
76	强生（中国）投资有限公司	混业（医药生物制造业、日用化学品制造业）	美国	7.3
77	埃森哲（中国）有限公司	一般服务业	爱尔兰	7.1
78	大众汽车集团（中国）	交通运输设备制造业	德国	7.0
79	法国兴业银行中国有限公司	银行业	法国	6.9
80	麦当劳（中国）有限公司	餐饮业	美国	6.7
81	诺基亚（中国）投资有限公司	通信设备制造业	芬兰	6.5
82	联邦快递（中国）有限公司	交通运输服务业	美国	6.2
83	乐购中国	零售业	英国	6.1
84	固特异	工业化学品制造业	美国	6.0
85	法国威立雅	水的生产和供应业	法国	5.7
86	杜邦中国集团有限公司	混业（农林牧渔业、电子产品及电子元件制造业、工业化学品制造业）	美国	5.4
87	BP 中国	石油和天然气开采业与加工业	英国	4.8
87	SK 中国	石油和天然气开采业与加工业	韩国	4.8
89	思科中国	混业（互联网服务业、通信设备制造业）	美国	4.5
99	耐克体育（中国）有限公司	服装鞋帽制造业	美国	4.5
91	米其林（中国）投资有限公司	工业化学品制造业	法国	4.0
92	三井物产（中国）有限公司	混业（机械设备制造业、金属制品业）	日本	3.3

续表

排名	企业名称	行业名称	公司性质	社会责任发展指数
93	宏基集团	计算机及相关设备制造业	中国台湾	2.5
94	欧尚(中国)投资有限公司	零售业	法国	2.0
95	甲骨文(中国)	互联网服务业	美国	1.5
95	摩托罗拉(中国)电子有限公司	通信设备制造业	美国	1.5
97	铃木(中国)投资有限公司	交通运输设备制造业	日本	1.0
98	丰益国际	食品饮料业	新加坡	0.0
98	华特迪士尼公司	文化娱乐业	美国	0.0
98	伟创力公司	电子产品及电子元件制造业	新加坡	0.0

第三节　外资企业100强社会责任发展阶段性特征

一　外资企业社会责任发展指数为18.6分，近七成企业尚处于旁观者阶段

外资企业100强社会责任发展指数平均得分由2012年的13.2分提升到2013年的18.6分，虽然超过了民营企业100强得分，但整体仍处于旁观者阶段。其中，没有一家企业达到卓越者阶段，处于领先者阶段的有3家，处于追赶者阶段的有10家，66家外资企业处于旁观者阶段。3家外资企业社会责任发展指数得分均为0，没有披露任何在华责任管理和责任实践方面的信息。

二　韩国企业社会责任发展指数最高

总部位于韩国的外资企业社会责任发展指数得分最高，为40.3分，整体处于追赶者阶段。总部位于中国台湾（38.0分）、日本（25.5分）、瑞典（24.7分）、中国香港（23.4分）、英国（21.4分）

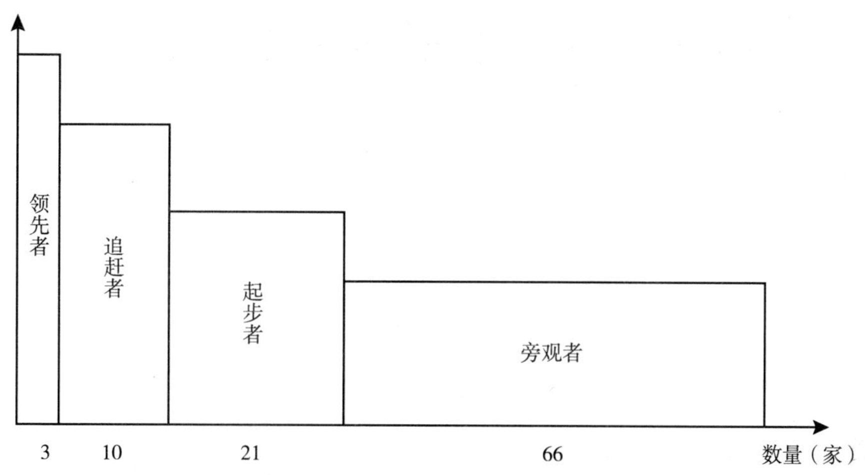

图3－3　外资企业100强社会责任分类

的外资企业整体进入起步者阶段。总部位于德国（16.6分）、荷兰（16.4分）、瑞士（15.8分）、美国（14.0分）、泰国（12.4分）、法国（10.5分）、爱尔兰（7.1分）、芬兰（6.5分）、新加坡（4.3分）的外资企业社会责任发展均低于外资企业平均水平，处于旁观者阶段（见图3－4）。

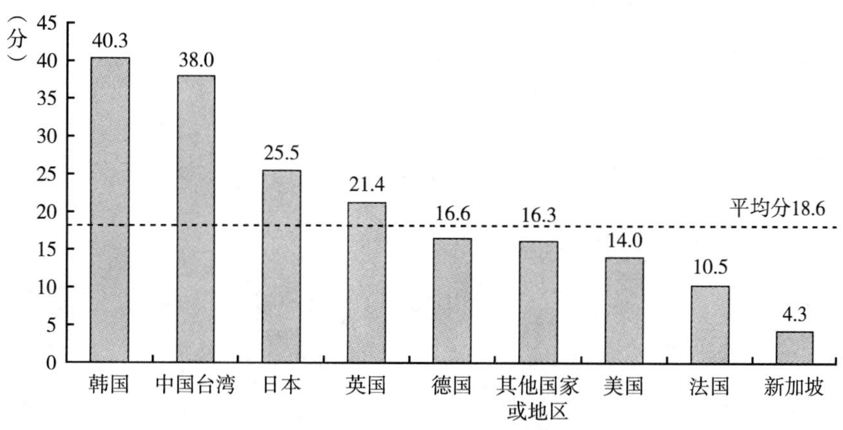

图3－4　外资企业100强社会责任区域分布

三　外资企业快速进步，10 家企业社会责任发展指数提升20 分以上

较 2012 年，2013 年外资企业 100 强社会责任发展指数平均增幅为 5.4 分，其中有 20 家企业提升 10 分以上，10 家企业提升 20 分以上，浦项（中国）投资有限公司成为得分增幅最大的企业。

表 3－2　外资企业 100 强社会责任发展指数增幅 20 分以上企业名单

单位：分

企业名称	2013 年社会责任发展指数	2012 年社会责任发展指数	增幅
浦项(中国)投资有限公司	58.9	3.5	55.4
台达集团	48.3	6.3	42.0
阿斯利康制药有限公司	42.3	1.7	40.6
阿迪达斯(中国)有限公司	34.6	－1.0	35.6
华硕电脑股份有限公司	41.2	6.5	34.7
松下电器(中国)有限公司	51.3	22.1	29.2
富士施乐(中国)有限公司	51.1	26.0	25.1
三星中国投资有限公司	70.5	49.0	21.5
美铝(中国)投资有限公司	21.1	0.0	21.1
家乐福(中国)	23.4	3.0	20.4

四　环境责任指数高于市场责任和社会责任指数

外资企业 100 强责任管理指数得分（14.7 分）落后于责任实践得分（18.2 分）。与国有企业和民营企业不同的是，在责任实践内部，外资企业的环境责任指数（20.1 分）高于市场责任（18.0 分）和社会责任（16.6 分）指数。可见，外资企业对环境责任信息披露的重视（见图 3－5）。

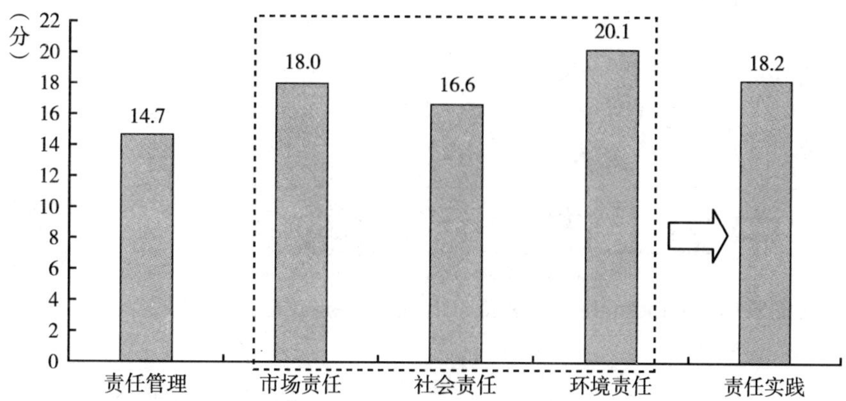

图 3－5　外资企业 100 强社会责任发展指数结构特征

中国上市公司指数篇*

The CSR Development Index for Chinese Listed Companies

上市公司作为公众公司，其资源的社会性和影响的广泛性使其不仅要向股东披露财务信息，也需回应政府、员工、客户、债权人、供应商、社区等利益相关方的信息需求，积极披露社会/环境等非财务信息。因此，研究中国上市公司社会责任管理水平和信息披露状况，对于推动中国上市公司履行社会责任、推进中国社会责任投资具有重要的理论和现实意义。

选取A股市场中规模大、流动性好、代表性强的沪深300指数成分股为样本企业，对其社会责任管理体系建设状况和信息披露水平进行综合评价。课题组延续中国100强企业社会责任指数的理论基础和评价办法，以2013年7月1日调整后的沪深300指数成分股为样本企业，全面辨析中国上市公司社会责任的阶段性特征，评价中国上市企业社会责任管理体系状况和社会/环境信息披露水平。

* 数据源自责任云（www.zerenyun.com）。

B.5

第四章 中国上市公司社会责任发展指数（2013）*

第一节　样本特征

沪深300成分股企业中，上交所上市公司有194家，深交所上市公司106家，样本企业呈现以下特点。

一　营业收入在100亿元以下居多

上市公司有营业收入在100亿元以下的企业数量最多，共有126家（占42%）；企业年营业收入在100亿～500亿元的次之，有106家（占35.3%）；营业收入在500亿～1000亿元的企业和1000亿元以上的企业分别有37家和31家（见表4－1）。

表4－1　沪深300企业营业收入情况

单位：家

营业收入	企业数量	营业收入	企业数量
1000亿元以上	31	100亿元以下	126
500亿～1000亿元	37	合　计	300
100亿～500亿元	106		

二　总部位于北京的上市公司最多

沪深300强上市公司的总部遍布我国29个省份。其中，总部位于

* 数据源自责任云（www.zerenyun.com）。

北京的企业最多，共有70家（占23.3%）；其次是广东，有35家企业（占11.7%）；有26家（占8.7%）企业的总部在上海；总部在甘肃、青海、贵州、海南和天津的上市公司分别仅有2家（见图4－1）。

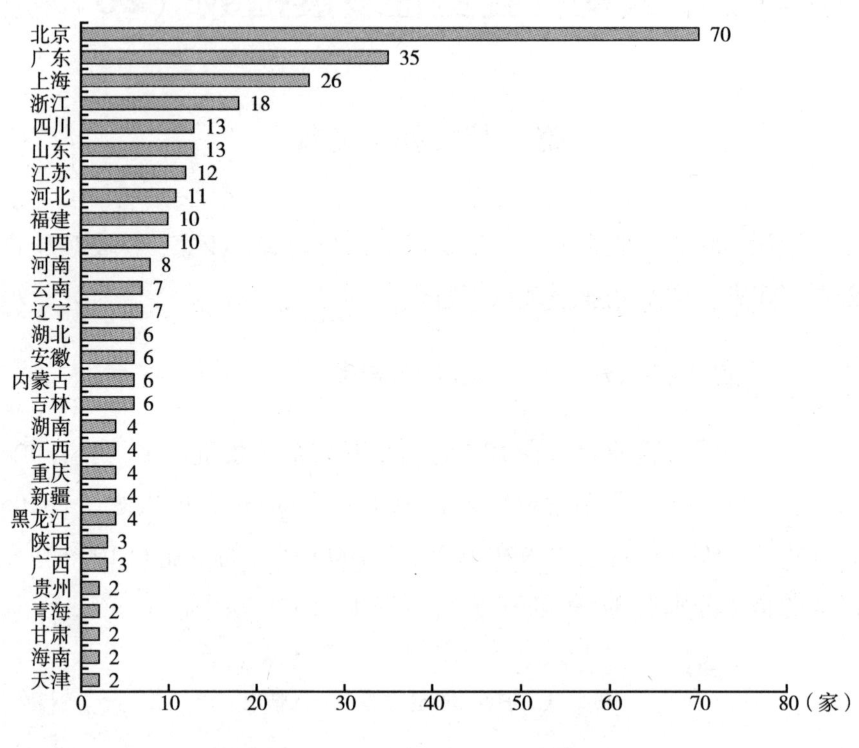

图4－1　沪深300上市企业地区分布

三　行业分布广泛，覆盖37个行业①

沪深300强上市公司的经营业务共涉及37个行业，其中从事

① 根据宽度适宜的原则，本研究对沪深300指数企业所属行业划分进行了调整，并构建了对应的指标体系。具体以中国社会科学院经济学部企业社会责任研究中心颁布的《中国企业社会责任报告编制指南（CASS－CSR 2.0）》为基础，参考证监会13大类92个小类的划分标准，进行了适度增删和拆并，共划分出行业47个。

医药生物制造业的企业数量最多，有26家（7.5%）；从事煤炭开采与洗选业和混业的企业数量次之，均为23家（占6.6%）；再者是从事金属冶炼及压延加工业和房地产开发业的企业，各有22家（占6.3%）；而从事一般服务业、水的生产和供应业、日用化学品制造业、燃气生产和供应业的企业均只有1家（见图4－2）。

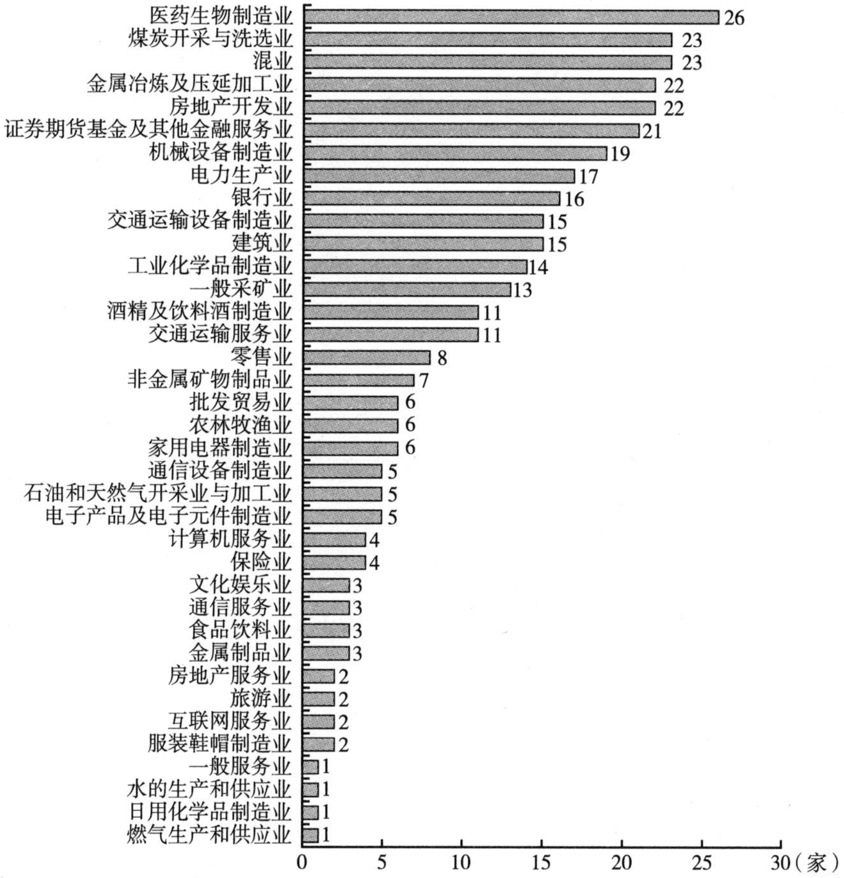

医药生物制造业 26
煤炭开采与洗选业 23
混业 23
金属冶炼及压延加工业 22
房地产开发业 22
证券期货基金及其他金融服务业 21
机械设备制造业 19
电力生产业 17
银行业 16
交通运输设备制造业 15
建筑业 15
工业化学品制造业 14
一般采矿业 13
酒精及饮料酒制造业 11
交通运输服务业 11
零售业 8
非金属矿物制品业 7
批发贸易业 6
农林牧渔业 6
家用电器制造业 6
通信设备制造业 5
石油和天然气开采业与加工业 5
电子产品及电子元件制造业 5
计算机服务业 4
保险业 4
文化娱乐业 3
通信服务业 3
食品饮料业 3
金属制品业 3
房地产服务业 2
旅游业 2
互联网服务业 2
服装鞋帽制造业 2
一般服务业 1
水的生产和供应业 1
日用化学品制造业 1
燃气生产和供应业 1
0 5 10 15 20 25 30（家）

图4－2　沪深300强企业行业分布

注：因存在跨行业企业，各行业企业数量加总大于300家。

四　近八成企业发布社会责任报告，但超六成企业没有社会责任专栏

在上交所和深交所的倡导下，沪深300强企业中，有234家（占78%）企业已经编写并发布了企业社会责任报告，企业社会责任信息集中披露得到了大多数企业的关注与重视，但只有111家（占37%）在企业官方网站设有社会责任专栏（见图4－3、图4－4）。

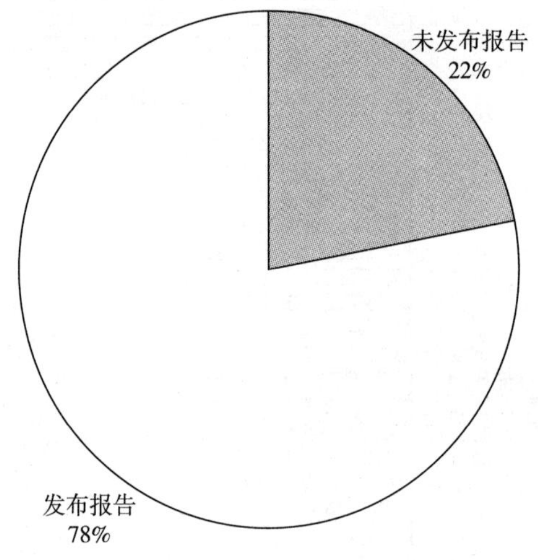

图4－3　沪深300强企业社会责任报告发布情况

五　深交所上市公司发布报告、设立专栏企业比重均略高于上交所上市公司

从两个交易所的情况来看，上交所有76.8%的上市公司发布了社会责任报告，深交所有80.2%的上市公司发布，比重略高于上交所；上交所仅有34.5%的企业在官方网站设有社会责任专

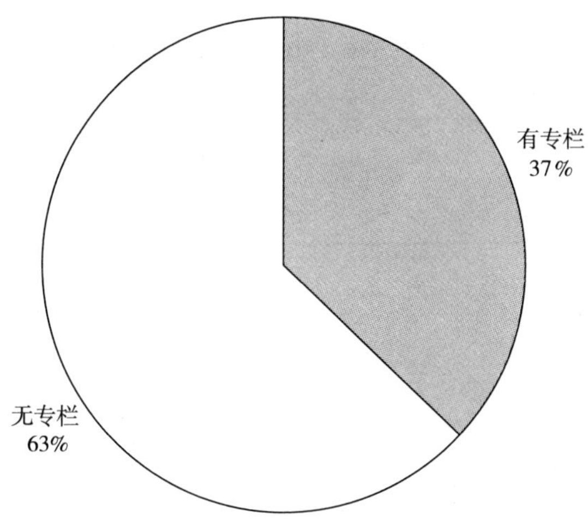

图 4-4 沪深 300 强企业社会责任专栏设立情况

栏，深交所有 41.5% 的企业设有社会责任专栏，比重高于上交所。

表 4-2 深交所与上交所上市公司社会责任报告发布与社会责任专栏建设情况

单位：家，%

信息渠道	发布 2012 年社会责任报告的企业		设立社会责任专栏的企业	
	企业数量	占比	企业数量	占比
上交所上市公司	149	76.8	67	34.5
深交所上市公司	85	80.2	44	41.5

第二节 评价结果

中国上市公司社会责任发展指数（2013）排名前 100 的企业社会责任指数得分及排名如表 4-3 所示（全部 300 家企业的排名详见附录五）。

表 4－3　排名前 100 的中国上市公司社会责任发展指数（2013）

单位：分

排名	企业名称	行业	上市交易所	责任报告	责任专栏	社会责任发展指数
领先者(20 家)						
1	中国民生银行股份有限公司	银行业	上交所、港交所	有	有	79.8
2	中国建筑股份有限公司	建筑业	上交所	有	有	76.7
3	中国铝业股份有限公司	混业（金属冶炼及压延加工业、一般采矿业）	上交所、港交所、海外交易所	无	有	73.2
4	兴业银行股份有限公司	银行业	上交所	有	有	71.8
5	中国神华能源股份有限公司	混业（电力生产业、煤炭开采与洗选业）	上交所、港交所	有	有	70.4
6	上海浦东发展银行股份有限公司	银行业	上交所	有	有	69.2
7	深圳市燃气集团股份有限公司	燃气生产和供应业	上交所	有	有	66.2
8	中国石油化工股份有限公司	石油和天然气开采业与加工业	上交所、港交所	有	有	65.1
9	中国农业银行股份有限公司	银行业	上交所、港交所	有	有	64.6
10	中国平安保险(集团)股份有限公司	保险业	上交所、港交所	有	有	64.4
11	中国国际航空股份有限公司	交通运输服务业	上交所、港交所、海外交易所	无	有	63.4
12	中国工商银行股份有限公司	银行业	上交所、港交所	有	有	63.1
13	招商银行股份有限公司	银行业	上交所、港交所	有	有	62.3

续表

排名	企业名称	行业	上市交易所	责任报告	责任专栏	社会责任发展指数
14	中国东方航空股份有限公司	交通运输服务业	上交所、港交所、海外交易所	无	有	62.1
15	中兴通讯股份有限公司	通信设备制造业	深交所、港交所	有	有	61.8
16	中国南方航空股份有限公司	交通运输服务业	上交所、港交所、海外交易所	有	有	61.5
17	交通银行股份有限公司	银行业	上交所、港交所	无	有	61.4
18	上海汽车集团股份有限公司	交通运输设备制造业	上交所	有	有	61.2
19	中国太平洋保险（集团）股份有限公司	保险业	上交所、港交所	有	有	60.9
20	招商局地产控股股份有限公司	房地产开发业	深交所、海外交易所	无	有	60.7
追赶者（48 家）						
21	苏宁云商集团股份有限公司	零售业	深交所	有	有	59.2
22	中国联合网络通信股份有限公司	通信服务业	上交所	有	有	57.9
23	大唐国际发电股份有限公司	电力生产业	上交所、港交所	有	有	56.2
24	万科企业股份有限公司	房地产开发业	深交所	有	有	55.3
25	中信银行股份有限公司	银行业	上交所、港交所	无	有	54.9
26	中国交通建设股份有限公司	建筑业	上交所、港交所	有	有	54.8
27	平安银行股份有限公司	银行业	深交所、港交所	有	有	54.5
28	中国光大银行股份有限公司	银行业	上交所	无	有	54.2
29	宜宾五粮液股份有限公司	酒精及饮料酒制造业	深交所	无	有	54.1

续表

排名	企业名称	行业	上市交易所	责任报告	责任专栏	社会责任发展指数
30	宁波银行股份有限公司	银行业	深交所	无	有	53.7
31	招商证券股份有限公司	证券期货基金及其他金融服务业	上交所	有	有	52.8
32	中国建设银行股份有限公司	银行业	上交所、港交所	有	有	52.6
32	永辉超市股份有限公司	零售业	上交所	无	有	52.6
34	东软集团股份有限公司	计算机服务业	上交所	有	有	52.3
35	中国银行股份有限公司	银行业	上交所、港交所	有	有	52.2
36	TCL 集团股份有限公司	家用电器制造业	深交所	有	有	51.3
37	中国葛洲坝集团股份有限公司	电力生产业	上交所	无	有	51.2
38	上海复星医药(集团)股份有限公司	医药生物制造业	上交所、港交所	有	有	50.8
39	中国中铁股份有限公司	建筑业	上交所、港交所	有	有	49.0
40	兖州煤业股份有限公司	煤炭开采与洗选业	上交所、港交所、海外交易所	无	有	48.6
41	广西柳工机械股份有限公司	机械设备制造业	深交所	无	有	47.9
42	广发证券股份有限公司	证券期货基金及其他金融服务业	深交所	无	有	47.7
43	宝山钢铁股份有限公司	金属冶炼及压延加工业	上交所	有	有	47.4
44	北京银行股份有限公司	银行业	上交所	无	有	47.2
45	中国长江电力股份有限公司	电力生产业	上交所	有	有	47.1
46	广州汽车集团股份有限公司	交通运输设备制造业	上交所、港交所	无	有	47.0
46	华夏银行股份有限公司	银行业	上交所	有	有	47.0
48	西安陕鼓动力股份有限公司	机械设备制造业	上交所	有	有	46.2

续表

排名	企业名称	行业	上市交易所	责任报告	责任专栏	社会责任发展指数
49	浙江海正药业股份有限公司	医药生物制造业	上交所	有	有	45.4
50	中国北车股份有限公司	交通运输设备制造业	上交所	有	有	45.1
51	泛海建设集团股份有限公司	房地产开发业	深交所	有	有	44.8
52	青岛啤酒股份有限公司	酒精及饮料酒制造业	上交所、港交所	有	有	43.6
52	荣盛房地产发展股份有限公司	房地产开发业	深交所	无	有	43.6
54	京东方科技集团股份有限公司	电子产品及电子元件制造业	深交所	有	有	43.5
55	中国中煤能源股份有限公司	煤炭开采与洗选业	上交所、港交所	有	有	43.3
56	中国国际海运集装箱（集团）股份有限公司	混业（交通运输设备制造业、机械设备制造业）	深交所、港交所	无	有	42.6
57	中国南车股份有限公司	交通运输设备制造业	上交所、港交所	有	有	42.1
57	海通证券股份有限公司	证券期货基金及其他金融服务业	上交所、港交所	无	有	42.1
59	中联重工科技发展股份有限公司	机械设备制造业	深交所、港交所	有	有	41.9
60	北京金隅股份有限公司	混业（非金属矿物制品业、房地产开发业）	上交所、港交所	无	有	41.7
60	山东东阿阿胶股份有限公司	医药生物制造业	深交所	有	有	41.7
60	山西潞安环保能源开发股份有限公司	煤炭开采与洗选业	深交所	无	有	41.7
63	冀中能源股份有限公司	煤炭开采与洗选业	深交所	有	有	41.5

续表

排名	企业名称	行业	上市交易所	责任报告	责任专栏	社会责任发展指数
64	烽火通信科技股份有限公司	通信设备制造业	上交所	无	有	41.0
65	保利房地产(集团)股份有限公司	房地产开发业	上交所	无	有	40.8
66	潍柴动力股份有限公司	机械设备制造业	深交所、港交所	无	有	40.7
67	华润双鹤药业股份有限公司	医药生物制造业	上交所	无	有	40.4
68	四川科伦药业股份有限公司	医药生物制造业	深交所	有	有	40.1
起步者(32家)						
69	东北证券股份有限公司	证券期货基金及其他金融服务业	深交所	无	有	39.5
69	中国石油天然气股份有限公司	石油和天然气开采业与加工业	上交所、港交所、海外交易所	有	有	39.5
71	中国铁建股份有限公司	建筑业	上交所、港交所	有	有	39.1
72	北京燕京啤酒股份有限公司	酒精及饮料酒制造业	深交所	无	有	38.5
73	江苏洋河酒厂股份有限公司	酒精及饮料酒制造业	深交所	无	有	38.1
74	獐子岛集团股份有限公司	农林牧渔业	深交所	有	有	37.9
75	华润三九医药股份有限公司	医药生物制造业	深交所	无	有	37.7
76	宏源证券股份有限公司	证券期货基金及其他金融服务业	深交所	无	有	37.5
77	国电南瑞科技股份有限公司	机械设备制造业	上交所	无	有	37.3
77	云南白药集团股份有限公司	医药生物制造业	深交所	无	有	37.3
79	青岛海尔股份有限公司	家用电器制造业	上交所	无	有	37.2

续表

排名	企业名称	行业	上市交易所	责任报告	责任专栏	社会责任发展指数
80	中国人寿保险股份有限公司	保险业	上交所、港交所、海外交易所	无	有	36.4
81	国电电力发展股份有限公司	电力生产业	上交所	有	有	36.1
81	云南铝业股份有限公司	金属冶炼及压延加工业	深交所	有	有	36.1
83	国金证券股份有限公司	证券期货基金及其他金融服务业	上交所	无	有	36.0
84	东方电气股份有限公司	机械设备制造业	上交所、港交所	无	有	35.7
85	长江证券股份有限公司	证券期货基金及其他金融服务业	深交所	无	有	35.6
85	中国冶金科工股份有限公司	混业（建筑业、一般采矿业）	上交所、港交所	无	有	35.6
87	广东美的电器股份有限公司	家用电器制造业	深交所	有	有	35.4
88	国元证券股份有限公司	证券期货基金及其他金融服务业	深交所	无	有	35.3
88	特变电工股份有限公司	电子产品及电子元件制造业	上交所	无	有	35.3
88	南京银行股份有限公司	银行业	上交所	无	有	35.3
91	航天信息股份有限公司	计算机服务业	上交所	无	有	35.1
92	重庆长安汽车股份有限公司	交通运输设备制造业	深交所	有	有	35.0
92	华泰证券股份有限公司	证券期货基金及其他金融服务业	上交所	无	有	35.0
92	泸州老窖股份有限公司	酒精及饮料酒制造业	深交所	无	有	35.0
95	云南锡业股份有限公司	金属冶炼及压延加工业	深交所	无	有	34.6
96	深圳华侨城股份有限公司	混业（房地产服务业、旅游业）	深交所	有	有	34.5
96	中国水利水电建设股份有限公司	建筑业	上交所	有	有	34.5

续表

排名	企业名称	行业	上市交易所	责任报告	责任专栏	社会责任发展指数
98	新华人寿保险股份有限公司	保险业	上交所、港交所	无	有	34.1
98	西安航空动力股份有限公司	交通运输设备制造业	上交所	无	有	34.1
100	用友软件股份有限公司	计算机服务业	上交所	无	有	34.0

第三节　中国上市公司社会责任发展阶段性特征

一　中国上市公司社会责任发展指数平均得分为30.4分，整体处于起步者阶段

中国上市公司社会责任发展指数平均得分为30.4分，整体处于起步者水平。其中，处于领先者阶段的企业只有20家；151家企业处于起步者阶段，社会责任信息披露状况和管理水平仍然需要进一步提高（见图4－5）。

二　上交所上市公司社会责任发展指数高于深交所

上交所企业社会责任发展指数平均得分为30.8分，高于深交所企业社会责任发展指数平均得分（29.7分），均处于起步者水平。从两个交易所公司的社会责任发展阶段来看，上交所与深交所上市都是处于起步者阶段的企业最多，分别有88家（占45.4%）和63家（59.4%）；处于领先者阶段的企业有18家为上交所上市公司，仅有2家为深交所上市公司（见表4－4）。

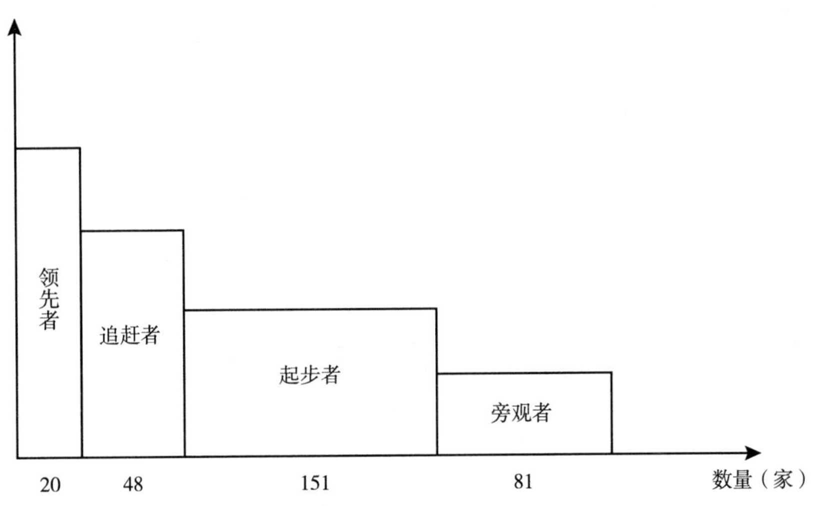

图 4－5　2013 年上市公司社会责任发展阶段分布

表 4－4　上交所与深交所上市公司社会责任发展阶段比较

单位：家，%

发展阶段	领先者		追赶者		起步者		旁观者	
	企业数量	占比	企业数量	占比	企业数量	占比	企业数量	占比
上交所公司	18	9.3	30	15.5	88	45.4	58	29.9
深交所公司	2	1.9	18	17.0	63	59.4	23	21.7

三　责任实践优于责任管理，市场责任得分最高

上市公司责任实践指数平均得分为 34.6 分，高出责任管理指数 18.1 分。责任实践中，市场责任指数得分最高，为 49.9 分，处于追赶者阶段；其次为社会责任指数，得分为 32.0 分；环境责任指数得分最低（见图 4－6）。

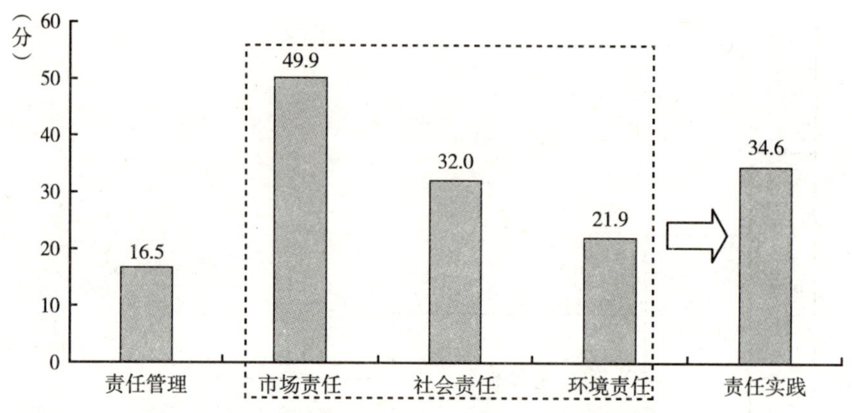

图 4－6　企业社会责任发展指数的结构特征

四　上交所上市公司责任管理、社会责任和环境责任指数均略高于深交所上市公司

对两个交易所上市公司的各责任板块得分进行比较，可以看到，上交所上市公司除市场责任指数（49.6 分）略低于深交所上市公司市场责任指数（50.4 分）外，其余各板块责任指数均略高于深交所（见图 4－7）。

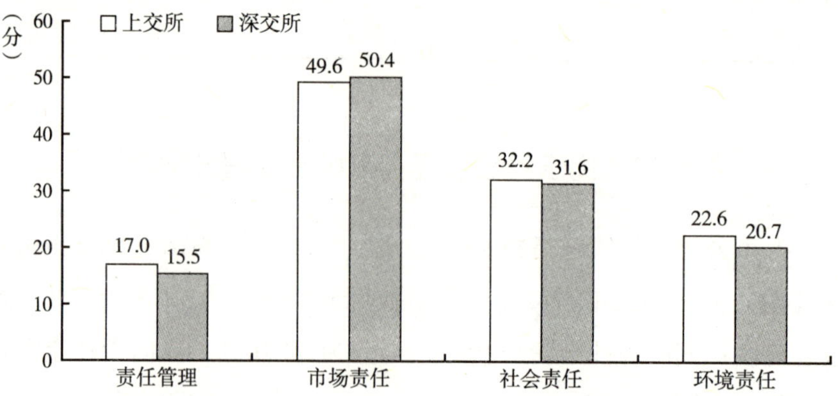

图 4－7　上交所与深交所社会责任各板块得分比较

五　规模较大的上市公司社会责任指数得分较高

上市公司企业社会责任发展指数得分随着企业规模的增加而增加。企业规模在1000亿元以上的企业得分最高，为51.0分，处于追赶者水平；企业规模在100亿元以下、100亿~500亿元及500亿~1000亿元的企业，其社会责任发展指数平均得分分别为25.2分、27.9分和38.3分（见图4-8）。

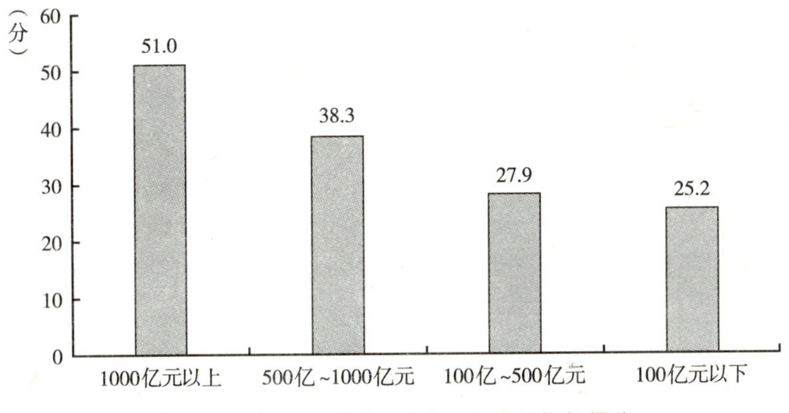

图4-8　不同规模企业社会责任发展指数得分

六　燃气生产和供应业、银行业、保险业社会责任水平相对较好

上市公司中，燃气生产和供应业社会责任发展指数得分最高（66.2分）；[①] 银行业和保险业的社会责任发展指数平均得分较高，分别为55.7分和48.9分，处于追赶者阶段；一般服务业、文化娱乐业、日用化学品制造业、互联网服务业及水的生产和供应业的社会责任发展战略指数平均得分较低，处于旁观者阶段；大部分行业都处于起步者阶段（见图4-9）。

① 由于燃气生产和供应业仅有1家企业，所以该结论不具有行业代表性。

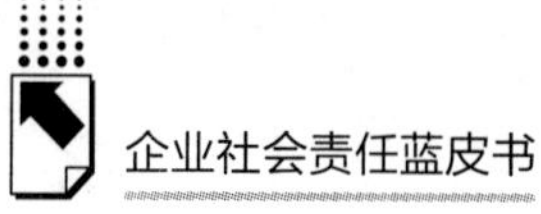

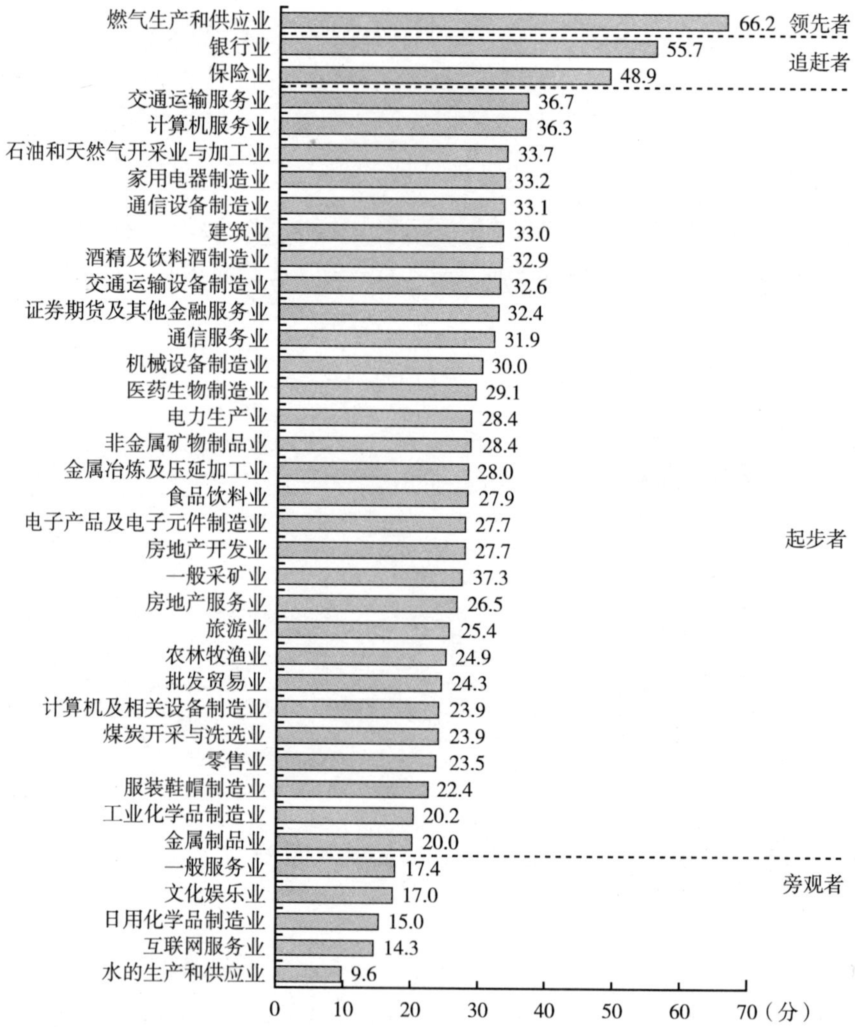

行业	得分（分）	分组
燃气生产和供应业	66.2	领先者
银行业	55.7	追赶者
保险业	48.9	追赶者
交通运输服务业	36.7	起步者
计算机服务业	36.3	起步者
石油和天然气开采业与加工业	33.7	起步者
家用电器制造业	33.2	起步者
通信设备制造业	33.1	起步者
建筑业	33.0	起步者
酒精及饮料酒制造业	32.9	起步者
交通运输设备制造业	32.6	起步者
证券期货及其他金融服务业	32.4	起步者
通信服务业	31.9	起步者
机械设备制造业	30.0	起步者
医药生物制造业	29.1	起步者
电力生产业	28.4	起步者
非金属矿物制品业	28.4	起步者
金属冶炼及压延加工业	28.0	起步者
食品饮料业	27.9	起步者
电子产品及电子元件制造业	27.7	起步者
房地产开发业	27.7	起步者
一般采矿业	37.3	起步者
房地产服务业	26.5	起步者
旅游业	25.4	起步者
农林牧渔业	24.9	起步者
批发贸易业	24.3	起步者
计算机及相关设备制造业	23.9	起步者
煤炭开采与洗选业	23.9	起步者
零售业	23.5	起步者
服装鞋帽制造业	22.4	起步者
工业化学品制造业	20.2	起步者
金属制品业	20.0	起步者
一般服务业	17.4	旁观者
文化娱乐业	17.0	旁观者
日用化学品制造业	15.0	旁观者
互联网服务业	14.3	旁观者
水的生产和供应业	9.6	旁观者

0 10 20 30 40 50 60 70（分）

图4－9　企业社会责任发展指数平均得分的行业分布

B.6

第五章

上交所上市公司社会责任发展指数（2013）*

第一节　样本特征

一　大多数企业营业收入在500亿元以下

在沪深300成分股企业中，在上交所上市的企业共194家。其中，2012年营业收入在100亿元以下的企业数量最多，共有75家（占38.7%）；年营业收入在100亿～500亿元的次之，有62家（占31.7%）；营业收入1000亿元以上的企业有28家（见表5-1）。

表5-1　上交所企业营业收入情况

单位：家

营业收入	企业数量	营业收入	企业数量
1000亿元以上	28	100亿元以下	75
500亿～1000亿元	29	合　计	194
100亿～500亿元	62		

二　近三成企业总部位于北京

上交所上市公司总部分布在我国29个省份。其中，总部位于北京的企业最多，共57家（占29.4%）；其次是上海，有25家企业

* 数据源自责任云（www.zerenyun.com）。

（占12.9%）；再次是广东，14家（占7.2%）。总部在西部的企业比较少，新疆、广西、青海、陕西分别有1家（见图5－1）。

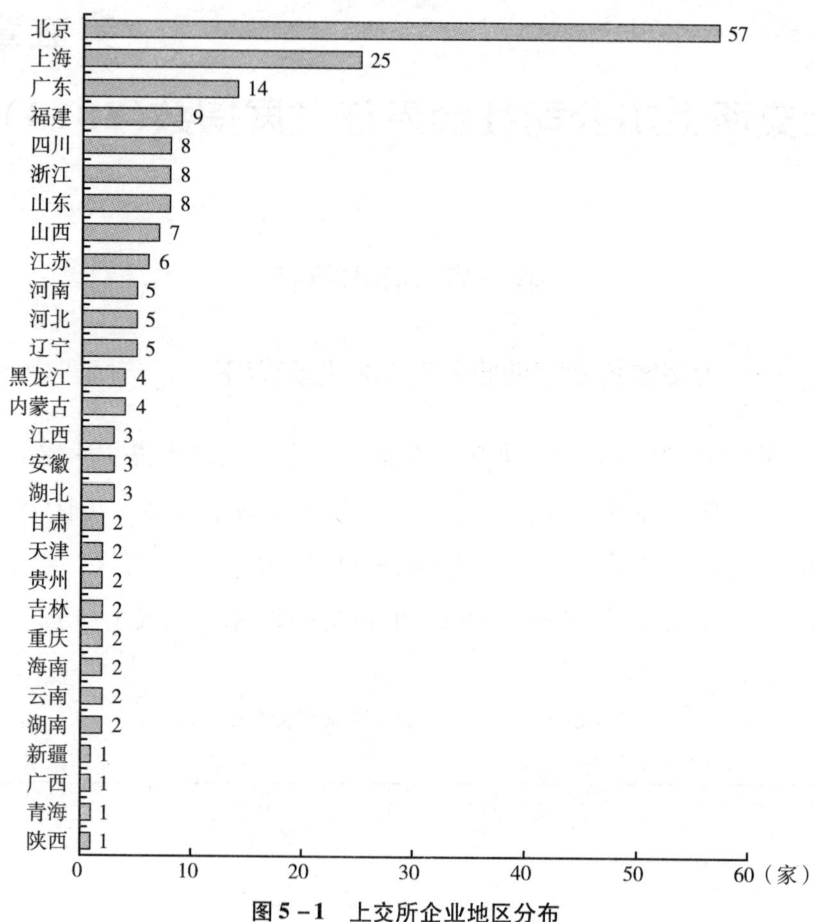

图5－1　上交所企业地区分布

三　煤炭开采与洗选业企业数量最多

上交所上市公司中，煤炭开采与洗选业的企业数量最多，有17家（占8.8%）；医药生物制造业和银行业的企业数量次之，均为14家（占7.2%）。互联网服务业、食品饮料业等8个行业的企业均只有1家（占0.5%）（见图5－2）。

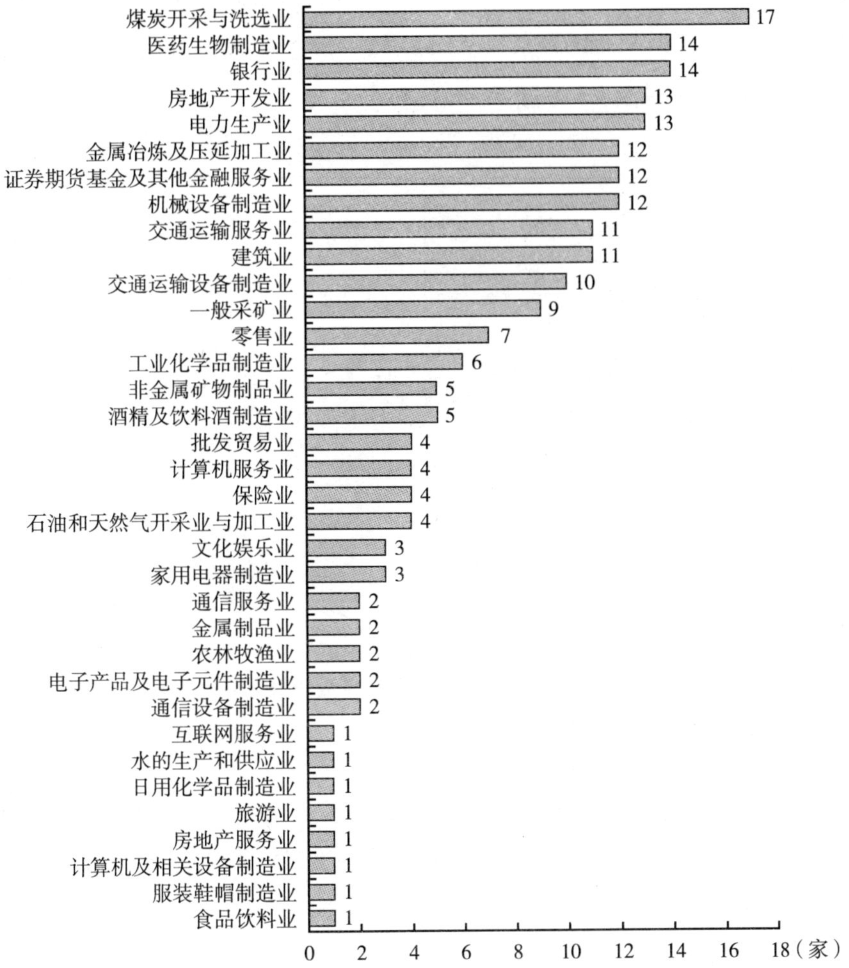

行业	企业数量（家）
煤炭开采与洗选业	17
医药生物制造业	14
银行业	14
房地产开发业	13
电力生产业	13
金属冶炼及压延加工业	12
证券期货基金及其他金融服务业	12
机械设备制造业	12
交通运输服务业	11
建筑业	11
交通运输设备制造业	10
一般采矿业	9
零售业	7
工业化学品制造业	6
非金属矿物制品业	5
酒精及饮料酒制造业	5
批发贸易业	4
计算机服务业	4
保险业	4
石油和天然气开采业与加工业	4
文化娱乐业	3
家用电器制造业	3
通信服务业	2
金属制品业	2
农林牧渔业	2
电子产品及电子元件制造业	2
通信设备制造业	2
互联网服务业	1
水的生产和供应业	1
日用化学品制造业	1
旅游业	1
房地产服务业	1
计算机及相关设备制造业	1
服装鞋帽制造业	1
食品饮料业	1

图 5－2　上交所企业行业分布

注：因存在跨行业企业，各行业企业数量加总大于 194 家。

四　近八成企业发布社会责任报告，近七成企业没有企业社会责任专栏

149 家（占 76.8%）上交所上市公司编写并发布了 2012 年度

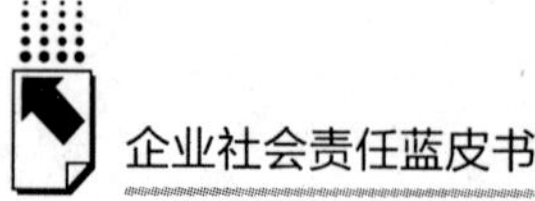

企业社会责任报告。可见，企业社会责任信息披露得到了大多数企业的关注。但只有67家（占34.5%）企业的官方网站设有社会责任专栏（见图5－3、图5－4）。

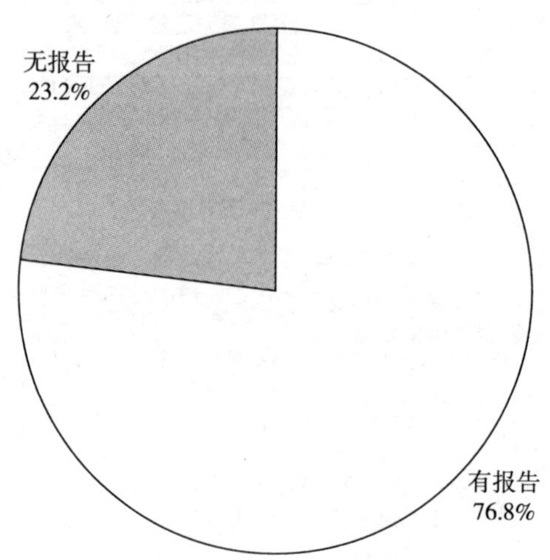

图5－3　上交所企业发布社会责任报告情况

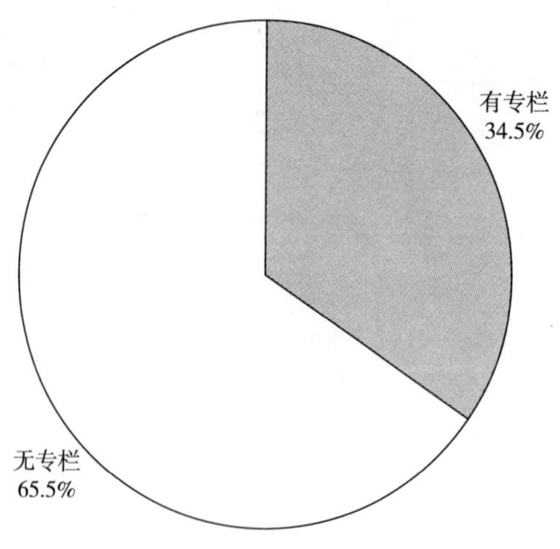

图5－4　上交所企业社会责任专栏设立情况

第二节 评价结果

2013年上交所上市公司社会责任发展指数（2013）得分及排名如表5-2所示。

表5-2 上交所上市公司社会责任发展指数（2013）

单位：分

排名	企业名称	行业名称	责任专栏	责任报告	社会责任发展指数
领先者(18家)					
1	中国民生银行股份有限公司	银行业	有	有	79.8
2	中国建筑股份有限公司	建筑业	有	有	76.7
3	中国铝业股份有限公司	混业(金属冶炼及压延加工业、一般采矿业)	无	有	73.2
4	兴业银行股份有限公司	银行业	有	有	71.8
5	中国神华能源股份有限公司	混业(电力生产业、煤炭开采与洗选业)	有	有	70.4
6	上海浦东发展银行股份有限公司	银行业	有	有	69.2
7	深圳市燃气集团股份有限公司	燃气生产和供应业	有	有	66.2
8	中国石油化工股份有限公司	石油和天然气开采业与加工业	有	有	65.1
9	中国农业银行股份有限公司	银行业	有	有	64.6
10	中国平安保险(集团)股份有限公司	保险业	有	有	64.4
11	中国国际航空股份有限公司	交通运输服务业	无	有	63.4
12	中国工商银行股份有限公司	银行业	有	有	63.1
13	招商银行股份有限公司	银行业	有	有	62.3
14	中国东方航空股份有限公司	交通运输服务业	无	有	62.1
15	中国南方航空股份有限公司	交通运输服务业	有	有	61.5

续表

排名	企业名称	行业名称	责任专栏	责任报告	社会责任发展指数
16	交通银行股份有限公司	银行业	无	有	61.4
17	上海汽车集团股份有限公司	交通运输设备制造业	有	有	61.2
18	中国太平洋保险（集团）股份有限公司	保险业	有	有	60.9
追赶者（30家）					
19	中国联合网络通信股份有限公司	通信服务业	有	有	57.9
20	大唐国际发电股份有限公司	电力生产业	有	有	56.2
21	中信银行股份有限公司	银行业	无	有	54.9
22	中国交通建设股份有限公司	建筑业	有	有	54.8
23	中国光大银行股份有限公司	银行业	无	有	54.2
24	招商证券股份有限公司	证券期货基金及其他金融服务业	有	有	52.8
25	中国建设银行股份有限公司	银行业	有	有	52.6
25	永辉超市股份有限公司	零售业	无	有	52.6
27	东软集团股份有限公司	计算机服务业	有	有	52.3
28	中国银行股份有限公司	银行业	有	有	52.2
29	中国葛洲坝集团股份有限公司	电力生产业	无	有	51.2
30	上海复星医药（集团）股份有限公司	医药生物制造业	有	有	50.8
31	中国中铁股份有限公司	建筑业	有	有	49.0
32	兖州煤业股份有限公司	煤炭开采与洗选业	无	有	48.6
33	宝山钢铁股份有限公司	金属冶炼及压延加工业	有	有	47.4
34	北京银行股份有限公司	银行业	无	有	47.2
35	中国长江电力股份有限公司	电力生产业	有	有	47.1
36	广州汽车集团股份有限公司	交通运输设备制造业	无	有	47.0
36	华夏银行股份有限公司	银行业	有	有	47.0
38	西安陕鼓动力股份有限公司	机械设备制造业	有	有	46.2
39	浙江海正药业股份有限公司	医药生物制造业	有	有	45.4

续表

排名	企业名称	行业名称	责任专栏	责任报告	社会责任发展指数
40	中国北车股份有限公司	交通运输设备制造业	有	有	45.1
41	青岛啤酒股份有限公司	酒精及饮料酒制造业	有	有	43.6
42	中国中煤能源股份有限公司	煤炭开采与洗选业	有	有	43.3
43	中国南车股份有限公司	交通运输设备制造业	有	有	42.1
43	海通证券股份有限公司	证券期货基金及其他金融服务业	无	有	42.1
45	北京金隅股份有限公司	混业（非金属矿物制品业、房地产开发业）	无	有	41.7
46	烽火通信科技股份有限公司	通信设备制造业	无	有	41.0
47	保利房地产（集团）股份有限公司	房地产开发业	无	有	40.8
48	华润双鹤药业股份有限公司	医药生物制造业	无	有	40.4
起步者（88 家）					
49	中国石油天然气股份有限公司	石油和天然气开采业与加工业	有	有	39.5
50	中国铁建股份有限公司	建筑业	有	有	39.1
51	国电南瑞科技股份有限公司	机械设备制造业	无	有	37.3
52	青岛海尔股份有限公司	家用电器制造业	无	有	37.2
53	中国人寿保险股份有限公司	保险业	无	有	36.4
54	国电电力发展股份有限公司	电力生产业	有	有	36.1
55	国金证券股份有限公司	证券期货基金及其他金融服务业	无	有	36.0
56	东方电气股份有限公司	机械设备制造业	无	有	35.7
57	中国冶金科工股份有限公司	混业（建筑业、一般采矿业）	无	有	35.6
58	特变电工股份有限公司	电子产品及电子元件制造业	无	有	35.3
58	南京银行股份有限公司	银行业	无	有	35.3
60	航天信息股份有限公司	计算机服务业	无	有	35.1
61	华泰证券股份有限公司	证券期货基金及其他金融服务业	无	有	35.0

续表

排名	企业名称	行业名称	责任专栏	责任报告	社会责任发展指数
62	中国水利水电建设股份有限公司	建筑业	有	有	34.5
63	新华人寿保险股份有限公司	保险业	无	有	34.1
63	西安航空动力股份有限公司	交通运输设备制造业	无	有	34.1
65	用友软件股份有限公司	计算机服务业	无	有	34.0
66	安徽海螺水泥股份有限公司	非金属矿物制品业	无	有	33.6
66	北京同仁堂股份有限公司	医药生物制造业	无	有	33.6
66	广深铁路股份有限公司	交通运输服务业	无	有	33.6
69	中海油田服务股份有限公司	石油和天然气开采业与加工业	有	有	33.3
70	方正证券股份有限公司	证券期货基金及其他金融服务业	无	有	33.1
70	山西杏花村汾酒厂股份有限公司	酒精及饮料酒制造业	无	有	33.1
72	广州白云山医药集团股份有限公司	医药生物制造业	无	有	33.0
73	兴业证券股份有限公司	证券期货基金及其他金融服务业	无	有	32.9
74	武汉钢铁股份有限公司	金属冶炼及压延加工业	有	有	32.5
75	云南驰宏锌锗股份有限公司	混业（金属冶炼及压延加工业、一般采矿业）	有	有	32.3
76	中国船舶重工股份有限公司	机械设备制造业	有	有	32.0
77	太平洋证券股份有限公司	证券期货基金及其他金融服务业	无	有	31.6
78	北汽福田汽车股份有限公司	交通运输设备制造业	无	有	31.0
79	东吴证券股份有限公司	证券期货基金及其他金融服务业	无	有	30.8
80	宁波港股份有限公司	交通运输服务业	无	有	30.5
80	紫金矿业集团股份有限公司	金属冶炼及压延加工业	有	有	30.5

续表

排名	企业名称	行业名称	责任专栏	责任报告	社会责任发展指数
82	山西兰花科技创业股份有限公司	混业（工业化学品制造业、煤炭开采与洗选业）	有	有	30.4
83	中海集装箱运输股份有限公司	交通运输服务业	有	有	30.3
84	光大证券股份有限公司	证券期货基金及其他金融服务业	无	有	30.2
84	海南航空股份有限公司	交通运输服务业	无	无	30.2
86	西南证券股份有限公司	证券期货基金及其他金融服务业	无	有	29.9
87	内蒙古伊利实业集团股份有限公司	食品饮料业	有	无	29.7
88	浙江中国小商品城集团股份有限公司	批发贸易业	无	有	29.4
89	梅花生物科技集团股份有限公司	医药生物制造业	有	有	29.1
90	四川长虹电器股份有限公司	家用电器制造业	无	有	28.9
91	浙江医药股份有限公司	医药生物制造业	无	无	28.7
91	康美药业股份有限公司	医药生物制造业	无	有	28.7
93	黑龙江北大荒农业股份有限公司	农林牧渔业	无	无	28.5
93	大秦铁路股份有限公司	交通运输服务业	有	有	28.5
95	中铁二局股份有限公司	建筑业	无	有	28.1
96	上海医药集团股份有限公司	医药生物制造业	有	有	28.0
97	国投电力控股股份有限公司	电力生产业	无	有	27.9
98	漳州片仔癀药业股份有限公司	医药生物制造业	无	有	27.7
99	厦门建发股份有限公司	混业（交通运输服务业、房地产开发业、证券期货基金等其他金融服务业）	有	有	27.6

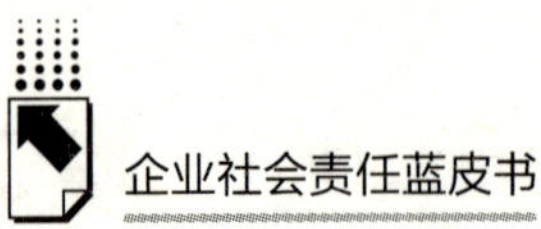

续表

排名	企业名称	行业名称	责任专栏	责任报告	社会责任发展指数
100	福耀玻璃工业集团股份有限公司	非金属矿物制品业	无	有	26.8
101	中信证券股份有限公司	证券期货基金及其他金融服务业	无	有	26.5
102	内蒙古包钢稀土(集团)高科技股份有限公司	一般采矿业	无	有	26.4
103	三一重工股份有限公司	机械设备制造业	无	有	26.3
104	洛阳栾川钼业集团股份有限公司	混业(金属冶炼及压延加工业、一般采矿业)	无	有	26.2
105	吉林亚泰(集团)股份有限公司	混业(房地产开发业、非金属矿物制品业)	有	有	26.1
106	万华化学集团股份有限公司	工业化学品制造业	有	有	25.7
106	国投新集能源股份有限公司	煤炭开采与洗选业	有	有	25.7
106	西部矿业股份有限公司	一般采矿业	无	有	25.7
109	长城汽车股份有限公司	交通运输设备制造业	无	有	25.3
110	北京城建投资发展股份有限公司	房地产开发业	无	有	25.1
111	广西梧州中恒集团股份有限公司	医药生物制造业	无	有	25.0
112	中工国际工程股份有限公司	建筑业	无	有	24.9
113	江西铜业股份有限公司	金属制品业	无	有	24.8
114	贵州茅台酒股份有限公司	酒精及饮料酒制造业	无	无	24.4
115	辽宁成大股份有限公司	批发贸易业	无	有	24.3
116	北京昊华能源股份有限公司	煤炭开采与洗选业	无	有	24.1
117	雅戈尔集团股份有限公司	混业(服装鞋帽制造业、房地产开发业)	有	有	23.9
117	同方股份有限公司	混业(计算机及相关设备制造业、计算机服务业)	无	有	23.9

续表

排名	企业名称	行业名称	责任专栏	责任报告	社会责任发展指数
119	中国中材国际工程股份有限公司	机械设备制造业	有	有	23.3
119	保定天威保变电气股份有限公司	机械设备制造业	无	有	23.3
121	海南天然橡胶产业集团股份有限公司	工业化学品制造业	无	有	22.8
122	天地科技股份有限公司	机械设备制造业	无	有	22.7
123	郑州宇通客车股份有限公司	交通运输设备制造业	无	有	22.6
124	五矿发展股份有限公司	批发贸易业	无	有	22.5
124	华域汽车系统股份有限公司	机械设备制造业	无	有	22.5
126	华电国际电力股份有限公司	电力生产业	无	有	22.3
127	中铁铁龙集装箱物流股份有限公司	交通运输服务业	无	有	21.9
128	中南出版传媒集团股份有限公司	文化娱乐业	无	有	21.7
129	上海豫园旅游商城股份有限公司	零售业	无	有	21.5
130	华能国际电力股份有限公司	电力生产业	有	有	21.3
131	上海大屯能源股份有限公司	煤炭开采与洗选业	无	有	21.2
132	吉林吉恩镍业股份有限公司	金属冶炼及压延加工业	无	有	21.0
133	山东南山铝业股份有限公司	金属冶炼及压延加工业	无	有	20.4
134	金堆城钼业股份有限公司	一般采矿业	有	有	20.2
134	中国东方红卫星股份有限公司	通信设备制造业	有	有	20.2
136	四川水井坊股份有限公司	酒精及饮料酒制造业	无	无	20.0
旁观者（58 家）					
137	哈药集团股份有限公司	医药生物制造业	无	无	19.9
137	海洋石油工程股份有限公司	建筑业	有	有	19.9
139	上海城投控股股份有限公司	房地产开发业	有	有	19.7

续表

排名	企业名称	行业名称	责任专栏	责任报告	社会责任发展指数
139	广汇能源股份有限公司	混业(石油和天然气开采业与加工业、批发贸易业、煤炭开采与洗选业)	有	有	19.7
141	天士力制药集团股份有限公司	医药生物制造业	无	有	19.5
142	厦门钨业股份有限公司	金属冶炼及压延加工业	无	有	19.4
143	浙江龙盛集团股份有限公司	混业(金属冶炼及压延加工业、房地产开发业、工业化学品制造业)	有	有	19.0
144	山煤国际能源集团股份有限公司	煤炭开采与洗选业	无	有	18.9
145	上海张江高科技园区开发股份有限公司	混业(房地产开发业、房地产服务业)	无	有	18.5
146	北京首都开发股份有限公司	房地产开发业	无	有	18.1
147	中国化学工程股份有限公司	建筑业	无	无	17.9
148	中航航空电子设备股份有限公司	电子产品及电子元件制造业	无	有	17.8
149	江苏凤凰出版传媒股份有限公司	文化娱乐业	有	无	17.7
149	金发科技股份有限公司	工业化学品制造业	有	无	17.7
151	四川川投能源股份有限公司	电力生产业	无	有	17.6
152	浙江巨化股份有限公司	工业化学品制造业	无	有	17.4
153	开滦能源化工股份有限公司	煤炭开采与洗选业	无	有	17.3
154	青岛海信电器股份有限公司	家用电器制造业	无	有	16.9
155	郑州煤矿机械集团股份有限公司	机械设备制造业	无	有	16.6
156	江苏恒瑞医药股份有限公司	医药生物制造业	无	无	16.5
157	中国国旅股份有限公司	旅游业	无	无	16.4
158	金地(集团)股份有限公司	房地产开发业	无	有	16.2

续表

排名	企业名称	行业名称	责任专栏	责任报告	社会责任发展指数
159	重庆啤酒股份有限公司	酒精及饮料酒制造业	无	无	15.8
160	上海建工集团股份有限公司	建筑业	无	有	15.7
161	新湖中宝股份有限公司	房地产开发业	无	有	15.4
162	东方集团股份有限公司	零售业	有	无	15.1
163	上海家化联合股份有限公司	日用化学品制造业	无	无	15.0
164	三安光电股份有限公司	金属制品业	无	无	14.8
165	上海国际机场股份有限公司	交通运输服务业	无	无	14.2
166	中金黄金股份有限公司	一般采矿业	无	无	13.9
167	太原重工股份有限公司	机械设备制造业	有	无	13.8
168	申能股份有限公司	电力生产业	无	有	13.5
169	成都鹏博士电信传媒集团股份有限公司	通信服务业	无	无	13.4
169	中国第一重型机械股份公司	机械设备制造业	有	无	13.4
171	内蒙古蒙电华能热电股份有限公司	电力生产业	无	无	12.5
172	华夏幸福基业投资开发股份有限公司	房地产开发业	无	无	12.1
173	内蒙古包钢钢联股份有限公司	金属冶炼及压延加工业	无	无	11.5
173	庞大汽贸集团股份有限公司	零售业	无	无	11.5
173	上海东方明珠（集团）股份有限公司	文化娱乐业	无	无	11.5
173	甘肃亚盛实业（集团）股份有限公司	农林牧渔业	无	无	11.5
177	山东黄金矿业股份有限公司	一般采矿业	有	无	11.3
178	永泰能源股份有限公司	混业（煤炭开采与洗选业、电力生产业）	无	无	11.1
179	平顶山天安煤业股份有限公司	煤炭开采与洗选业	无	无	10.7
180	广晟有色金属股份有限公司	金属冶炼及压延加工业	无	无	10.6
181	上海友谊集团股份有限公司	零售业	无	无	10.5

续表

排名	企业名称	行业名称	责任专栏	责任报告	社会责任发展指数
181	中国船舶工业股份有限公司	交通运输设备制造业	无	无	10.5
183	贵州盘江精煤股份有限公司	煤炭开采与洗选业	无	无	10.3
184	大商股份有限公司	零售业	无	无	10.0
185	重庆水务集团股份有限公司	水的生产和供应业	无	无	9.6
186	安徽恒源煤电股份有限公司	混业（煤炭开采与洗选业、电力生产业）	无	无	8.9
187	阳泉煤业（集团）股份有限公司	煤炭开采与洗选业	无	无	8.5
188	河南大有能源股份有限公司	煤炭开采与洗选业	有	无	8.3
189	江西洪都航空工业股份有限公司	交通运输设备制造业	无	无	8.2
190	百视通新媒体股份有限公司	互联网服务业	无	无	8.1
191	北京王府井百货（集团）股份有限公司	零售业	无	无	8.0
192	鲁信创业投资集团股份有限公司	证券期货基金及其他金融服务业	无	无	7.9
193	方大炭素新材料科技股份有限公司	非金属矿物制品业	无	无	7.8
194	大同煤业股份有限公司	煤炭开采与洗选业	无	无	7.0

第三节　阶段性特征分析

一　上交所上市公司社会责任发展指数得分为30.8分，整体处于起步者阶段

上交所上市公司社会责任发展指数平均得分为30.8分，整体处于起步阶段，企业社会责任管理水平和信息披露状况有待提高。194

家上交所企业中，领先者仅有18家（占9.3%）；起步者数量最多，有88家（占45.4%）；旁观者和追赶者分别有58家（占29.9%）和30家（占15.5%）（见图5－5）。

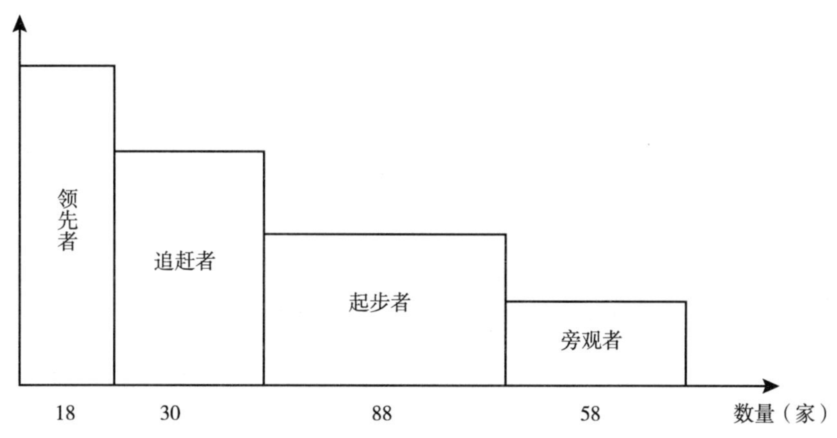

图5－5 企业社会责任发展指数阶段分布

二 市场责任表现最优，责任管理得分最低

上交所上市公司责任实践指数（34.8分）优于责任管理指数（17.0分）。在责任实践的三个维度中，市场责任指数为49.6分，达到追赶者的水平，社会责任指数和环境责任指数则处于起步者阶段，而责任管理指数还处于旁观者的位置（见图5－6）。

三 规模较大的上市公司社会责任指数得分较高

如图5－7所示，企业规模越大，企业社会责任发展指数越高。年营业收入在1000亿元以上的28家企业，企业社会责任发展指数达到53.4分，企业社会责任信息披露状况和管理水平较高。规模最小的75家企业（年营业收入在100亿元以下），其社会责任发展指数平均得分仅为25.0分（见图5－7）。

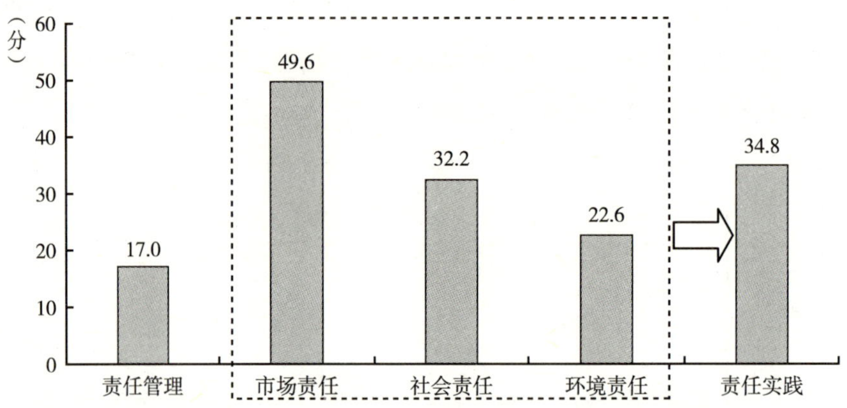

图 5-6　企业各板块社会责任平均得分

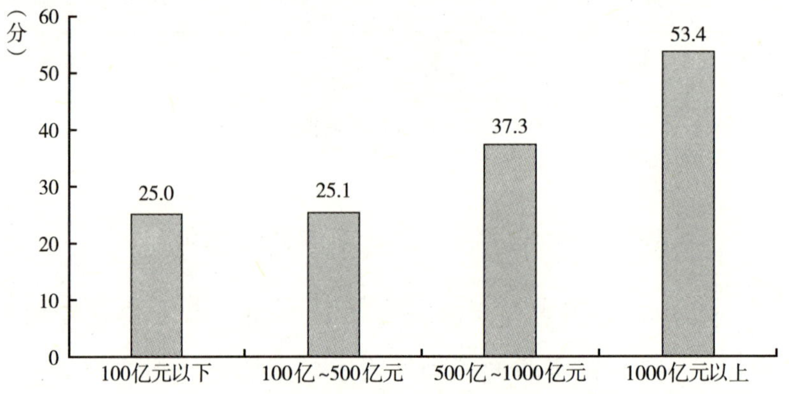

图 5-7　不同规模企业社会责任发展指数得分

四　燃气生产和供应业、银行业、保险业社会责任发展指数平均得分较好

燃气生产和供应业社会责任发展指数得分最高（66.2 分）①；银行业其次，得分为 58.2 分，处于追赶者的阶段；保险业位居第三，

① 由于燃气生产和供应业仅有 1 家企业，所以该结论不具有行业代表性。

平均得分为48.9分，同处于追赶者阶段。有7家企业的社会责任发展指数平均得分低于20分，社会责任信息披露状况和管理水平亟须提高和加强；大部分行业处于起步者阶段（见图5－8）。

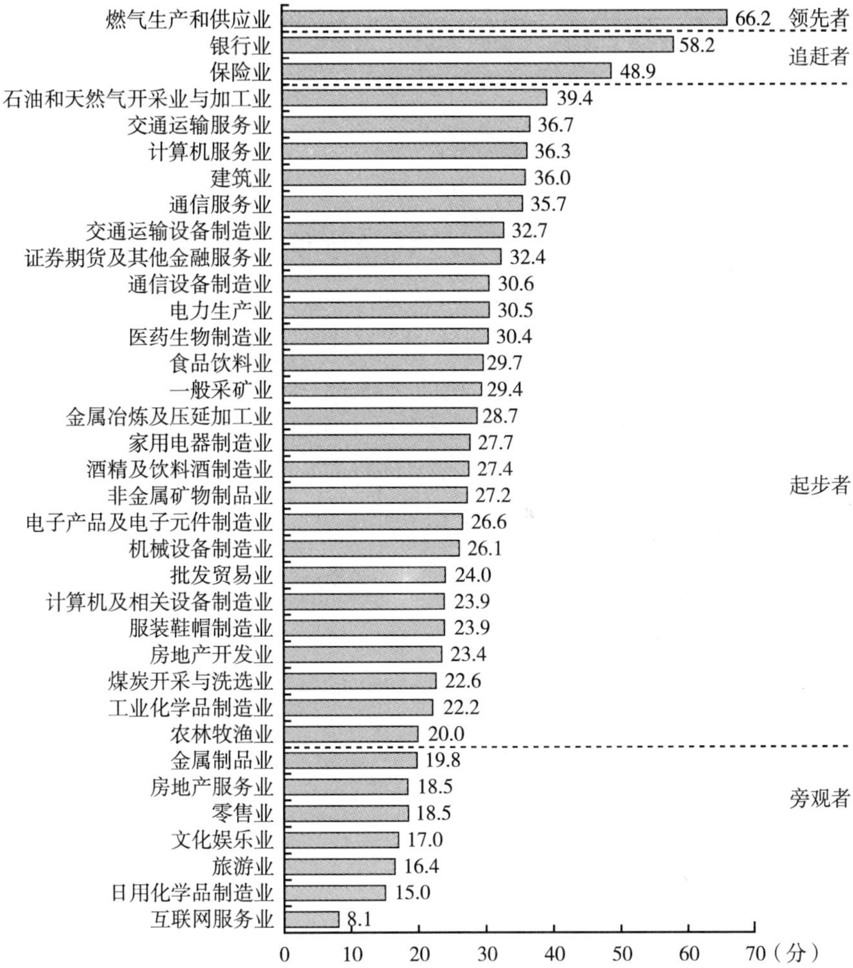

行业	得分	阶段
燃气生产和供应业	66.2	领先者
银行业	58.2	追赶者
保险业	48.9	
石油和天然气开采业与加工工业	39.4	起步者
交通运输服务业	36.7	
计算机服务业	36.3	
建筑业	36.0	
通信服务业	35.7	
交通运输设备制造业	32.7	
证券期货及其他金融服务业	32.4	
通信设备制造业	30.6	
电力生产业	30.5	
医药生物制造业	30.4	
食品饮料业	29.7	
一般采矿业	29.4	
金属冶炼及压延加工业	28.7	
家用电器制造业	27.7	
酒精及饮料酒制造业	27.4	
非金属矿物制品业	27.2	
电子产品及电子元件制造业	26.6	
机械设备制造业	26.1	
批发贸易业	24.0	
计算机及相关设备制造业	23.9	
服装鞋帽制造业	23.9	
房地产开发业	23.4	
煤炭开采与洗选业	22.6	
工业化学品制造业	22.2	
农林牧渔业	20.0	
金属制品业	19.8	旁观者
房地产服务业	18.5	
零售业	18.5	
文化娱乐业	17.0	
旅游业	16.4	
日用化学品制造业	15.0	
互联网服务业	8.1	

0　10　20　30　40　50　60　70（分）

图5－8　企业社会责任发展指数平均得分与所在行业分布

B.7

第六章

深交所上市公司社会责任发展指数（2013）*

第一节　样本特征

一　半数企业营业收入在100亿元以下

在沪深300成分股企业中，深交所上市的企业共106家。按营业收入计算，企业规模多在100亿元以下（51家），营业收入处于100亿~500亿元之间的企业数量紧随其后（44家），而营业收入在1000亿元以上的企业仅有3家（占2.8%）（见图6-1）。

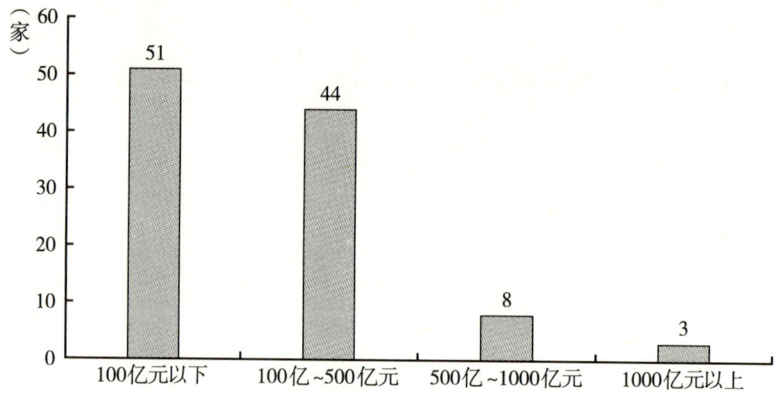

图6-1　深交所企业规模分布

* 数据源自责任云（www. zerenyun. com）。

二　总部位于广东、北京、浙江三地的企业数量最多

上市公司总部位于广东、北京、浙江三地的企业数量最多，依次为21家（占19.8%）、13家（占12.3%）、10家（占9.4%），而位于江西、青海、上海、福建四地的上市公司均只有1家（见图6-2）。

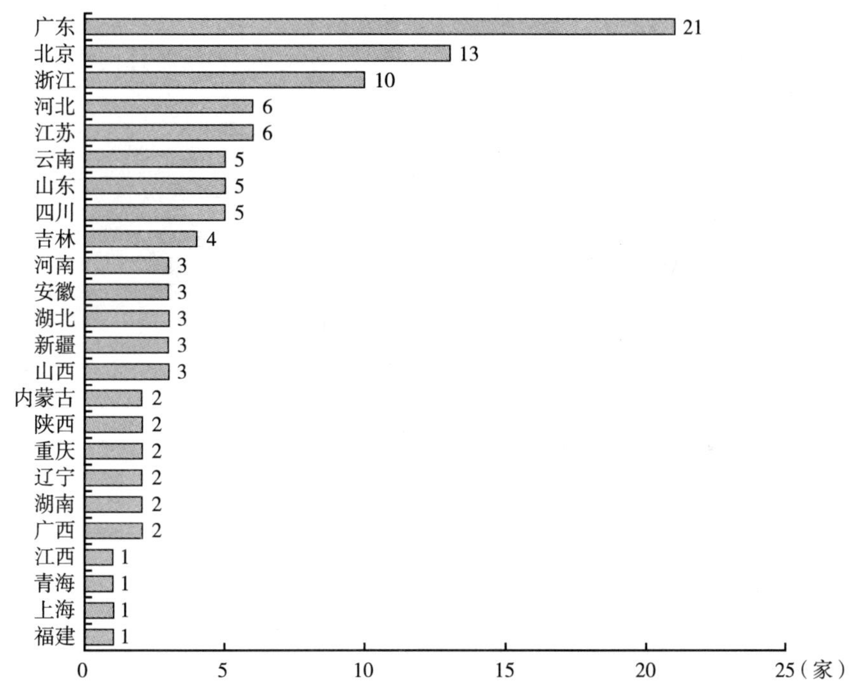

图6-2　深交所企业总部所在地区分布

三　行业分布范围较广

106家深交所上市公司分布于30个行业。其中，房地产服务业、服装鞋帽制造业等十个行业的企业最少，分别仅有1家；医药生物制造业、金属冶炼及压延加工业和房地产开发业三个行业的上市公司最

多，分别有 12 家（占 11.3%）、10 家（占 9.4%）和 9 家（占 8.5%）（见图 6－3）。

四　八成企业发布社会责任报告，有社会责任专栏的企业不足一半

发布 2012 年度企业社会责任报告的深交所上市公司有 85 家，占企业数量的比例超过八成；44 家上市公司设有社会责任专栏（占 41.5%）（见图 6－4、图 6－5）。

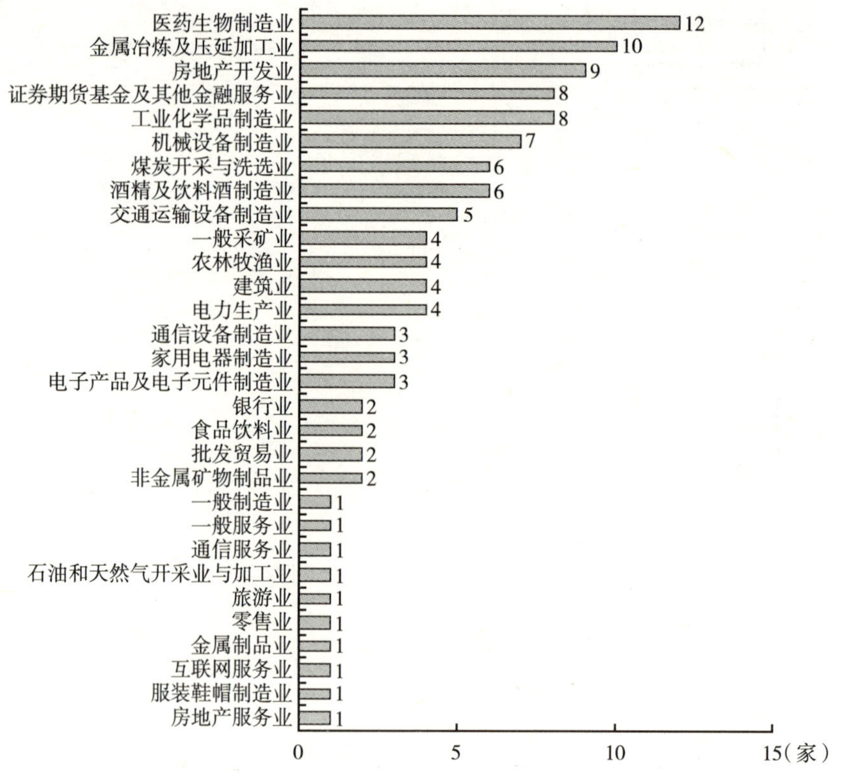

图 6－3　深交所企业所在行业分布

注：因存在跨行业企业，各行业企业数量加总大于 106 家。

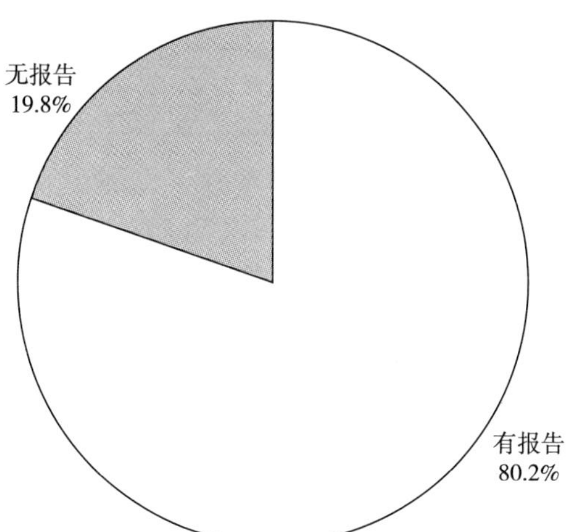

图 6－4　深交所企业责任报告发布情况

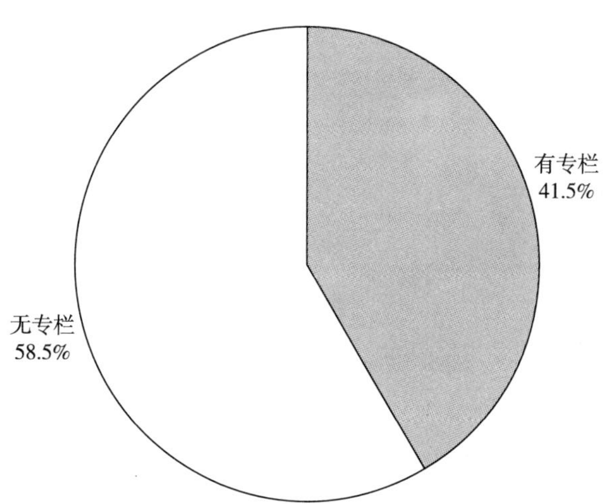

图 6－5　深交所企业社会责任专栏设立情况

第二节　评价结果

沪深 300 成分股企业中，深交所 106 家企业基本情况及社会责任发展指数（2013）排名如表 6－1 所示。

表 6－1　深交所上市公司社会责任发展指数（2013）

单位：分

排名	企业名称	行业名称	责任专栏	责任报告	责任发展指数
领先者(2 家)					
1	中兴通讯股份有限公司	通信设备制造业	有	有	61.8
2	招商局地产控股股份有限公司	房地产开发业	无	有	60.7
追赶者(18 家)					
3	苏宁云商集团股份有限公司	零售业	有	有	59.2
4	万科企业股份有限公司	房地产开发业	有	有	55.3
5	平安银行股份有限公司	银行业	有	有	54.5
6	宜宾五粮液股份有限公司	酒精及饮料酒制造业	无	有	54.1
7	宁波银行股份有限公司	银行业	无	有	53.7
8	TCL 集团股份有限公司	家用电器制造业	有	有	51.3
9	广西柳工机械股份有限公司	机械设备制造业	无	有	47.9
10	广发证券股份有限公司	证券期货基金及其他金融服务业	无	有	47.7
11	泛海建设集团股份有限公司	房地产开发业	有	有	44.8
12	荣盛房地产发展股份有限公司	房地产开发业	无	有	43.6
13	京东方科技集团股份有限公司	电子产品及电子元件制造业	有	有	43.5
14	中国国际海运集装箱(集团)股份有限公司	混业(交通运输设备制造业、机械设备制造业)	无	有	42.6
15	中联重工科技发展股份有限公司	机械设备制造业	有	有	41.9
16	山东东阿阿胶股份有限公司	医药生物制造业	有	有	41.7
16	山西潞安环保能源开发股份有限公司	煤炭开采与洗选业	无	有	41.7
18	冀中能源股份有限公司	煤炭开采与洗选业	有	有	41.5
19	潍柴动力股份有限公司	机械设备制造业	无	有	40.7
20	四川科伦药业股份有限公司	医药生物制造业	有	无	40.1

续表

排名	企业名称	行业名称	责任专栏	责任报告	责任发展指数
起步者(63家)					
21	东北证券股份有限公司	证券期货基金及其他金融服务业	无	有	39.5
22	北京燕京啤酒股份有限公司	酒精及饮料酒制造业	无	有	38.5
23	江苏洋河酒厂股份有限公司	酒精及饮料酒制造业	无	有	38.1
24	獐子岛集团股份有限公司	农林牧渔业	有	有	37.9
25	华润三九医药股份有限公司	医药生物制造业	无	有	37.7
26	宏源证券股份有限公司	证券期货基金及其他金融服务业	无	有	37.5
27	云南白药集团股份有限公司	医药生物制造业	无	有	37.3
28	云南铝业股份有限公司	金属冶炼及压延加工业	有	有	36.1
29	长江证券股份有限公司	证券期货基金及其他金融服务业	无	有	35.6
30	广东美的电器股份有限公司	家用电器制造业	有	有	35.4
31	国元证券股份有限公司	证券期货基金及其他金融服务业	无	有	35.3
32	重庆长安汽车股份有限公司	交通运输设备制造业	有	有	35.0
32	泸州老窖股份有限公司	酒精及饮料酒制造业	无	有	35.0
34	云南锡业股份有限公司	金属冶炼及压延加工业	无	有	34.6
35	深圳华侨城股份有限公司	混业（房地产服务业、旅游业）	有	有	34.5
36	新希望六和股份有限公司	农林牧渔业	无	有	33.4
37	广东电力发展股份有限公司	电力生产业	无	有	33.2
38	一汽轿车股份有限公司	交通运输设备制造业	有	有	32.8
39	金融街控股股份有限公司	房地产开发业	有	有	32.1
40	徐工集团工程机械股份有限公司	机械设备制造业	无	有	31.7
41	中国南玻集团股份有限公司	非金属矿物制品业	无	有	31.6

续表

排名	企业名称	行业名称	责任专栏	责任报告	责任发展指数
42	攀钢集团钢铁钒钛股份有限公司	金属冶炼及压延加工业	有	有	31.3
43	唐山冀东水泥股份有限公司	非金属矿物制品业	有	有	31.1
44	北京双鹭药业股份有限公司	医药生物制造业	无	有	30.7
44	山西证券股份有限公司	证券期货基金及其他金融服务业	无	有	30.7
46	苏州金螳螂建筑装饰股份有限公司	建筑业	无	有	30.3
47	安徽古井贡酒股份有限公司	酒精及饮料酒制造业	无	有	30.1
48	河南双汇投资发展股份有限公司	食品饮料业	无	有	29.8
48	深圳市农产品股份有限公司	批发贸易业	有	有	29.8
50	新疆中泰化学股份有限公司	工业化学品制造业	有	有	29.7
50	河北钢铁股份有限公司	金属冶炼及压延加工业	无	有	29.7
52	烟台张裕葡萄酿酒股份有限公司	酒精及饮料酒制造业	无	有	29.5
53	云南铜业股份有限公司	金属冶炼及压延加工业	有	有	29.4
54	珠海格力电器股份有限公司	家用电器制造业	有	有	29.3
55	无锡威孚高科技集团股份有限公司	机械设备制造业	无	有	28.4
56	铜陵有色金属集团股份有限公司	金属冶炼及压延加工业	有	有	27.7
57	歌尔声学股份有限公司	通信设备制造业	有	有	27.3
58	中航飞机股份有限公司	交通运输设备制造业	无	有	26.5
58	华兰生物工程股份有限公司	医药生物制造业	无	有	26.5
60	深圳市中金岭南有色金属股份有限公司	混业(金属冶炼及压延加工业、一般采矿业)	无	有	26.3
61	内蒙古平庄能源股份有限公司	煤炭开采与洗选业	无	有	26.1

续表

排名	企业名称	行业名称	责任专栏	责任报告	责任发展指数
62	棕榈园林股份有限公司	建筑业	有	有	25.6
63	云南云天化股份有限公司	工业化学品制造业	有	有	25.4
64	中国有色金属建设股份有限公司	混业（建筑业、一般采矿业）	有	有	25.3
65	湖南辰州矿业股份有限公司	一般采矿业	有	有	24.7
66	新疆金风科技股份有限公司	机械设备制造业	有	有	24.5
66	中信国安信息产业股份有限公司	通信服务业	有	有	24.5
68	比亚迪股份有限公司	交通运输设备制造业	有	无	24.2
68	浙江贝因美科工贸股份有限公司	食品饮料业	有	无	24.2
70	新兴铸管股份有限公司	金属冶炼及压延加工业	有	有	24.1
71	深圳能源集团股份有限公司	电力生产业	无	有	23.9
72	浙江新和成股份有限公司	工业化学品制造业	有	有	23.8
73	吉林敖东药业集团股份有限公司	医药生物制造业	无	有	23.0
74	福建圣农发展股份有限公司	农林牧渔业	无	有	22.2
75	杭州海康威视数字技术股份有限公司	电子产品及电子元件制造业	有	有	21.7
76	山西西山煤电股份有限公司	煤炭开采与洗选业	无	有	21.3
77	上海美特斯邦威服饰股份有限公司	服装鞋帽制造业	无	有	20.9
78	苏宁环球股份有限公司	房地产开发业	无	有	20.8
79	浙江大华技术股份有限公司	互联网服务业	无	有	20.6
80	安泰科技股份有限公司	金属制品业	无	有	20.5
81	华东医药股份有限公司	医药生物制造业	无	无	20.3
82	海宁中国皮革城股份有限公司	批发贸易业	无	无	20.1

续表

排名	企业名称	行业名称	责任专栏	责任报告	责任发展指数
83	石家庄以岭药业股份有限公司	医药生物制造业	无	无	20.0
旁观者(23家)					
84	深圳莱宝高科技股份有限公司	电子产品及电子元件制造业	无	有	19.9
85	中国宝安集团股份有限公司	混业(医药生物制造业、一般制造业、房地产开发业)	无	有	19.6
86	国海证券股份有限公司	证券期货基金及其他金融服务业	无	无	18.8
87	北京中科三环高技术股份有限公司	金属冶炼及压延加工业	无	有	18.3
88	河南神火煤电股份有限公司	混业(煤炭开采与洗选业、电力生产业)	无	有	18.1
89	内蒙古霍林河露天煤业股份有限公司	煤炭开采与洗选业	无	有	17.9
90	金科地产集团股份有限公司	房地产开发业	无	无	17.6
91	北京东方园林股份有限公司	一般服务业	有	无	17.4
92	湖北宜化化工股份有限公司	工业化学品制造业	无	有	17.2
93	深圳市海普瑞药业股份有限公司	医药生物制造业	有	无	17.1
93	浙江亚厦装饰股份有限公司	建筑业	有	无	17.1
95	青海盐湖工业股份有限公司	工业化学品制造业	无	有	16.5
96	北京大北农科技集团股份有限公司	农林牧渔业	无	无	15.9
97	深圳信立泰药业股份有限公司	医药生物制造业	有	无	15.8
98	华数传媒控股股份有限公司	通信设备制造业	无	无	14.9

续表

排名	企业名称	行业名称	责任专栏	责任报告	责任发展指数
99	西部证券股份有限公司	证券期货基金及其他金融服务业	无	无	13.9
100	崇义章源钨业股份有限公司	混业（一般采矿业、金属冶炼及压延加工业）	无	无	13.8
101	辽宁华锦通达化工股份有限公司	工业化学品制造业	有	有	13.2
102	北京康得新复合材料股份有限公司	工业化学品制造业	无	无	12.1
103	江苏中南建设集团股份有限公司	房地产开发业	有	无	11.3
104	恒逸石化股份有限公司	工业化学品制造业	有	无	11.2
105	烟台杰瑞石油服务集团股份有限公司	石油和天然气开采业与加工业	无	无	11.1
106	湖北能源集团股份有限公司	电力生产业	无	无	10.8

第三节 阶段性特征分析

一 深交所上市公司社会责任发展指数得分为29.7分，处于起步者阶段

深交所上市公司社会责任发展指数平均得分为29.7分，社会责任信息披露水平和社会责任管理状况整体处于起步者阶段。其中，处于起步者阶段的企业最多，有63家（占59.4%），只有2家企业社会责任发展指数处于领先者阶段，有23家企业（占21.7%）社会责任发展指数处于旁观者阶段（见图6-6）。

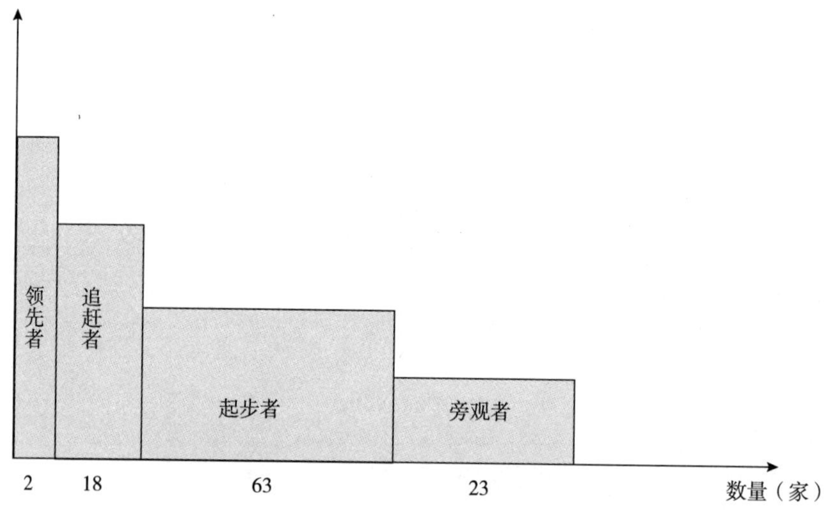

图 6－6　企业社会责任发展指数阶段性分布

二　责任管理落后于责任实践

深交所上市公司市场责任指数得分最高，为 50.4 分，处于追赶者阶段；责任管理指数得分最低，仅为 15.5 分，处于旁观者阶段。社会责任指数和环境责任指数分别为 31.6 分和 20.7 分，均处于起步者阶段。责任管理落后于责任实践（见图 6－7）。

三　社会责任指数随企业规模增大而提高

各个收入阶段的企业社会责任发展指数平均得分均处于起步者阶段。其中，营业收入处于 100 亿～500 亿元的企业社会责任发展指数得分最低，为 24.8 分；营业收入 1000 亿元以上的企业社会责任发展指数得分相对较高，为 33.7 分。社会责任发展指数随营业收入增长而呈增加趋势（见图 6－8）。

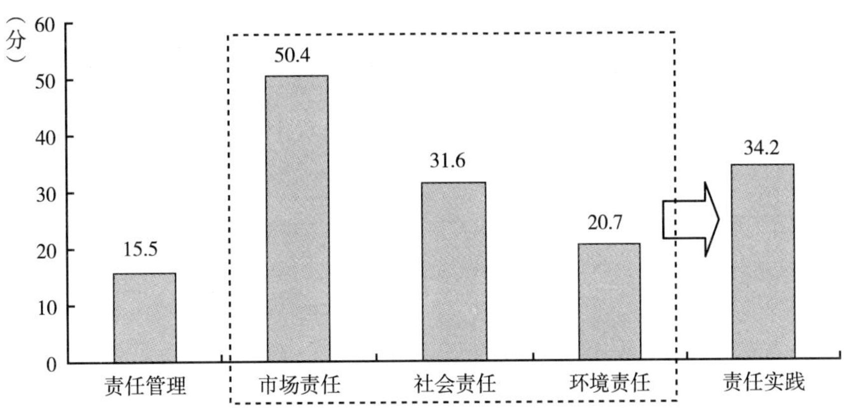

图 6 －7　企业各板块社会责任平均得分

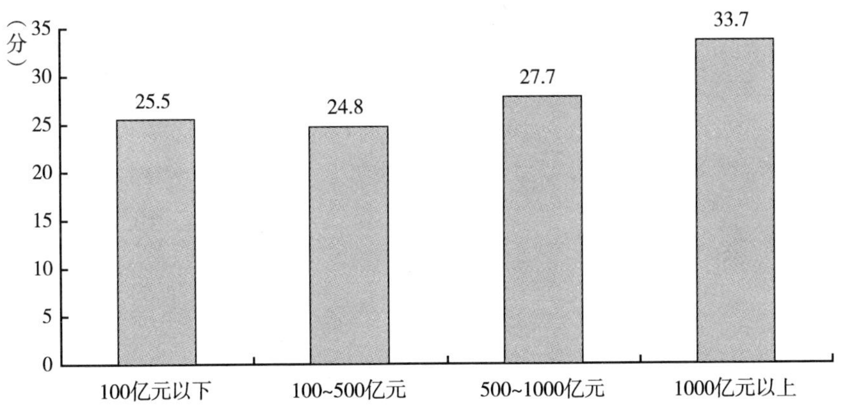

图 6 －8　不同规模企业社会责任发展得分

四　零售业、银行业社会责任发展指数得分最高

在 29 个行业中，零售业上市公司社会责任发展指数平均得分最高（59. 2 分）;[①] 银行业企业其次，为 54. 1 分，仍处于追赶者阶段。

① 深交所上市公司中零售业企业仅 1 家，因此不具有行业代表性。

工业化学品制造业、一般服务业、石油和天然气开采业与加工业3个行业处于旁观者阶段，社会责任信息披露状况和社会责任管理水平亟待改进。其他24个行业社会责任发展指数处于起步者阶段（见图6-9）。

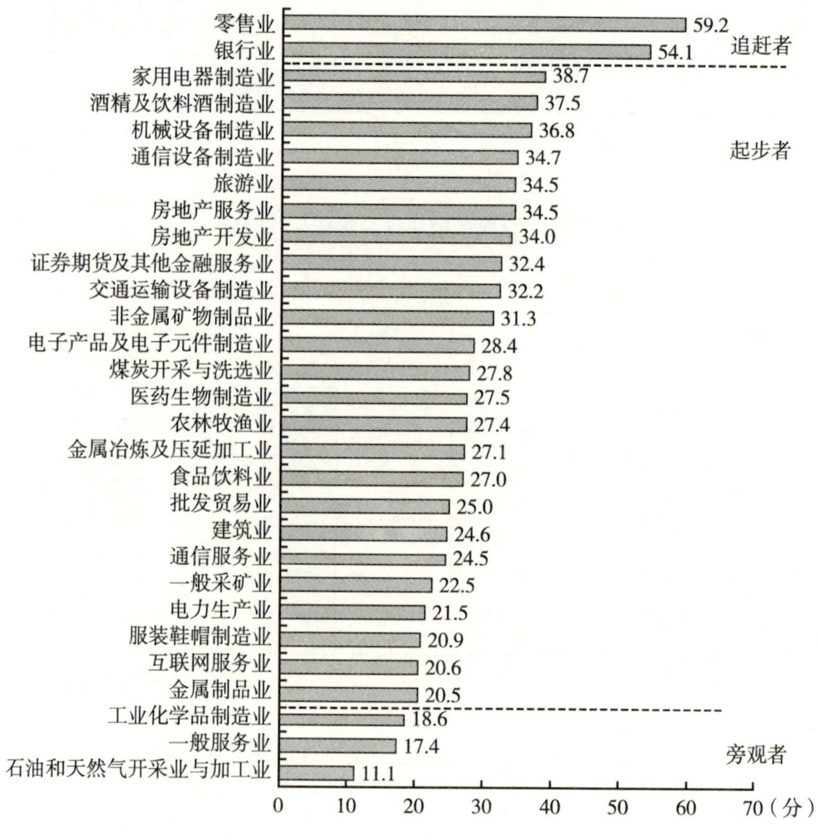

图6-9 各行业企业社会责任发展指数平均得分

重点行业指数篇*

Industry

本篇选取了14个社会关注度高，对经济、社会、环境影响力大的行业进行重点分析，通过探究各行业中重点企业的社会责任发展指数，反映行业社会责任管理水平与社会责任信息披露水平。选取的14个行业及其企业构成如表1所示。可以看到，受行业市场特点的影响，食品饮料行业所包含的样本企业数量最多，有36家；而服装鞋帽业的样本企业数量最少，为7家。

是否发布企业社会责任报告是衡量企业是否系统开展社会责任信息披露的重要参考。电力行业企业以90.9%的报告发布率成为发布社会责任报告最为积极的行业，银行业、石油石化业、电子行业企业社会责任报告发布率也超过了50%，而服装鞋帽业、零售业、食品饮料业及日化行业的社会责任报告发布比例较低，均不足30%。

对14个行业中重点企业的社会责任系统评价得出，电力行业社会责任发展指数得分最高，为60.4分，处于领先者水平；通信、石油石化、电子、计算机、装备制造、金属、食品饮料、汽车制造等8

* 数据源自责任云（www.zerenyun.com）。

个行业的社会责任发展指数在 20 ~ 40 分，处于起步者阶段；而房地产、服装鞋帽、零售、日化等 4 个行业的社会责任管理与信息披露水平较低，社会责任发展指数均不足 20 分，处于旁观者阶段（见图 1）。

表 1　评价行业企业构成及社会责任报告发布情况

单位：家，%

行业名称	样本企业数量	社会责任报告发布比例	行业名称	样本企业数量	社会责任报告发布比例
食品饮料	36	19.4	通　　信	16	43.8
房 地 产	31	32.3	计 算 机	16	37.5
汽车制造	30	30.0	电　　子	15	53.3
零　　售	30	26.7	电　　力	11	90.9
装备制造	29	34.5	日　　化	10	10.0
金　　属	26	38.5	石油石化	8	62.5
银　　行	25	72.0	服装鞋帽	7	28.6

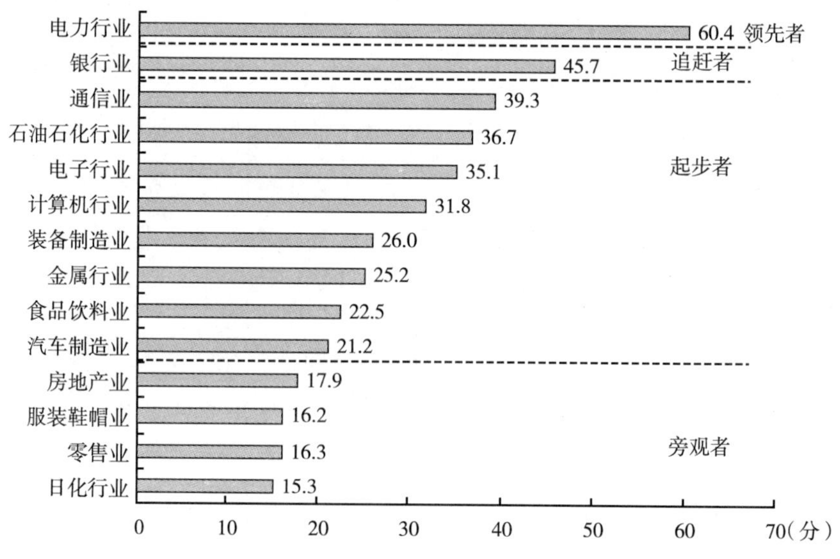

图 1　行业社会责任发展指数及发展阶段

表2显示了各行业社会责任指数排名第一的企业及其得分。

表2　各行业社会责任发展指数排名第一的企业

单位：分

行业名称	排名第一的企业	排名第一企业的社会责任发展指数
电　力	国家电网公司	89.3
银　行	中国民生银行股份有限公司	79.8
通　信	中国移动通信集团公司	81.5
石油石化	中国石油化工集团公司	86.6
电　子	中国电子信息产业集团有限公司	73.5
计算机	联想集团	69.2
装备制造	中国东方电气集团有限公司	72.1
金　属	中国铝业公司	78.8
食品饮料	中国盐业总公司	68.5
汽车制造	北京汽车集团有限公司	62.7
房地产	招商局地产控股股份有限公司	60.7
零　售	苏宁云商集团股份有限公司	59.2
日　化	联合利华(中国)有限公司	32.7
服装鞋帽制造	阿迪达斯(中国)有限公司	34.6

B.8

第七章 电力行业社会责任发展指数（2013）*

第一节 评价样本

本章评价的电力行业包括电力生产业和电力供应业。电力生产业指依靠火力、水力、核力或其他能源发电的行业；电力供应业指利用电网出售给用户电能的输送、分配与供电行业。电力行业评价样本共有 11 家企业。其中，电力供应业 2 家，为国家电网公司和中国南方电网有限责任公司；其余为电力生产业企业。企业基本信息如表 7－1 所示。

表 7－1 电力行业样本企业基本信息

单位：百万元

序号	企业名称	企业性质	营业收入	总部所在地
1	国家电网公司	国有企业	1829491	北京
2	中国南方电网有限责任公司	国有企业	419200	广东
3	中国华能集团公司	国有企业	279778	北京
4	中国国电集团公司	国有企业	230037	北京
5	中国大唐集团公司	国有企业	191612	北京
6	中国华电集团公司	国有企业	185126	北京
7	中国电力投资集团公司	国有企业	180183	北京
8	广东省粤电集团有限公司	国有企业	54532	广东
9	华润电力控股有限公司	国有企业	49362	北京
10	中国广核集团有限公司	国有企业	34900	广东
11	国投电力控股股份有限公司	国有企业	23867	北京

* 数据源自责任云（www. zerenyun. com）。

第二节 评价结果

电力行业11家样本企业社会责任发展指数排名及得分如表7-2所示。

表7-2 电力行业社会责任发展指数（2013）

单位：分

排名	企业名称	企业性质	是否发布企业社会责任报告	官方网站是否有社会责任专栏	社会责任发展指数
1	国家电网公司	国有企业	有	有	89.3
2	中国南方电网有限责任公司	国有企业	有	有	88.3
3	中国华电集团公司	国有企业	有	有	81.6
4	中国华能集团公司	国有企业	有	有	80.1
5	广东省粤电集团有限公司	国有企业	有	有	74.4
6	华润电力控股有限公司	国有企业	有	有	64.0
7	中国广核集团有限公司	国有企业	有	有	50.4
8	中国国电集团公司	国有企业	有	有	50.0
9	中国电力投资集团公司	国有企业	有	有	41.5
10	国投电力控股股份有限公司	国有企业	有	无	27.9
11	中国大唐集团公司	国有企业	无	有	17.3

第三节 阶段性特征

一 电力行业社会责任发展指数为60.4分，总体处于领先者阶段，在各行业中排名第一

电力业社会责任发展指数平均得分为60.4分，处于领先者阶段，比2012年提高了6.9分，在评价的14个行业中排第一名，与2012年的行业排名相同。可见，电力企业积极开展社会责任工作，社会责任管理体系和信息披露水平走在各行业前列（见图7-1）。

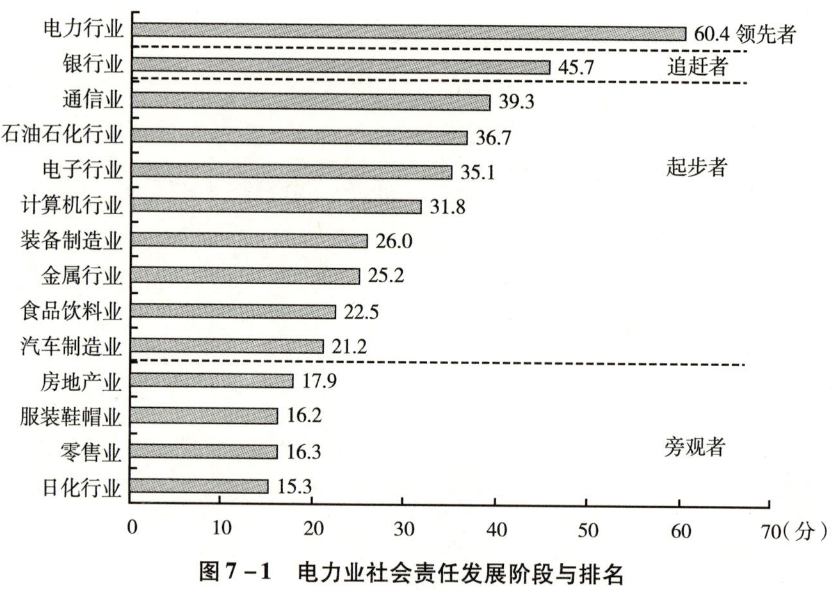

图7－1　电力业社会责任发展阶段与排名

二　过半数企业达到卓越者或领先者阶段

电力生产和供应业11家样本企业得分差距很大，国家电网公司得分最高，为89.3分，中国大唐集团公司得分最低，为17.3分，两者相差72分。样本企业中有4家企业为卓越者阶段（80分以上），2家企业为领先者阶段（60～80分），3家企业为追赶者阶段（40～60分），1家企业为起步者阶段（20～40分），仅中国大唐集团公司1家为旁观者阶段（20分以下）（见表7－3）。

三　电力行业责任实践领先于责任管理，社会责任指数高于市场和环境责任指数

电力行业市场责任、社会责任和环境责任指数均超过40分，处于追赶者阶段，且社会责任指数最高，达到59.0分。将市场责任、社会责任和环境责任指数取算术平均值得到责任实践指数，可得责任实践指数（56.6分）高于责任管理指数（53.6分）。

表 7-3 电力企业社会责任发展阶段分布（2013）

单位：家

发展阶段	得分区间	企业名称	数量
1. 卓越者	80 分以上	国家电网公司 中国南方电网有限责任公司 中国华电集团公司 中国华能集团公司	4
2. 领先者	60～80 分	广东省粤电集团有限公司 华润电力控股有限公司	2
3. 追赶者	40～60 分	中国广核集团有限公司 中国国电集团公司 中国电力投资集团公司	3
4. 起步者	20～40 分	国投电力控股股份有限公司	1
5. 旁观者	20 分以下	中国大唐集团公司	1

与 2012 年相比，电力行业各责任板块指数均有所增长。其中，责任管理指数增幅较大，提高了 10.0 分，可见电力行业在不断地改进责任管理。而市场责任指数、社会责任指数与环境责任指数则均呈现小幅增长，分别提高 2.1 分、3.0 分和 3.3 分（见图 7-2）。

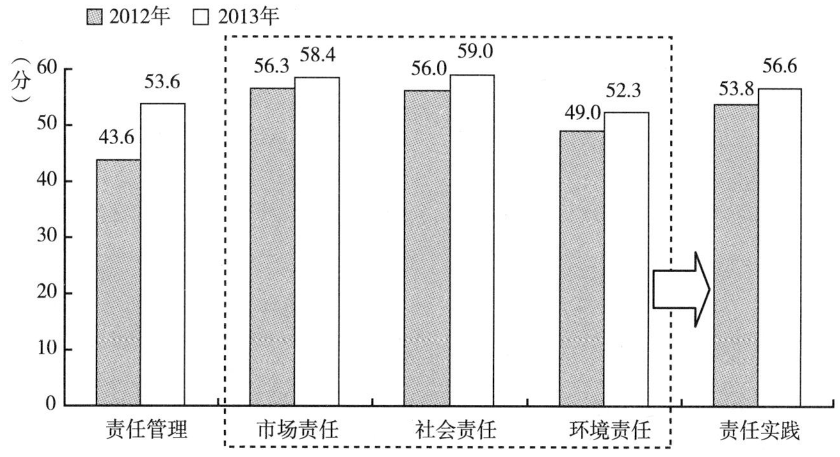

图 7-2 电力行业社会责任发展指数的结构特征

四　90.9%的电力企业发布了社会责任报告，社会责任信息披露水平较高

社会责任报告是企业披露社会责任信息的重要工具和载体。在11家样本企业中，10家企业发布了2012年度社会责任报告，占总数的90.9%，比2012年多2家企业发布社会责任报告。此外，有10家企业在官方网站上设立了社会责任专栏，占样本总数的90.9%。

B.9
第八章
银行业社会责任发展指数（2013）*

第一节　评价样本

本章评价的银行业包括商业银行和政策性银行。商业银行具体包括国有独资商业银行、股份制银行、城市商业银行、城市信用社、农村信用社等金融机构。政策性银行是指由政府发起、出资成立，为贯彻和配合政府特定经济政策和意图而进行融资和信用活动的银行。银行业样本企业基本信息如表8－1所示。

表8－1　银行业样本企业基本信息

单位：百万元

序号	企业名称	企业性质	营业收入	总部所在地
1	中国工商银行股份有限公司	国有企业	519521	北　京
2	中国建设银行股份有限公司	国有企业	460746	北　京
3	中国农业银行股份有限公司	国有企业	421964	北　京
4	中国银行股份有限公司	国有企业	366091	北　京
5	国家开发银行股份有限公司	国有企业	167610	北　京
6	交通银行股份有限公司	国有企业	147337	上　海
7	招商银行股份有限公司	民营企业	113367	广　东
8	中国民生银行股份有限公司	民营企业	103111	北　京
9	中信银行股份有限公司	国有企业	89435	北　京
10	兴业银行股份有限公司	民营企业	87619	福　建

* 数据源自责任云（www. zerenyun. com）。

续表

序号	企业名称	企业性质	营业收入	总部所在地
11	上海浦东发展银行股份有限公司	国有企业	82592	上　海
12	中国农业发展银行	国有企业	71800	北　京
13	中国光大银行股份有限公司	国有企业	59916	北　京
14	广发银行股份有限公司	国有企业	59715	广　东
15	华夏银行股份有限公司	民营企业	39777	北　京
16	平安银行股份有限公司	民营企业	39749	广　东
17	北京银行股份有限公司	国有企业	27817	北　京
18	中国进出口银行	国有企业	19818	北　京
19	江苏银行股份有限公司	国有企业	19806	江　苏
20	上海银行股份有限公司	国有企业	17290	上　海
21	南京银行股份有限公司	国有企业	9114	江　苏
22	中国邮政储蓄银行股份有限公司	国有企业	—	北　京
23	汇丰银行(中国)有限公司	外资企业	—	中国香港
24	法国兴业银行中国有限公司	外资企业	—	法　国
25	花旗银行(中国)有限公司	外资企业	—	美　国

第二节　评价结果

银行业25家样本企业的社会责任发展指数排名及得分如表8－2所示。

表8－2　银行业企业社会责任发展指数（2013）

单位：分

排名	企业名称	企业性质	是否发布企业社会责任报告	官方网站是否有社会责任专栏	社会责任发展指数
1	中国民生银行股份有限公司	民营企业	有	有	79.8
2	兴业银行股份有限公司	民营企业	有	有	71.8
3	上海浦东发展银行股份有限公司	国有企业	有	有	69.2

续表

排名	企业名称	企业性质	是否发布企业社会责任报告	官方网站是否有社会责任专栏	社会责任发展指数
4	中国农业银行股份有限公司	国有企业	有	有	64.6
5	中国工商银行股份有限公司	国有企业	有	有	63.1
6	招商银行股份有限公司	民营企业	有	有	62.3
7	交通银行股份有限公司	国有企业	有	无	61.4
8	中信银行股份有限公司	国有企业	有	无	54.9
9	平安银行股份有限公司	民营企业	有	有	54.5
10	中国光大银行股份有限公司	国有企业	有	无	54.2
11	中国建设银行股份有限公司	国有企业	有	有	52.6
12	中国银行股份有限公司	国有企业	有	有	52.2
13	上海银行股份有限公司	国有企业	有	有	49.4
14	北京银行股份有限公司	国有企业	有	无	47.2
15	华夏银行股份有限公司	民营企业	有	有	47.0
16	国家开发银行股份有限公司	国有企业	无	有	38.5
17	南京银行股份有限公司	国有企业	有	无	35.3
18	广发银行股份有限公司	国有企业	无	有	34.3
19	中国邮政储蓄银行股份有限公司	国有企业	有	无	32.6
20	花旗银行（中国）有限公司	外资企业	有	有	25.5
21	汇丰银行（中国）有限公司	外资企业	有	有	23.4
22	中国进出口银行	国有企业	无	有	22.6
23	中国农业发展银行	国有企业	无	有	20.0
24	江苏银行股份有限公司	国有企业	无	有	19.8
25	法国兴业银行中国有限公司	外资企业	无	有	6.9

第三节 阶段性特征

一 银行业社会责任发展指数为45.7分，处于追赶者阶段

银行业社会责任发展指数平均得分为45.7分，处于追赶者阶段，

比2012年提高5.6分；在本篇评价研究的14个行业中排第二名，与2012年的行业排名相同。可见，银行业近年来积极推进履行社会责任工作，社会责任管理体系和信息披露水平走在前列。

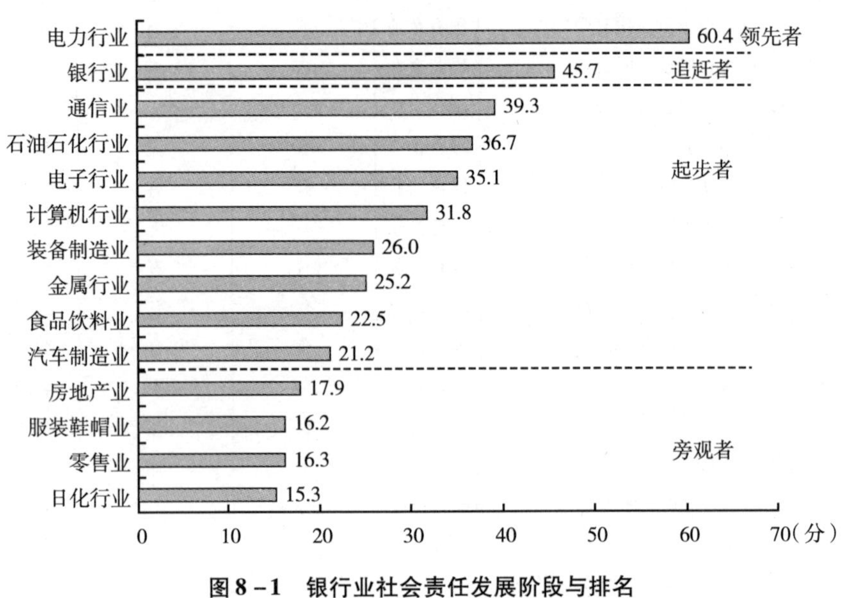

图8-1 银行业社会责任发展阶段与排名

二 银行业企业社会责任发展水平差距较大

银行业25家样本企业得分差距较大，中国民生银行股份有限公司得分最高，为79.8分，法国兴业银行中国有限公司得分最低，为6.9分，两者相差72.9分。样本企业中，没有卓越者，7家企业为领先者，8家企业为追赶者，10家企业得分在40分以下，企业社会责任管理与信息披露水平亟待提高（见表8-3）。

三 民营银行社会责任发展指数领先于国有银行和外资银行

民营银行社会责任发展指数为63.1分，整体达到领先者水平，两

表8－3　银行业企业社会责任发展阶段分布（2013）

单位：家

发展阶段	得分区间	企业名称	数量
1. 卓越者	80分以上	—	0
2. 领先者	60～80分	中国民生银行股份有限公司	7
		兴业银行股份有限公司	
		上海浦东发展银行股份有限公司	
		中国农业银行股份有限公司	
		中国工商银行股份有限公司	
		招商银行股份有限公司	
		交通银行股份有限公司	
3. 追赶者	40～60分	中信银行股份有限公司	8
		平安银行股份有限公司	
		中国光大银行股份有限公司	
		中国建设银行股份有限公司	
		中国银行股份有限公司	
		上海银行股份有限公司	
		北京银行股份有限公司	
		华夏银行股份有限公司	
4. 起步者	20～40分	国家开发银行股份有限公司	7
		南京银行股份有限公司	
		广发银行股份有限公司	
		中国邮政储蓄银行股份有限公司	
		花旗银行(中国)有限公司	
		汇丰银行(中国)有限公司	
		中国进出口银行	
5. 旁观者	20分以下	中国农业发展银行	3
		江苏银行股份有限公司	
		法国兴业银行中国有限公司	

家民营银行——中国民生银行股份有限公司和兴业银行股份有限公司社会责任发展水平处于银行业前列。外资银行社会责任发展指数仅为

18.6 分，整体仍处于旁观者阶段。民营银行更为重视社会责任工作，积极建立社会责任管理体系，主动披露社会责任相关信息。

与 2012 年相比，各性质银行业企业社会责任指数均有明显增长。民营银行社会责任发展指数提高 8.7 分，增幅高于国有银行（提高 4.6 分）和外资银行（提高 6.4 分）（见图 8－2）。

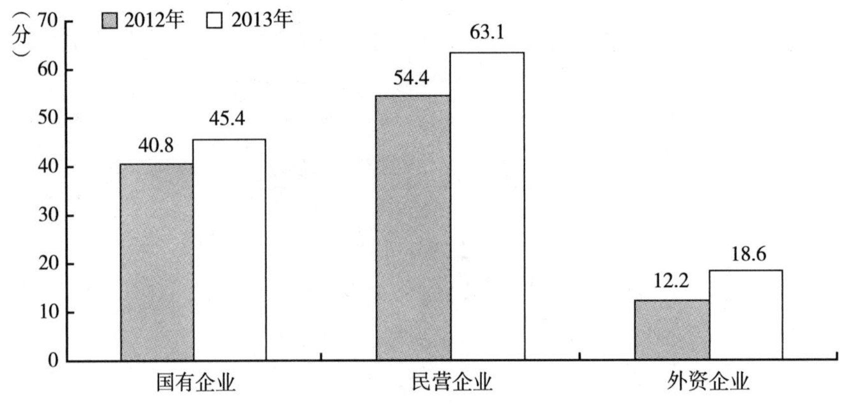

图 8－2 不同性质银行的社会责任发展指数

四 银行业责任实践领先于责任管理，市场责任指数高于环境责任和社会责任指数

银行业市场责任、社会责任和环境责任指数均超过 40 分，处于追赶者阶段，且市场责任指数最高，达到 50.9 分。将市场责任、社会责任和环境责任得分指数取算术平均值得到责任实践指数，可得责任实践指数（46.9 分）高于责任管理指数（29.3 分）。

与 2012 年相比，银行业各责任板块社会责任指数均有所增长。其中，环境责任指数增幅较大，提高了 11.4 分，可见银行业加大了环境责任披露的力度；但责任管理的改进较少，仅比上年提高 1.2 分（见图 8－3）。

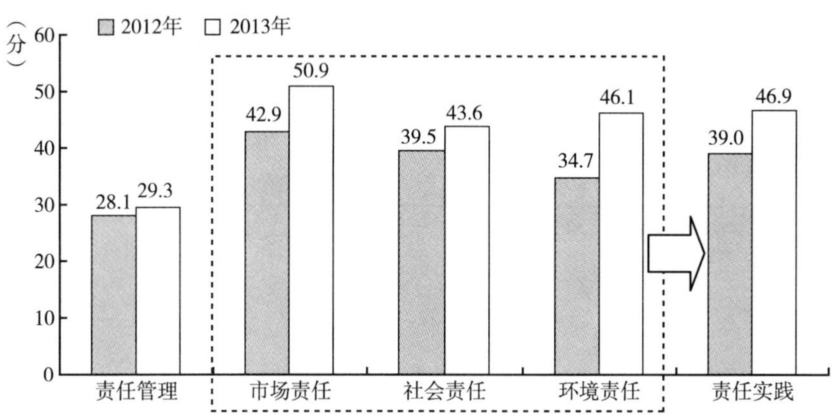

图 8－3　银行业社会责任发展指数结构特征

五　银行业企业超七成发布社会责任报告，主动披露社会责任信息

社会责任报告是企业披露社会责任信息的重要工具和载体。在25家银行中，19家发布了社会责任报告，占总数的76.0%，与2012年发布社会责任报告的银行业企业数量持平。此外，有19家企业在官方网站上设立了社会责任专栏，占样本总数的76.0%。

六　2家企业排名上升超过5位，3家企业排名下降5位

与2012年的名次相比，中国光大银行股份有限公司与中国邮政储蓄银行股份有限公司排名上升最快，分别上升了7位和6位，位于第10名和第19名；而交通银行、北京银行和国家开发银行的名次都较2012年下降了5位。

B.10
第九章
通信业社会责任发展指数（2013）*

第一节　评价样本

本章评价的通信业主要是针对通信设备制造与服务业。通信设备制造业指用于工控环境的有线通信设备和无线通信设备制造。通信服务业指通过电缆、光缆、无线电波、光波等传输的通信服务，主要固定电信业务、移动电信业务和其他电信业务。通信设备制造与服务业16家样本企业基本信息如表9－1所示。

表9－1　通信设备制造与服务业样本企业基本信息

单位：百万元

序号	企业名称	企业性质	营业收入	总部所在省地
1	中国移动通信集团公司	国有企业	611209	北京
2	中国电信集团公司	国有企业	336781	北京
3	中国联合网络通信集团有限公司	国有企业	257082	北京
4	华为投资控股有限公司	民营企业	203929	广东
5	中兴通讯股份有限公司	民营企业	84219	广东
6	三星中国投资有限公司	外资企业	—	韩国
7	上海贝尔股份有限公司	国有企业	—	上海
8	夏普(中国)投资有限公司	外资企业	—	日本
9	爱立信(中国)通信有限公司	外资企业	—	瑞典
10	中国普天信息产业集团公司	国有企业	—	北京

* 数据源自责任云（www. zerenyun. com）。

续表

序号	企业名称	企业性质	营业收入	总部所在省地
11	大唐电信科技产业集团	国有企业	—	北京
12	苹果公司	外资企业	—	美国
13	乐金电子(中国)有限公司	外资企业	—	韩国
14	诺基亚(中国)投资有限公司	外资企业	—	芬兰
15	思科中国	外资企业	—	美国
16	摩托罗拉(中国)电子有限公司	外资企业	—	美国

第二节　评价结果

通信行业16家样本企业的社会责任发展指数排名及得分如表9－2所示。

表9－2　通信行业企业社会责任发展指数（2013）

单位：分

排名	企业名称	企业性质	是否发布企业社会责任报告	官方网站是否有社会责任专栏	社会责任发展指数
1	中国移动通信集团公司	国有企业	有	有	81.5
2	中国电信集团公司	国有企业	有	有	74.9
3	华为投资控股有限公司	民营企业	有	有	74.6
4	中国联合网络通信集团有限公司	国有企业	有	有	70.5
4	三星中国投资有限公司	外资企业	有	有	70.5
6	上海贝尔股份有限公司	国有企业	有	有	67.1
7	中兴通讯股份有限公司	民营企业	有	有	61.8
8	夏普(中国)投资有限公司	外资企业	无	有	35.2
9	爱立信(中国)通信有限公司	外资企业	无	有	27.3
10	中国普天信息产业集团公司	国有企业	无	有	17.3
11	大唐电信科技产业集团	国有企业	无	有	16.6
12	苹果公司	外资企业	无	无	13.1

续表

排名	企业名称	企业性质	是否发布企业社会责任报告	官方网站是否有社会责任专栏	社会责任发展指数
13	乐金电子(中国)有限公司	外资企业	无	有	6.8
14	诺基亚(中国)投资有限公司	外资企业	无	无	6.5
15	思科中国	外资企业	无	无	3.0
16	摩托罗拉(中国)电子有限公司	外资企业	无	是	1.5

第三节　阶段性特征

一　通信行业社会责任发展指数为39.3分，整体处于起步者阶段

通信业社会责任发展指数平均得分为39.3分，处于起步者阶段，比2012年提高了2.7分，在我们研究的14个行业中排第三名，与2012年的行业排名相同（见图9－1）。

二　7家企业达到卓越者或领先者水平

通信行业16家样本企业得分差距较大，中国移动通信集团公司得分最高，为81.5分，摩托罗拉（中国）电子有限公司得分最低，为1.5分，两者相差80分。样本企业中仅中国移动通信集团公司1家企业为卓越者，6家企业为领先者，2家企业为起步者，7家为旁观者（见表9－3）。

三　民营企业社会责任指数较高，领先于国有企业和外资企业

在通信行业16家企业中，两家民营企业——华为投资控股有限公司和中兴通讯股份有限公司表现优秀，均处于领先者阶段。国有企业社会责任发展指数为54.7分，整体处于追赶者水平。外资企业社会

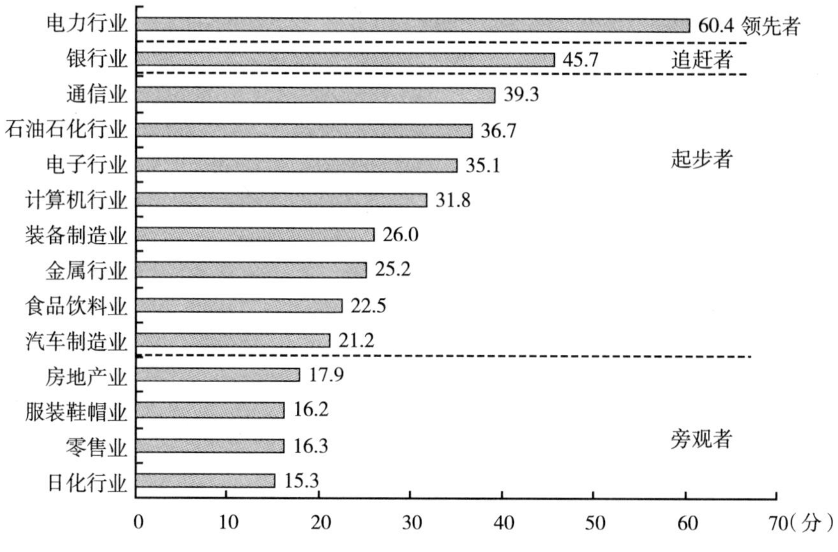

图 9－1　通信行业社会责任发展阶段与排名

表 9－3　通信业社会责任发展阶段分布（2013）

单位：家

发展阶段	得分区间	企业名称	数量
1. 卓越者	80 分以上	中国移动通信集团公司	1
2. 领先者	60～80 分	中国电信集团公司	6
		华为投资控股有限公司	
		中国联合网络通信集团有限公司	
		三星中国投资有限公司	
		上海贝尔股份有限公司	
		中兴通讯股份有限公司	
3. 追赶者	40～60 分	—	0
4. 起步者	20～40 分	夏普（中国）投资有限公司	2
		爱立信（中国）通信有限公司	
5. 旁观者	20 分以下	中国普天信息产业集团公司	7
		大唐电信科技产业集团	
		苹果公司	
		乐金电子（中国）有限公司	
		诺基亚（中国）投资有限公司	
		思科中国	
		摩托罗拉（中国）电子有限公司	

责任发展指数仅为20.5分，与民营企业和国有企业差距较大，处于起步者阶段。

与2012年相比，各性质企业社会责任指数均有所增长，其中民营企业社会责任发展指数增长最快，提高了22.7分（见图9－2）。

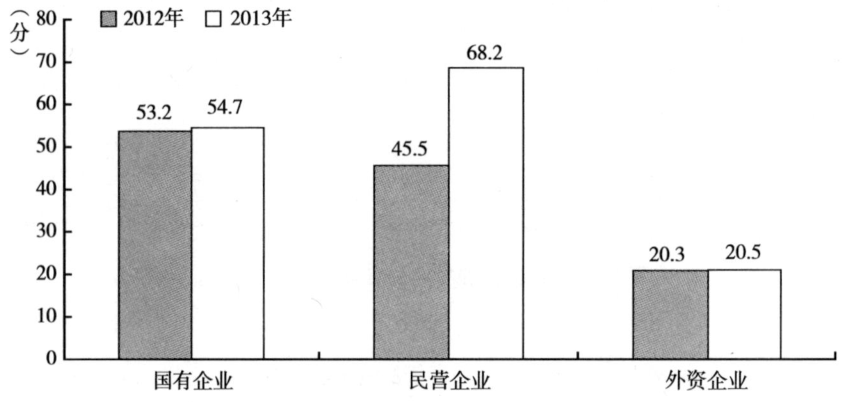

图9－2　不同性质企业的社会责任发展指数

四　责任管理领先于责任实践，环境责任指数高于市场责任和社会责任指数

通信业市场责任、社会责任和环境责任指数均不足40分，处于起步者阶段；责任实践指数（35.7分）略低于责任管理指数(37.9分)。

与2012年相比，责任管理指数提高3.7分，市场责任指数提高1.7分，其他责任领域分数有所下降。在责任实践中，环境责任较之社会责任降幅较大，降低了3.7分，通信行业需加大对环境责任披露的力度（见图9－3）。

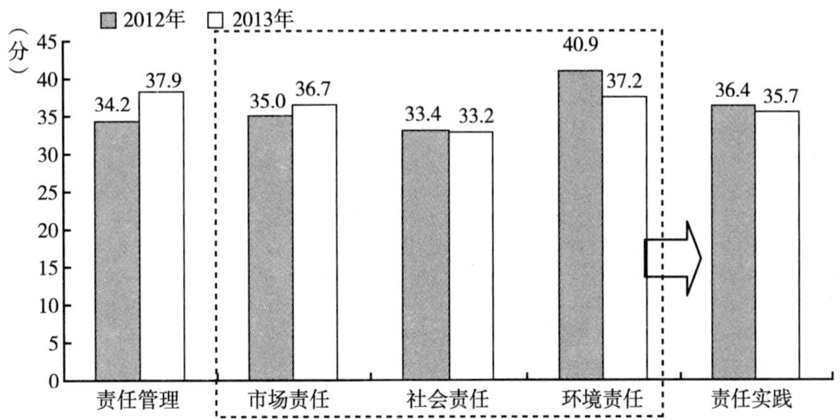

图 9－3　通信行业社会责任发展指数结构特征

五　近五成的企业发布社会责任报告，超八成企业设立社会责任专栏

社会责任报告是企业披露社会责任信息的重要工具和载体。在通信业 16 家企业中，有 7 家企业发布了企业社会责任报告，占样本总数的 43.8%。发布社会责任报告的企业数量比 2012 年减少了 3 家。此外，有 13 家企业在官方网站上设立了社会责任专栏，占样本总数的 81.3%。

B.11
第十章
石油石化行业社会责任发展指数（2013）*

第一节　评价样本

本章评价的石油石化行业主要包括天然原油和天然气开采，以及与石油和天然气开采有关的服务活动。石油石化行业8家样本企业基本信息如表10－1所示。

表10－1　石油石化行业样本企业基本信息

单位：百万元

序号	企业名称	企业性质	营业收入	总部所在地
1	中国石油化工集团公司	国有企业	2624666	北京
2	中国石油天然气集团公司	国有企业	2504902	北京
3	中国海洋石油总公司	国有企业	511603	北京
4	陕西延长石油(集团)有限责任公司	国有企业	162100	陕西
5	壳牌中国	外资企业	—	荷兰
6	BP中国	外资企业	—	英国
7	道达尔中国	外资企业	—	法国
8	SK中国	外资企业	—	韩国

* 数据源自责任云（www. zerenyun. com）。

第二节　评价结果

石油石化行业 8 家样本企业社会责任发展指数排名及得分如表 10－2 所示。

表 10－2　石油石化行业社会责任发展指数（2013）

单位：分

排名	企业名称	企业性质	是否有社会责任报告	官方网站上是否有社会责任专栏	社会责任发展指数
1	中国石油化工集团公司	国有企业	有	有	86.6
2	中国海洋石油总公司	国有企业	有	有	60.0
3	中国石油天然气集团公司	国有企业	有	有	55.9
4	陕西延长石油（集团）有限责任公司	国有企业	有	有	44.2
5	道达尔中国	外资企业	有	有	19.3
6	壳牌中国	外资企业	无	有	18.3
7	BP 中国	外资企业	无	有	4.8
7	SK 中国	外资企业	无	有	4.8

第三节　阶段性特征

一　石油石化行业社会责任发展指数为36.7 分，处于起步者阶段

石油石化行业社会责任发展指数平均得分为 36.7 分，处于起步者阶段，比 2012 年提高了 7.2 分，在本篇评价的 14 个行业中排第四名，比 2012 年上升两名。石油石化行业在社会责任方面处于各行业的中上游位置，近年来积极履行社会责任，具体情况如图 10－1 所示。

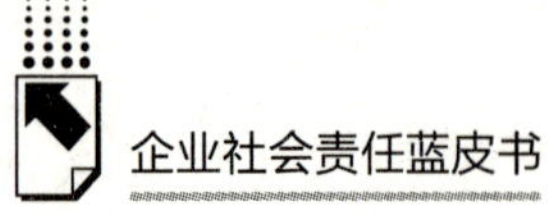

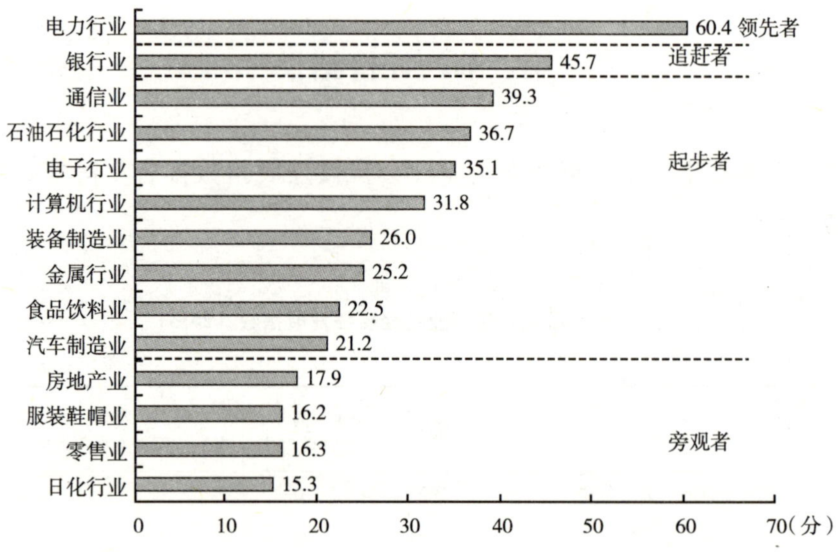

图 10－1　石油石化行业社会责任发展阶段分布

二　行业内企业社会责任发展水平差距较大

如表 10－3 所示，石油石化行业 8 家样本企业得分差距极大，中国石油化工集团公司得分最高，为 86.6 分；BP 中国、SK 中国得分最低，均为 4.8 分。样本企业中有 1 家企业为卓越者，1 家为领先者，2 家为追赶者，4 家为旁观者（见表 10－3）。

表 10－3　石油石化行业社会责任发展阶段分布（2013）

单位：家

发展阶段	得分区间	企业名称	数量
1. 卓越者	80 分以上	中国石油化工集团公司	1
2. 领先者	60～80 分	中国海洋石油总公司	1
3. 追赶者	40～60 分	中国石油天然气集团公司	2
		陕西延长石油(集团)有限责任公司	

续表

发展阶段	得分区间	企业名称	数量
4. 起步者	20～40 分	—	0
5. 旁观者	20 分以下	道达尔中国	4
		壳牌中国	
		BP 中国	
		SK 中国	

三　国有企业社会责任发展指数领先于外资企业

在石油石化行业中，国有企业社会责任发展指数为 61.7 分，整体达到领先者水平。两家国有企业——中国石油化工集团公司和中国海洋石油总公司的社会责任发展水平处于石油石化行业的前列。外资企业社会责任发展指数为 11.8 分，整体处于旁观者阶段（见图 10－2）。可见，国有企业更为重视社会责任工作，积极建立社会责任管理体系，主动披露社会责任相关信息。

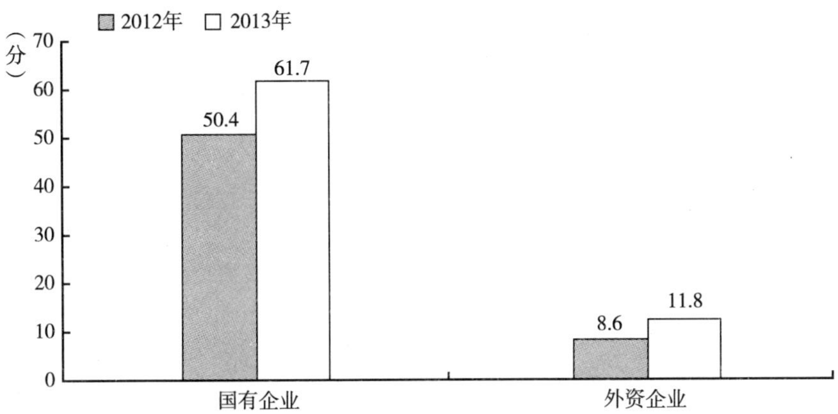

图 10－2　不同性质企业的社会责任发展指数

同2012年相比，各性质企业社会发展指数均有明显增长。国有企业社会责任发展指数提高11.3分，增幅大于外资企业（提高3.2分）（见图10－2）。

四 责任实践领先责任管理，市场责任指数高于社会责任指数和环境责任指数

石油石化行业责任实践指数（36.3分）领先于责任管理指数（32.6分）。从责任实践来看，市场责任指数（40.7分）领先于社会责任指数（38.1分）和环境责任指数（30.0分）

与2012年相比，各责任板块指数均有所增长。其中，市场责任指数提高的幅度最大，提高14.4分；环境责任指数提高的幅度最小，仅比上年提高1.1分（见图10－3）。

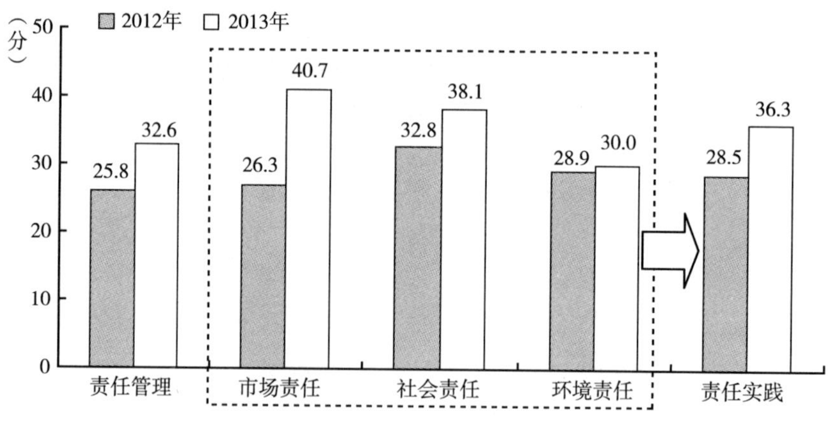

图10－3 石油和天然气开采业与加工业社会责任发展指数结构特征

五 所有企业均设立社会责任专栏，超六成的企业发布社会责任报告

社会责任报告是企业发布社会责任信息的重要工具和载体。石

油石化行业的 8 家样本企业中，有 5 家企业发布了企业社会责任报告，占总数的 62.5%，与 2012 年发布社会责任报告的企业数量持平。此外，8 家企业都在官方网站上设立了社会责任专栏，占样本企业的 100%。可见，石油石化行业企业重视社会责任信息披露渠道建设。

B.12
第十一章
电子行业社会责任发展指数（2013）*

第一节　评价样本

本章评价的电子行业主要包括电子产品和电子元器件的制造类企业。电子行业的15家样本企业基本信息如表11－1所示。

表11－1　电子行业样本企业基本信息

单位：百万元

序号	企业名称	企业性质	营业收入	总部所在地
1	三星中国投资有限公司	外资企业	1094541	韩　国
2	GE中国	外资企业	900338	美　国
3	富士康科技集团	外资企业	809625	中国台湾
4	索尼(中国)有限公司	外资企业	502030	日　本
5	东芝集团(中国)	外资企业	428169	日　本
6	英特尔(中国)有限公司	外资企业	326980	美　国
7	光宝集团	外资企业	242900	中国台湾
8	杜邦中国集团有限公司	外资企业	242307	美　国
9	正威国际集团有限公司	民营企业	186681	广　东
10	中国电子信息产业集团有限公司	中央企业	183030	北　京
11	富士胶片(中国)投资有限公司	外资企业	163486	日　本
12	伟创力公司	外资企业	144730	新加坡

* 数据源自责任云（www.zerenyun.com）。

续表

序号	企业名称	企业性质	营业收入	总部所在地
13	台达集团	外资企业	43529	中国台湾
14	佳能(中国)有限公司	外资企业	30217	日　本
15	晶龙实业集团有限公司	民营企业		河　北

第二节　评价结果

电子行业15家样本企业社会责任发展指数排名及得分如表11－2所示。

表11－2　电子行业社会责任发展指数（2013）

单位：分

排名	企业名称	企业性质	是否有社会责任报告	官方网站上是否有社会责任专栏	社会责任发展指数
1	中国电子信息产业集团有限公司	国有企业	有	有	73.5
2	三星中国投资有限公司	外资企业	有	有	70.5
3	英特尔(中国)有限公司	外资企业	有	有	62.4
4	光宝集团	外资企业	有	有	60.7
5	台达集团	外资企业	有	有	48.3
6	索尼(中国)有限公司	外资企业	有	有	46.7
7	佳能(中国)有限公司	外资企业	有	有	46.5
8	东芝集团(中国)	外资企业	无	有	42.2
9	富士康科技集团	外资企业	有	有	37.2
10	GE中国	外资企业	无	有	14.9
11	富士胶片(中国)投资有限公司	外资企业	无	有	9.7
12	杜邦中国集团有限公司	外资企业	无	有	5.4
13	正威国际集团有限公司	民营企业	无	有	4.6
14	晶龙实业集团有限公司	民营企业	无	无	4.2
15	伟创力公司	外资企业	无	无	0.0

第三节 阶段性特征

一 电子行业社会责任发展指数为35.1分，总体处于起步者阶段

电子行业社会责任发展指数平均得分为35.1分，处于起步者阶段，比2012年提高了3.6分，在本篇评价的14个行业中排第五名，与2012年的行业排名相同（见图11－1）。

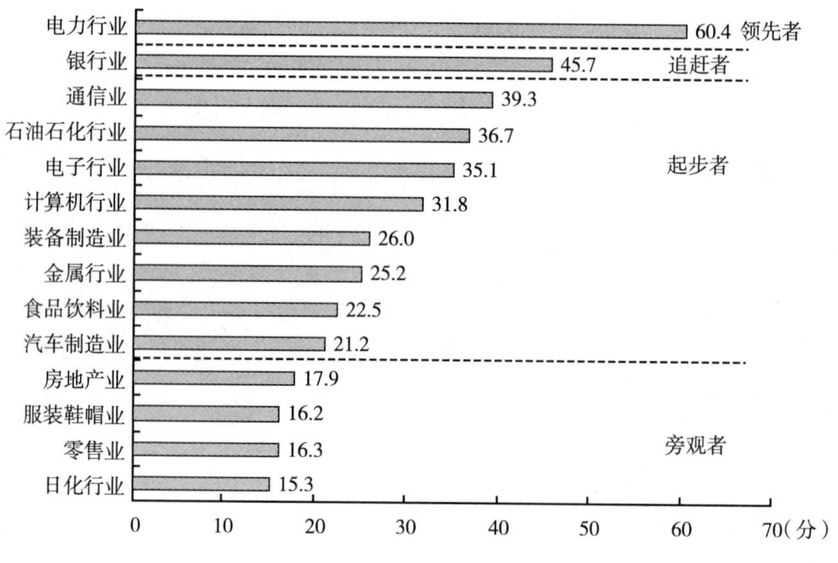

图11－1 电子行业社会责任发展阶段与排名

二 行业内企业社会责任发展水平差距较大，四成企业处于旁观者阶段

电子行业15家样本企业得分差距较大。中国电子信息产业集团

有限公司得分最高，为73.5分；伟创力公司由于没有披露相关责任信息，得分为0分。样本企业中有4家企业为领先者，4家企业为追赶者，1家企业为起步者，6家企业为旁观者（见表11－3）。

三 国有企业处于领先者阶段，外资企业处于起步者阶段，民营企业处于旁观者阶段

电子行业企业中，国有企业社会责任发展指数平均得分较高，为73.5分，处于领先者阶段。外资企业的社会责任发展指数平均得分为37.0分，处于起步者阶段；民营企业仅4.4分，处于旁观者阶段。同2012年相比，国有企业社会责任发展指数增长幅度最大（提高5.7分），外资企业社会责任发展指数增幅较小（提高4.4分），而民营企业的社会责任发展指数有所下降，下降了2.3分（见图11－2）。

表11－3 电子行业社会责任发展阶段分布（2013）

单位：家

发展阶段	得分区间	企业名称	数量
1. 卓越者	80分以上	—	0
2. 领先者	60～80分	中国电子信息产业集团有限公司	4
		三星中国投资有限公司	
		英特尔(中国)有限公司	
		光宝集团	
3. 追赶者	40～60分	台达集团	4
		佳能(中国)有限公司	
		索尼(中国)有限公司	
		东芝集团(中国)	
4. 起步者	20～40分	富士康科技集团	1

续表

发展阶段	得分区间	企业名称	数量
5. 旁观者	20 分以下	GE 中国	6
		富士胶片(中国)投资有限公司	
		杜邦中国集团有限公司	
		正威国际集团有限公司	
		晶龙实业集团有限公司	
		伟创力公司	

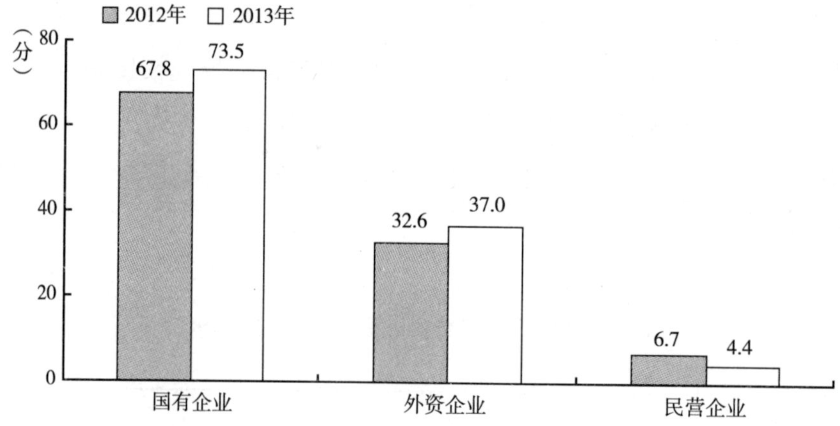

图 11－2　不同性质企业的社会责任发展指数

四　责任管理得分略高于责任实践，社会责任指数高于市场责任和环境责任指数

电子行业各个责任板块指数均处于起步者阶段，责任管理指数得分（34.4 分）较责任实践得分（31.5 分）稍高，可见样本企业对责任管理方面较为重视。从责任实践来看，社会责任指数得分最高，为 33.7 分，其后依次是市场责任指数（31.3 分）、环境责任指数（29.5 分）。同 2012 年相比，除环境责任指数呈下降趋势之外，其他

三个责任领域的分数均有所提高。其中，市场责任指数上升幅度最大，提高了7.8分（见图11－3）。

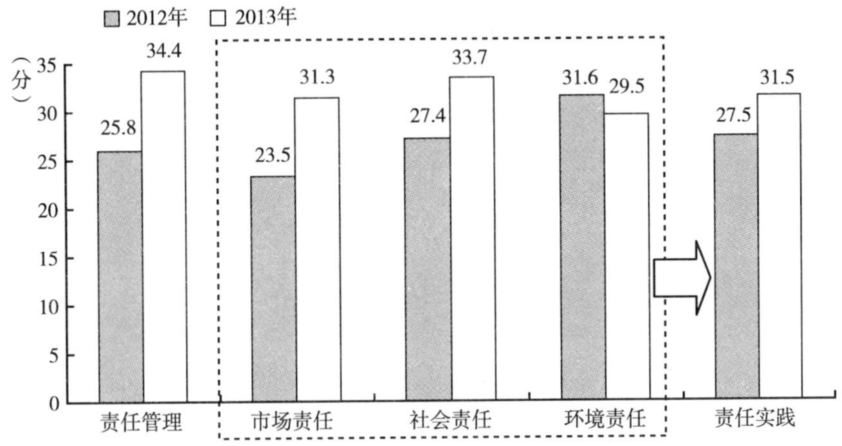

图11－3　电子行业社会责任发展指数结构特征

五　超五成企业发布了社会责任报告，仅1家企业未设立社会责任专栏

电子行业的15家企业中，有8家企业发布了企业社会责任报告，占样本企业总数的53.3%，与2012年发布社会责任报告的电子行业企业数量持平。此外，在样本企业中有13家企业在官方网站上设立了社会责任专栏，仅有2家企业未设立专栏。

B.13
第十二章
计算机行业社会责任发展指数（2013）*

第一节 评价样本

本章评价的计算机行业主要针对计算机及相关设备制造业，具体包括电子计算机整机制造、电子计算机网络设备制造和电子计算机外部设备制造三部分。该行业样本企业基本信息如表 12－1 所示。

表 12－1 计算机行业样本企业基本信息

单位：百万元

序号	企业名称	企业性质	营业收入	总部所在地
1	联想集团	民营企业	207644	北 京
2	浪潮集团有限公司	民营企业	40100	山 东
3	佳能(中国)有限公司	外资企业	—	日 本
4	光宝集团	外资企业	—	中国台湾
5	富士施乐(中国)有限公司	外资企业	—	日 本
6	索尼(中国)有限公司	外资企业	—	日 本
7	东芝集团(中国)	外资企业	—	日 本
8	华硕电脑股份有限公司	外资企业	—	中国台湾
9	夏普(中国)投资有限公司	外资企业	—	日 本
10	日立(中国)有限公司	外资企业	—	日 本
11	国际商业机器中国有限公司	外资企业	—	美 国

* 数据源自责任云（www. zerenyun. com）。

续表

序号	企业名称	企业性质	营业收入	总部所在地
12	中国惠普有限公司	外资企业	—	美　国
13	戴尔中国有限公司	外资企业	—	美　国
14	苹果公司	外资企业	—	美　国
15	乐金电子(中国)有限公司	外资企业	—	韩　国
16	宏基集团	外资企业	—	中国台湾

第二节　评价结果

计算机行业 16 家样本企业社会责任发展指数排名及得分如表 12 -2所示。

表 12 -2　计算机及相关设备制造业企业社会责任发展指数（2013）

单位：分

排名	企业名称	企业性质	是否发布企业社会责任报告	官方网站是否有社会责任专栏	社会责任发展指数
1	联想集团	民营企业	有	有	69.2
2	光宝集团	外资企业	有	有	60.7
3	富士施乐(中国)有限公司	外资企业	有	无	51.1
4	索尼(中国)有限公司	外资企业	有	有	46.7
5	佳能(中国)有限公司	外资企业	有	有	46.5
6	东芝集团(中国)	外资企业	无	有	42.2
7	华硕电脑股份有限公司	外资企业	有	有	41.2
8	夏普(中国)投资有限公司	外资企业	无	有	35.2
9	日立(中国)有限公司	外资企业	无	有	33.4
10	国际商业机器中国有限公司	外资企业	无	有	26.0
11	中国惠普有限公司	外资企业	无	无	13.4
12	苹果公司	外资企业	无	无	13.1

续表

排名	企业名称	企业性质	是否发布企业社会责任报告	官方网站是否有社会责任专栏	社会责任发展指数
13	戴尔中国有限公司	外资企业	无	有	11.1
14	浪潮集团有限公司	民营企业	无	无	8.4
15	乐金电子(中国)有限公司	外资企业	无	有	6.8
16	宏基集团	外资企业	无	无	2.5

第三节　阶段性特征

一　计算机行业社会责任发展指数为31.8分，处于起步者阶段

计算机行业社会责任发展指数平均得分为31.8分，处于起步者阶段，比2012年提高了8.1分，在我们研究的14个行业中排第六名，比2012年排名上升2位（见图12－1）。

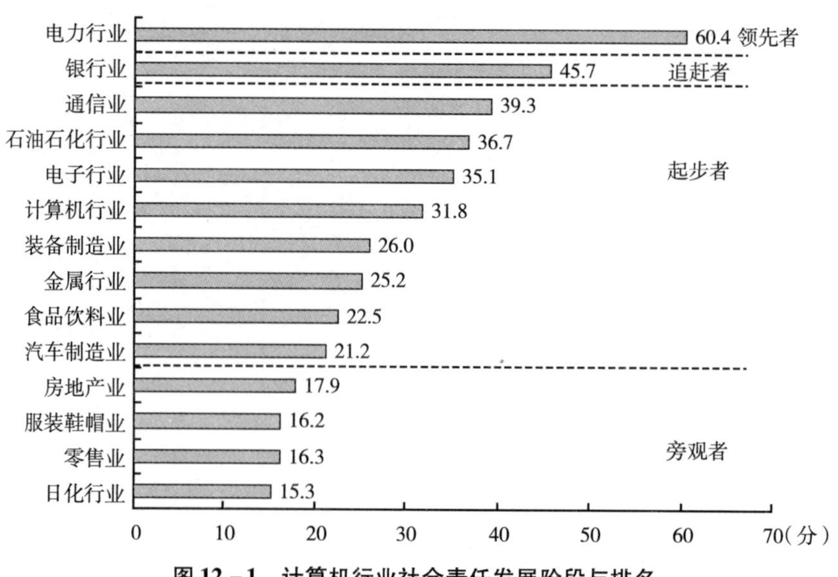

图12－1　计算机行业社会责任发展阶段与排名

二　行业内企业社会责任发展水平差距较大

在计算机行业的16家样本企业中，联想集团社会责任发展指数平均得分最高，为69.2分；宏基集团得分最低，为2.5分。该行业的样本企业中没有卓越者；2家企业为领先者；5家企业为追赶者；6家企业得分在20分以下，企业社会责任管理与信息披露水平亟待提高（见表12－3）。

表12－3　计算机行业社会责任发展阶段分布（2013）

单位：家

发展阶段	得分区间	企业名称	数量
1. 卓越者	80分以上	—	0
2. 领先者	60~80分	联想集团	2
		光宝集团	
3. 追赶者	40~60分	富士施乐(中国)有限公司	5
		索尼(中国)有限公司	
		佳能(中国)有限公司	
		东芝集团(中国)	
		华硕电脑股份有限公司	
4. 起步者	20~40分	夏普(中国)投资有限公司	3
		日立(中国)有限公司	
		国际商业机器中国有限公司	
5. 旁观者	20分以下	中国惠普有限公司	6
		苹果公司	
		戴尔中国有限公司	
		浪潮集团有限公司	
		乐金电子(中国)有限公司	
		宏基集团	

三　民营企业的社会责任指数领先于外资企业，但外资企业进步明显

计算机行业中，民营企业和外资企业均处于起步者阶段，但民营企业社会责任发展指数得分（38.8 分）高于外资企业得分（30.7 分）。与 2012 年相比，民营企业社会责任指数降低了 3.1 分，而外资企业则有明显增长，提高了 9.6 分（见图 12－2）。

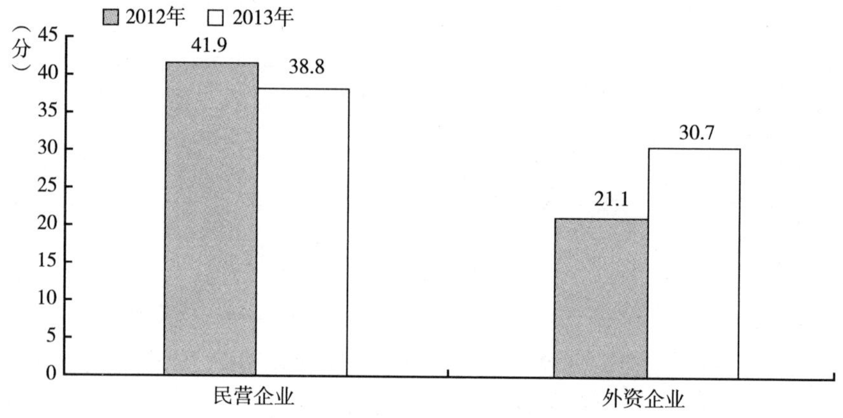

图 12－2　不同性质企业的社会责任发展指数

四　日资企业社会责任发展指数较高

2013 年，在计算机行业的外资企业中，日本企业数量最多，为 6 家；台资、美资和韩资的计算机企业分别有 3 家、4 家和 1 家。日资企业的社会责任发展指数以 42.5 分居首位，处于追赶者水平；台资企业居第二，社会责任发展指数为 21.9 分，处于起步者阶段；美资和韩资企业都处于旁观者阶段（见图 12－3）。

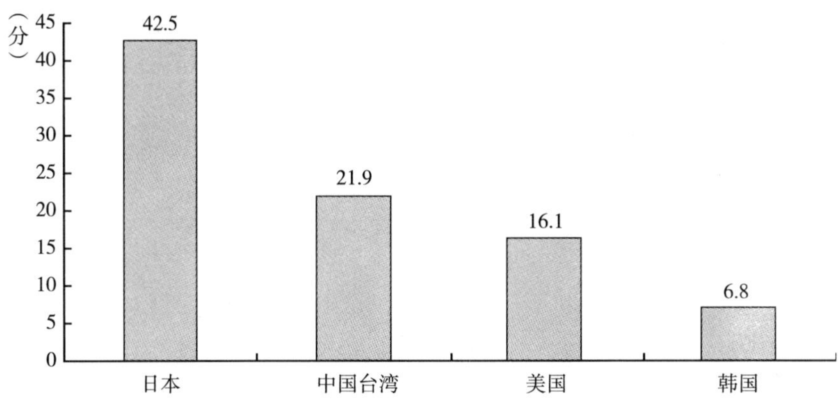

图 12－3　计算机行业中外资企业社会责任发展指数比较

五　责任管理指数略好于责任实践指数，环境责任指数领先于市场责任和社会责任指数

计算机行业市场责任、社会责任和环境责任指数均超过 20 分，但不足 40 分，处于起步者阶段。其中，环境责任指数最高，达到 30.6 分。将市场责任、社会责任和环境责任得分取算术平均值得到责任实践指数，计算机行业责任实践指数（29.2 分）与责任管理指数（29.9 分）较接近，责任管理略好于责任实践。

与 2012 年相比，计算机行业各责任板块均有所增长。其中，社会责任指数增幅较大，提高了 10.9 分。可见，计算机行业加大了社会责任信息披露的力度，并取得了相对较好的成绩。相比之下，环境责任指数增幅较小，仅提高 1.0 分。责任管理和市场责任增幅相当，分别提高 6.7 分和 7.7 分。

六　37.5%的企业发布社会责任报告，68.8%的企业设立社会责任专栏

社会责任报告是企业披露社会责任信息的重要渠道。在计算机行

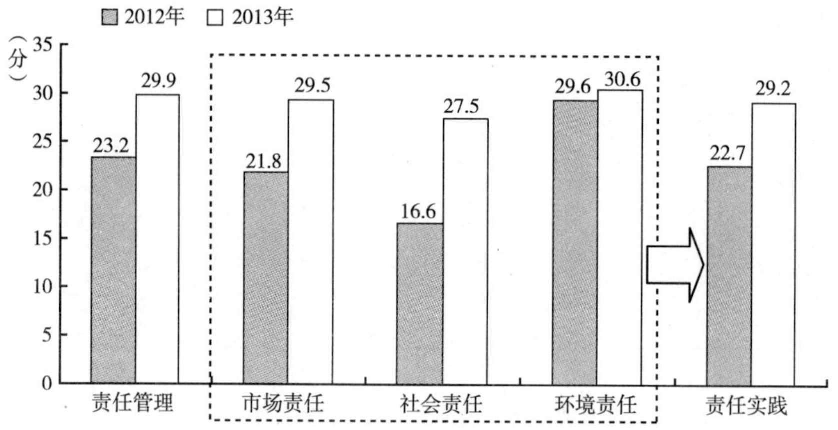

图 12－4　计算机行业社会责任发展指数结构特征

业的 16 家样本企业中，有 6 家企业发布社会责任报告，占到样本企业的 37.5%。10 家企业未发布社会责任报告，发布社会责任报告的企业数量较 2012 年减少了 2 家。企业社会责任信息披露有待进一步加强。此外，有 11 家企业在官方网站上设立了社会责任专栏，占样本总数的 68.8%。

B.14

第十三章

装备制造业社会责任发展指数（2013）*

第一节 评价样本

本章评价的装备制造业包括普通机械制造业和专用设备制造业。装备制造业29家样本企业基本信息如表13－1所示。

表13－1 装备制造业样本企业基本信息

单位：百万元

序号	企业名称	企业性质	营业收入	总部所在地
1	中国机械工业集团有限公司	国有企业	208128	北京
2	中国电力建设集团有限公司	国有企业	201714	北京
3	中国中钢集团公司	国有企业	149737	北京
4	中国通用技术(集团)控股有限责任公司	国有企业	141509	北京
5	恒力集团有限公司	民营企业	85286	江苏
6	三一集团有限公司	民营企业	82369	湖南
7	上海电气集团股份有限公司	国有企业	77077	上海
8	山东大王集团有限公司	民营企业	66060	山东
9	中国东方电气集团有限公司	国有企业	42607	四川
10	中国恒天集团公司	国有企业	36880	北京
11	正泰集团有限公司	民营企业	31181	浙江
12	哈尔滨电气集团公司	国有企业	30623	黑龙江
13	上海人民企业(集团)有限公司	民营企业	28002	上海
14	人民电器集团有限公司	民营企业	27866	浙江

* 数据源自责任云（www. zerenyun. com）。

续表

序号	企业名称	企业性质	营业收入	总部所在地
15	中国第二重型机械集团公司	国有企业	4630	四　川
16	斗山(中国)投资有限公司	外资企业	—	韩　国
17	松下电器(中国)有限公司	外资企业	—	日　本
18	东芝集团(中国)	外资企业	—	日　本
19	日立(中国)有限公司	外资企业	—	日　本
20	中国第一重型机械集团公司	国有企业	—	河　南
21	小松(中国)投资有限公司	外资企业	—	日　本
22	艾默生(中国)	外资企业	—	美　国
23	西门子(中国)有限公司	外资企业	—	德　国
24	GE 中国	外资企业	—	美　国
25	ABB(中国)有限公司	外资企业	—	瑞　士
26	飞利浦电子(中国)集团	外资企业	—	荷　兰
27	施耐德(中国)投资有限公司	外资企业	—	法　国
28	卡特彼勒(中国)投资有限公司	外资企业	—	美　国
29	三井物产(中国)有限公司	外资企业	—	日　本

第二节　评价结果

装备制造业 29 家样本企业社会责任发展指数排名及得分如表 13－2 所示。

表 13－2　装备制造业企业社会责任发展指数（2013）

单位：分

排名	企业名称	企业性质	是否发布企业社会责任报告	官方网站是否有社会责任专栏	社会责任发展指数
1	中国东方电气集团有限公司	国有企业	有	无	72.1
2	斗山(中国)投资有限公司	外资企业	有	有	66.4
3	中国第二重型机械集团公司	国有企业	有	有	59.0

续表

排名	企业名称	企业性质	是否发布企业社会责任报告	官方网站是否有社会责任专栏	社会责任发展指数
4	中国机械工业集团有限公司	国有企业	有	有	55.8
5	松下电器(中国)有限公司	外资企业	有	有	51.3
6	上海电气集团股份有限公司	国有企业	有	有	50.4
7	中国中钢集团公司	国有企业	有	有	48.0
8	中国电力建设集团有限公司	国有企业	有	有	46.6
9	东芝集团(中国)	外资企业	无	有	42.2
10	日立(中国)有限公司	外资企业	无	有	33.4
11	中国第一重型机械集团公司	国有企业	有	有	31.3
12	小松(中国)投资有限公司	外资企业	无	有	22.1
13	正泰集团有限公司	民营企业	无	无	18.2
14	艾默生(中国)	外资企业	有	有	15.2
15	西门子(中国)有限公司	外资企业	无	有	14.9
15	GE 中国	外资企业	无	有	14.9
15	ABB(中国)有限公司	外资企业	无	有	14.9
18	飞利浦电子(中国)集团	外资企业	无	有	14.5
19	恒力集团有限公司	民营企业	无	有	12.3
20	中国恒天集团公司	国有企业	有	有	11.7
21	人民电器集团有限公司	民营企业	无	有	11.1
22	三一集团有限公司	民营企业	无	有	10.3
23	哈尔滨电气集团公司	国有企业	无	有	10.0
24	施耐德(中国)投资有限公司	外资企业	无	无	9.3
25	卡特彼勒(中国)投资有限公司	外资企业	无	无	8.1
26	中国通用技术(集团)控股有限责任公司	国有企业	无	有	5.3
27	三井物产(中国)有限公司	外资企业	无	有	3.3
28	上海人民企业(集团)有限公司	民营企业	无	无	1.7
29	山东大王集团有限公司	民营企业	无	无	0.5

第三节　阶段性特征

一　装备制造业社会责任发展指数为26.0分，总体处于起步者阶段

装备制造业社会责任发展指数平均得分为26.0分，处于起步者阶段，比2012年提高了5.7分；在本篇评价的14个行业中排第七名，较2012年排名上升两位（见图13－1）。

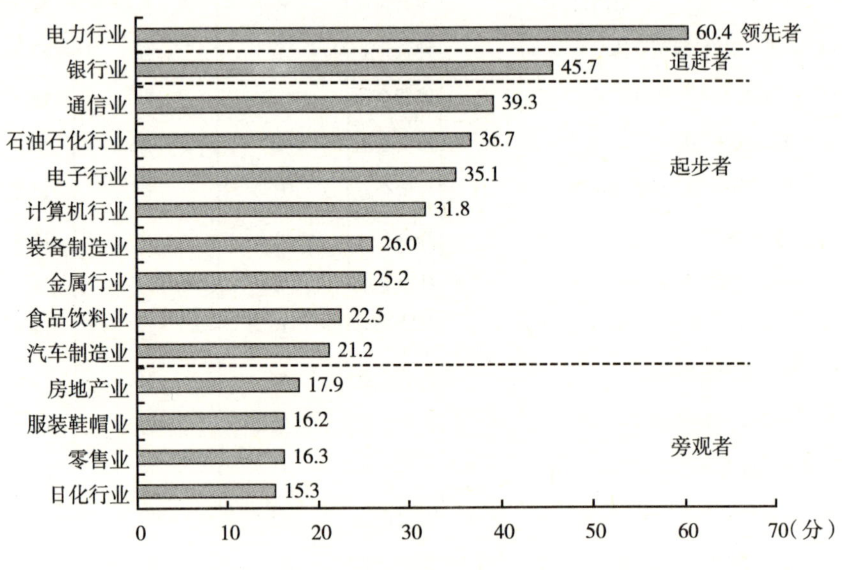

图13－1　装备制造业社会责任发展阶段与排名

二　行业内企业社会责任发展水平差距较大，多数企业社会责任发展水平处于旁观者阶段

装备制造业29家样本企业得分差距较大，中国东方电气集团有限公司企业社会责任发展指数得分最高，为72.1分；山东大王集团

有限公司得分最低，为0.5分。29家样本企业中没有卓越者，仅有2家企业为领先者，7家企业为追赶者，17家企业处于旁观者阶段。

表13-3　装备制造业社会责任发展阶段分布（2013）

单位：家

发展阶段	得分区间	企业名称	数量
1. 卓越者	80分以上		0
2. 领先者	60~80分	中国东方电气集团有限公司	2
		斗山(中国)投资有限公司	
3. 追赶者	40~60分	中国第二重型机械集团公司	7
		中国机械工业集团有限公司	
		松下电器(中国)有限公司	
		上海电气集团股份有限公司	
		中国中钢集团公司	
		中国电力建设集团有限公司	
		东芝集团(中国)	
4. 起步者	20~40分	日立(中国)有限公司	3
		中国第一重型机械集团公司	
		小松(中国)投资有限公司	
5. 旁观者	20分以下	正泰集团有限公司	17
		艾默生(中国)	
		西门子(中国)有限公司	
		GE中国	
		ABB(中国)有限公司	
		飞利浦电子(中国)集团	
		恒力集团有限公司	
		中国恒天集团公司	
		人民电器集团有限公司	
		三一集团有限公司	
		哈尔滨电气集团公司	
		施耐德(中国)投资有限公司	
		卡特彼勒(中国)投资有限公司	
		中国通用技术(集团)控股有限责任公司	
		三井物产(中国)有限公司	
		上海人民企业(集团)有限公司	
		山东大王集团有限公司	

三　国有企业社会责任发展指数领先外资和民营企业

国有装备制造企业社会责任发展指数为39.0分，外资企业社会责任发展指数为23.9分，均处于起步者阶段。民营企业社会责任发展指数得分为9.0分，处于旁观者阶段。与2012年相比，各性质企业社会责任指数均有明显增长。国有企业和外资企业社会责任发展指数提高较多，分别提高7.8分和6.0分（见图13－2）。

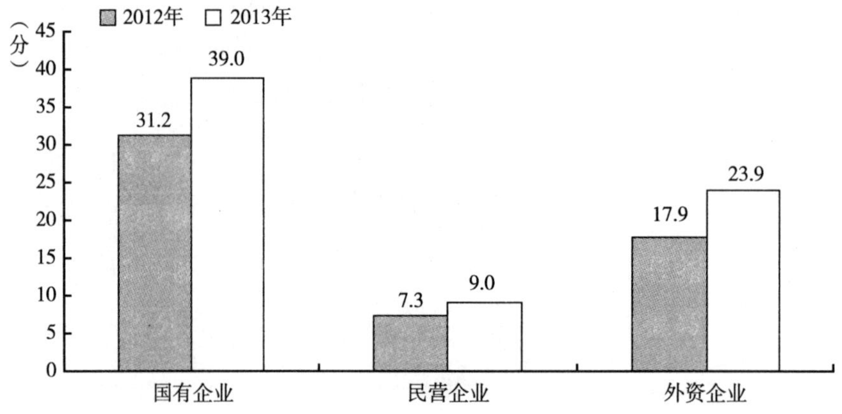

图13－2　不同性质企业的社会责任发展指数

四　责任实践指数得分高于责任管理指数，市场责任、环境责任和社会责任得分接近

装备制造业各责任指数得分较低且较为接近。市场责任、社会责任和环境责任指数均超过20分，处于起步者阶段；责任实践指数（25.5分）略高于责任管理指数（23.4分）。

与2012年相比，装备制造业各责任板块指数均有所增长。社会责任指数提高7.0分，市场责任指数和环境责任指数分别提高4.5分和4.6分。

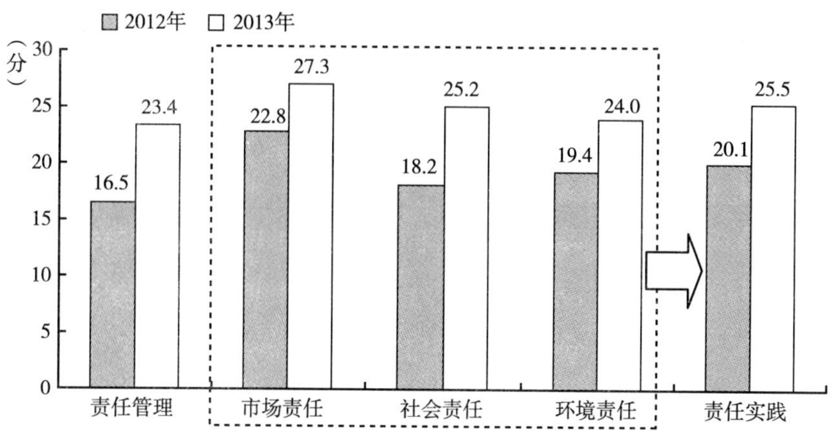

图 13－3　社会责任发展指数结构特征

五　仅 37.9%的企业发布社会责任报告，近八成企业设立社会责任专栏

社会责任报告是企业披露社会责任信息的重要工具和载体。在装备制造业的 29 家样本企业中，仅有 11 家企业发布社会责任报告，占样本企业数量的 37.9%；有 23 家企业在官方网站上设立了社会责任专栏，占样本企业的 79.3%。

六　7家企业排名上升超过 5 位，5 家企业排名下降 5 位以上

与 2012 年相比，中国电力建设集团有限公司与正泰集团有限公司排名上升最快，分别上升了 13 位和 12 位，位于第 8 名和第 13 名；而卡特彼勒（中国）投资有限公司、三井物产（中国）有限公司、GE 中国、中国通用技术（集团）控股有限责任公司和 ABB（中国）有限公司的名次较 2012 年都出现明显下降。

B.15

第十四章 金属行业社会责任发展指数（2013）*

第一节 评价样本

本章评价的金属行业主要包括黑色金属（钢、铁及钢铁合金）冶炼及压延加工业和有色金属（包括铜、锡、锑、铝、镁、钛、金等）冶炼及压延加工业。金属行业 26 家样本企业基本信息如表 14－1 所示。

表 14－1 金属行业样本企业基本信息

单位：百万元

序号	企业名称	企业性质	营业收入	总部所在地
1	中国五矿集团公司	国有企业	326865	北京
2	宝钢集团有限公司	国有企业	288226	上海
3	河北钢铁集团有限公司	国有企业	247828	河北
4	中国铝业公司	国有企业	244940	北京
5	江苏沙钢集团有限公司	民营企业	218036	江苏
6	首钢总公司	国有企业	216596	北京
7	武汉钢铁(集团)公司	国有企业	213773	湖北
8	新兴际华集团有限公司	国有企业	180313	北京
9	中国有色矿业集团有限公司	国有企业	152300	北京
10	鞍钢集团公司	国有企业	148825	辽宁
11	太原钢铁(集团)有限公司	国有企业	140504	山西
12	天津冶金集团有限公司	国有企业	95061	天津

* 数据源自责任云（www. zerenyun. com）。

续表

序号	企业名称	企业性质	营业收入	总部所在地
13	马钢（集团）控股有限公司	国有企业	81847	安　徽
14	中天钢铁集团有限公司	民营企业	70199	江　苏
15	新华联合冶金投资集团有限公司	民营企业	60022	北　京
16	河北津西钢铁集团股份有限公司	民营企业	52960	河　北
17	江苏华西集团公司	民营企业	52455	江　苏
18	天津荣程联合钢铁集团有限公司	民营企业	46012	天　津
19	日照钢铁控股集团有限公司	民营企业	45342	山　东
20	唐山瑞丰钢铁（集团）有限公司	民营企业	36241	河　北
21	江苏申特钢铁有限公司	民营企业	36027	江　苏
22	唐山港陆钢铁有限公司	民营企业	30192	河　北
23	上海华冶钢铁集团有限公司	民营企业	24413	上　海
24	河北文丰钢铁有限公司	民营企业	24303	河　北
25	山东南山铝业股份有限公司	民营企业	14870	山　东
26	浦项（中国）投资有限公司	外资企业	—	韩　国

第二节　评价结果

金属行业 26 家样本企业社会责任发展指数排名及得分如表 14－2所示。

表 14－2　金属行业企业社会责任发展指数（2013）

单位：分

排名	企业名称	企业性质	是否有社会责任报告	官方网站上是否有社会责任专栏	社会责任发展指数
1	中国铝业公司	国有企业	有	有	78.8
2	中国五矿集团公司	国有企业	有	有	72.6
3	太原钢铁（集团）有限公司	国有企业	有	有	67.0
4	武汉钢铁（集团）公司	国有企业	有	有	64.0

续表

排名	企业名称	企业性质	是否有社会责任报告	官方网站上是否有社会责任专栏	社会责任发展指数
5	宝钢集团有限公司	国有企业	有	有	63.9
6	浦项(中国)投资有限公司	外资企业	有	有	58.9
7	中国有色矿业集团有限公司	国有企业	有	有	53.0
8	首钢总公司	国有企业	有	无	33.6
9	河北钢铁集团有限公司	国有企业	有	有	27.2
10	新兴际华集团有限公司	国有企业	无	有	24.3
11	山东南山铝业股份有限公司	民营企业	有	无	20.4
12	中天钢铁集团有限公司	民营企业	无	无	20.1
13	鞍钢集团公司	国有企业	无	有	17.5
14	天津荣程联合钢铁集团有限公司	民营企业	无	无	10.0
15	日照钢铁控股集团有限公司	民营企业	无	有	9.8
16	马钢(集团)控股有限公司	国有企业	无	无	7.5
17	河北津西钢铁集团股份有限公司	民营企业	无	无	7.1
18	江苏沙钢集团有限公司	民营企业	无	无	4.5
19	唐山港陆钢铁有限公司	民营企业	无	无	4.3
20	唐山瑞丰钢铁(集团)有限公司	民营企业	无	无	3.8
21	上海华冶钢铁集团有限公司	民营企业	无	无	3.3
22	新华联合冶金投资集团有限公司	民营企业	无	无	2.9
23	天津冶金集团有限公司	国有企业	无	无	2.0
24	河北文丰钢铁有限公司	民营企业	无	无	0.0
24	江苏华西集团公司	民营企业	无	无	0.0
24	江苏申特钢铁有限公司	民营企业	无	无	0.0

第三节　阶段性特征

一　金属行业社会责任发展指数为25.2分，总体处于起步者阶段

金属行业社会责任发展指数平均得分为25.2分，处于起步者阶

段，比 2012 年降低了 2.8 分；在本篇评价的 14 个行业中排第八名，比 2012 年下降了一名（见图 14－1）。

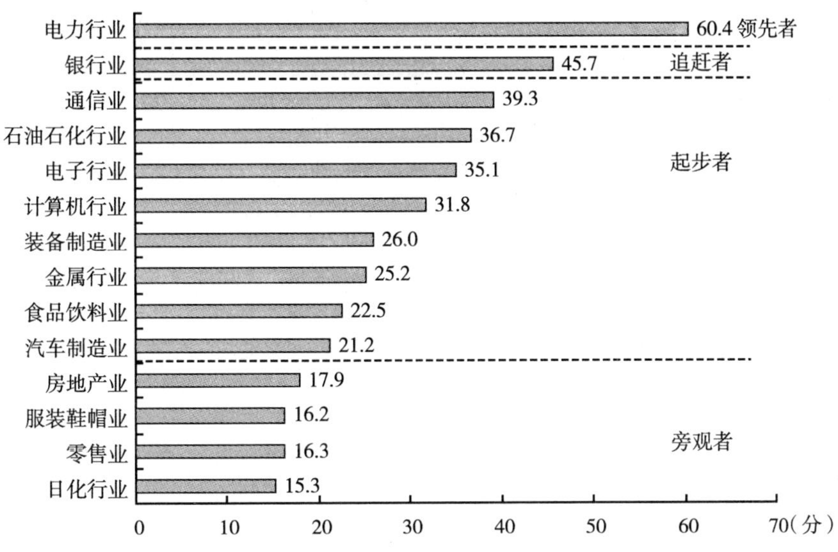

图 14－1　金属行业社会责任发展阶段与排名

二　行业内企业社会责任发展水平差距较大，过半企业仍在旁观

金属行业的 26 家样本企业得分差距较大，中国铝业公司企业社会责任发展指数得分最高，为 78.8 分；江苏华西集团公司、河北文丰钢铁有限公司和江苏申特钢铁有限公司因为没有发布相关社会责任信息，得分最低，均为 0 分。26 家样本企业中有 5 家企业为领先者；2 家企业为追赶者；5 家企业为起步者；14 家为旁观者，占企业数量的 53.8%（见表 14－3）。

表 14－3　金属行业社会责任发展阶段分布（2013）

单位：家

发展阶段	得分区间	企业名称	数量
1. 卓越者	80 分以上	—	0
2. 领先者	60～80 分	中国铝业公司	5
		中国五矿集团公司	
		宝钢集团有限公司	
		太原钢铁(集团)有限公司	
		武汉钢铁(集团)公司	
3. 追赶者	40～60 分	浦项(中国)投资有限公司	2
		中国有色矿业集团有限公司	
4. 起步者	20～40 分	首钢总公司	5
		河北钢铁集团有限公司	
		新兴际华集团有限公司	
		山东南山铝业股份有限公司	
		中天钢铁集团有限公司	
5. 旁观者	20 分以下	鞍钢集团公司	14
		天津荣程联合钢铁集团有限公司	
		日照钢铁控股集团有限公司	
		马钢(集团)控股有限公司	
		河北津西钢铁集团股份有限公司	
		江苏沙钢集团有限公司	
		唐山港陆钢铁有限公司	
		唐山瑞丰钢铁(集团)有限公司	
		上海华冶钢铁集团有限公司	
		新华联合冶金投资集团有限公司	
		天津冶金集团有限公司	
		河北文丰钢铁有限公司	
		江苏华西集团公司	
		江苏申特钢铁有限公司	

三　外资企业和国有企业处于追赶者阶段，民营企业较差，处于旁观者阶段

金属行业的外资企业社会责任发展指数平均得分较高，为58.9分，处于追赶者阶段；国有企业的社会责任发展指数平均得分为42.6分，处于追赶者阶段；民营企业仅为6.6分，处于旁观者阶段（见图14－2）。

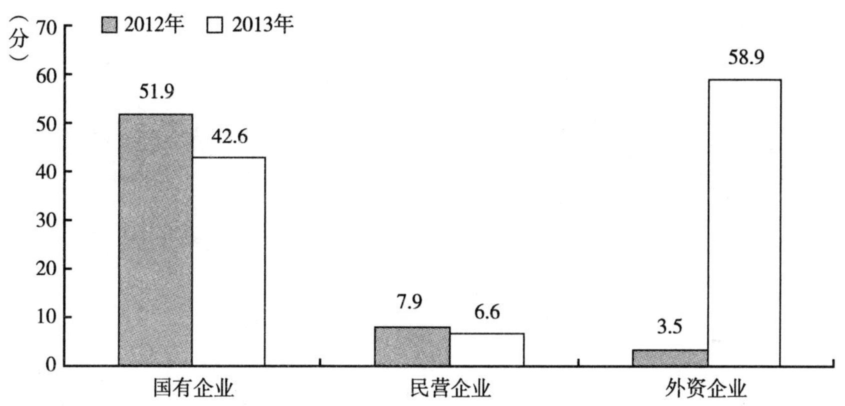

图14－2　不同性质企业的社会责任发展指数

与2012年相比，国有企业和民营企业的社会责任发展指数均有所下降，国有企业社会责任发展指数降低了9.3分；民营企业社会责任发展指数降低了1.3分；唯一的一家外资企业——浦项（中国）投资有限公司，社会责任发展指数较2012年提高了55.4分。

四　责任实践领先于责任管理，市场责任指数领先于社会责任和环境责任指数

金属行业责任实践指数得分（26.6分）高于责任管理指数得分（18.8分）。责任实践三个责任板块均处于起步者阶段。其中，市场

责任指数得分最高，为 31.6 分；其次是社会责任指数，为 27.4 分；环境责任指数得分最低，为 20.9 分。

同 2012 年相比，四个责任领域的分数均有所下降。其中，市场责任指数下降幅度最大，下降了 2.5 分（见图 14－3）。

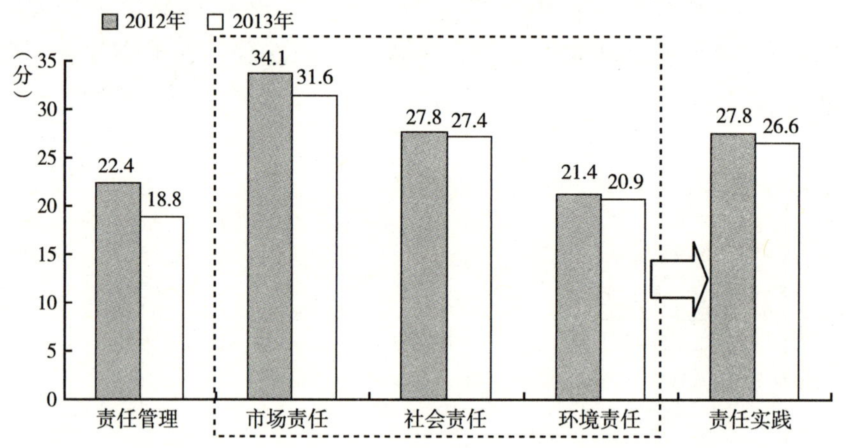

图 14－3　金属行业社会责任发展指数结构特征

五　38.5%的企业发布社会责任报告，社会责任信息披露机制仍需改善

该行业 26 家样本企业仅有 10 家企业发布了企业社会责任报告，占企业总数的 38.5%。同 2012 年相比，发布社会责任报告的企业数量减少了 1 家。此外，有 11 家企业的官方网站上设立了社会责任专栏，占样本企业的 42.3%。可见，金属行业企业社会责任信息渠道建设仍需加强。

六　3家企业排名上升超过 5 位，6 家企业排名下降 5 位

与 2012 年相比，浦项（中国）投资有限公司进步最显著，从

2012 年的第 26 名跃升为 2013 年的第 6 名，前进了 20 名，山东南山铝业股份有限公司进步幅度也较明显，从 2012 年的第 25 名上升到 2013 年的第 11 名；而天津冶金集团有限公司、江苏沙钢集团有限公司、江苏华西集团公司退步幅度比较大，分别退步了 11 名、12 名、11 名。

B.16

第十五章 食品饮料业社会责任发展指数（2013）*

第一节 评价样本

本章评价的食品饮料业是指从事食品和饮料加工生产的行业，主要包括三大类：农副食品加工、食品制造及酒精和饮料制造。食品饮料业36家样本企业基本信息如表15－1所示。

表15－1 食品饮料业样本企业基本信息

单位：百万元

序号	企业名称	企业性质	营业收入	总部所在地
1	中粮集团有限公司	国有企业	200329	北京
2	雨润控股集团有限公司	民营企业	106170	江苏
3	新希望集团有限公司	民营企业	80639	四川
4	杭州娃哈哈集团有限公司	民营企业	63635	浙江
5	四川宜宾五粮液集团有限公司	国有企业	60089	四川
6	山东新希望六和集团有限公司	民营企业	57691	山东
7	康师傅控股有限公司	外资企业	56469	中国台湾
8	临沂新程金锣肉制品集团有限公司	民营企业	42217	山东
9	内蒙古伊利实业集团股份有限公司	民营企业	41991	内蒙古
10	通威集团有限公司	民营企业	41274	四川

* 数据源自责任云（www. zerenyun. com）。

续表

序号	企业名称	企业性质	营业收入	总部所在地
11	河南双汇投资发展股份有限公司	民营企业	39705	河　南
12	内蒙古蒙牛乳业集团股份有限公司	国有企业	36080	内蒙古
13	中国盐业总公司	国有企业	34743	北　京
14	中国贵州茅台酒厂(集团)有限责任公司	国有企业	30450	贵　州
15	青岛啤酒股份有限公司	国有企业	25782	山　东
16	统一企业中国控股有限公司	外资企业	21406	中国台湾
17	北京二商集团有限责任公司	国有企业	18117	北　京
18	江苏洋河酒厂股份有限公司	国有企业	17270	江　苏
19	光明乳业股份有限公司	国有企业	13775	上　海
20	山东鲁花集团有限公司	民营企业	10233	山　东
21	维维食品饮料股份有限公司	民营企业	5810	江　苏
22	中国汇源果汁集团有限公司	外资企业	3981	北　京
23	北京三元食品股份有限公司	国有企业	3553	北　京
24	郑州三全食品股份有限公司	民营企业	2681	河　南
25	山东得利斯食品股份有限公司	民营企业	1975	山　东
26	百事(中国)投资有限公司	外资企业	—	美　国
27	达能(中国)有限公司	外资企业	—	法　国
28	华润雪花啤酒(中国)有限公司	国有企业	—	北　京
29	箭牌糖果(中国)有限公司	外资企业	—	美　国
30	可口可乐(中国)饮料有限公司	外资企业	—	美　国
31	联合利华(中国)有限公司	外资企业	—	英　国
32	农夫山泉股份有限公司	民营企业	—	浙　江
33	雀巢中国有限公司	外资企业	—	瑞　士
34	雅培中国	外资企业	—	美　国
35	燕京啤酒集团公司	国有企业	—	北　京
36	亿滋中国	外资企业	—	美　国

第二节 评价结果

食品饮料业36家样本企业社会责任发展指数排名及得分如表15－2所示。

表15－2 食品饮料业企业社会责任发展指数（2013）

单位：分

排名	企业名称	企业性质	是否发布企业社会责任报告	企业官方网站上是否有社会责任专栏	社会责任发展指数
1	中国盐业总公司	国有企业	有	有	68.5
2	青岛啤酒股份有限公司	国有企业	有	有	43.6
3	光明乳业股份有限公司	国有企业	有	无	40.2
4	江苏洋河酒厂股份有限公司	国有企业	有	无	38.1
5	中粮集团有限公司	国有企业	有	有	34.2
6	联合利华(中国)有限公司	外资企业	无	有	32.7
7	内蒙古蒙牛乳业集团股份有限公司	国有企业	无	有	31.5
8	郑州三全食品股份有限公司	民营企业	有	有	31.0
9	河南双汇投资发展股份有限公司	民营企业	有	无	29.8
10	内蒙古伊利实业集团股份有限公司	民营企业	无	有	29.7
11	北京三元食品股份有限公司	国有企业	无	无	27.8
12	可口可乐(中国)饮料有限公司	外资企业	无	有	27.0
12	中国贵州茅台酒厂(集团)有限责任公司	国有企业	无	有	27.0
14	亿滋中国	外资企业	无	有	24.1
15	统一企业中国控股有限公司	外资企业	无	有	24.0
16	维维食品饮料股份有限公司	民营企业	无	无	21.1
17	燕京啤酒集团公司	国有企业	无	无	20.4
18	杭州娃哈哈集团有限公司	民营企业	无	有	20.3
19	箭牌糖果(中国)有限公司	外资企业	无	有	20.2
20	百事(中国)投资有限公司	外资企业	无	无	19.0

续表

排名	企业名称	企业性质	是否发布企业社会责任报告	企业官方网站上是否有社会责任专栏	社会责任发展指数
21	山东得利斯食品股份有限公司	民营企业	无	无	18.4
22	雅培中国	外资企业	无	有	16.7
22	雀巢中国有限公司	外资企业	无	无	16.7
24	四川宜宾五粮液集团有限公司	国有企业	无	有	16.4
25	康师傅控股有限公司	外资企业	无	无	16.0
26	中国汇源果汁集团有限公司	外资企业	无	有	15.4
27	山东新希望六和集团有限公司	民营企业	无	有	13.8
28	通威集团有限公司	民营企业	无	无	13.5
29	达能（中国）有限公司	外资企业	无	有	13.2
30	临沂新程金锣肉制品集团有限公司	民营企业	无	有	12.5
31	北京二商集团有限责任公司	国有企业	无	无	11.9
32	新希望集团有限公司	民营企业	无	有	10.6
33	山东鲁花集团有限公司	民营企业	无	无	9.6
34	雨润控股集团有限公司	民营企业	无	有	8.1
35	农夫山泉股份有限公司	民营企业	无	无	4.2
36	华润雪花啤酒（中国）有限公司	国有企业	无	有	2.3

第三节　阶段性特征

一　食品饮料业社会责任发展指数为22.5分，处于起步者阶段

食品饮料业社会责任发展指数平均得分为22.5分，处于起步者阶段，比2012年提高4.6分；在本篇研究的14个行业中排第九名，较2012年上升了2位（见图15－1）。

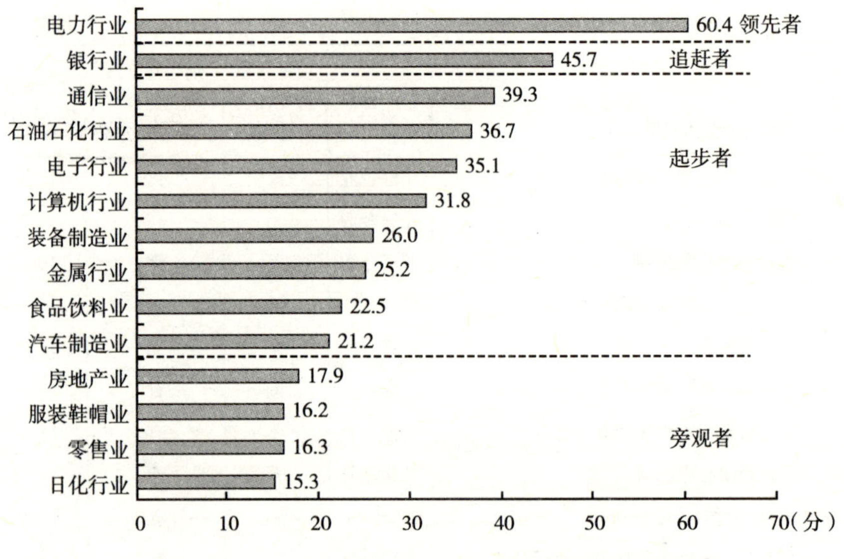

图 15－1　食品饮料业社会责任发展阶段与排名

二　1 家企业达到领先水平，近半数企业低于 20 分

食品饮料业 36 家样本企业得分差距较大，中国盐业总公司得分最高，为 68.5 分；华润雪花啤酒（中国）有限公司得分最低，为 2.3 分。样本企业中无卓越者；1 家企业为领先者；2 家企业为追赶者；17 家企业得分低于 20 分，为旁观者，社会责任管理与信息披露水平亟待提高（见表 15－3）。

表 15－3　食品饮料业社会责任发展阶段分布（2013）

单位：家

发展阶段	得分区间	企业名称	数量
1. 卓越者	80 分以上	—	0
2. 领先者	60～80 分	中国盐业总公司	1
3. 追赶者	40～60 分	青岛啤酒股份有限公司	2
		光明乳业股份有限公司	

续表

发展阶段	得分区间	企业名称	数量
4. 起步者	20～40 分	江苏洋河酒厂股份有限公司	16
		中粮集团有限公司	
		内蒙古蒙牛乳业集团股份有限公司	
		联合利华（中国）有限公司	
		郑州三全食品股份有限公司	
		河南双汇投资发展股份有限公司	
		内蒙古伊利实业集团股份有限公司	
		北京三元食品股份有限公司	
		可口可乐（中国）饮料有限公司	
		中国贵州茅台酒厂（集团）有限责任公司	
		亿滋中国	
		统一企业中国控股有限公司	
		维维食品饮料股份有限公司	
		燕京啤酒集团公司	
		杭州娃哈哈集团有限公司	
		箭牌糖果（中国）有限公司	
5. 旁观者	20 分以下	百事（中国）投资有限公司	17
		山东得利斯食品股份有限公司	
		雅培中国	
		雀巢中国有限公司	
		四川宜宾五粮液集团有限公司	
		康师傅控股有限公司	
		中国汇源果汁集团有限公司	
		山东新希望六和集团有限公司	
		通威集团有限公司	
		达能（中国）有限公司	
		临沂新程金锣肉制品集团有限公司	
		北京二商集团有限责任公司	
		新希望集团有限公司	
		山东鲁花集团有限公司	
		雨润控股集团有限公司	
		农夫山泉股份有限公司	
		华润雪花啤酒（中国）有限公司	

三 国有食品饮料企业的社会责任指数领先于民营和外资食品饮料企业

国有食品饮料企业社会责任发展指数为30.2分，外资食品饮料企业为20.5分，均处于起步者阶段。民营食品饮料企业社会责任发展指数为17.1分，处于旁观者阶段（见图15－2）。

与2012年相比，各性质企业社会责任指数均有增长。国有食品饮料企业社会责任发展指数提高了6.1分，增长幅度高于民营食品饮料企业（提高了2.0分）和外资食品饮料企业（提高了5.3分）。

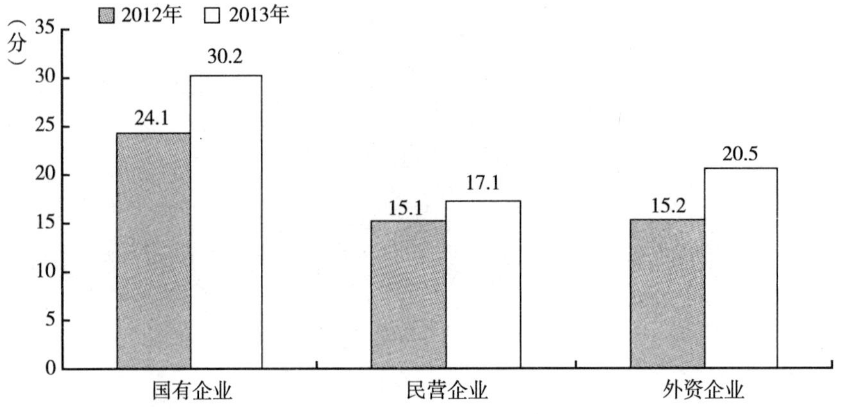

图15－2 不同性质企业的社会责任发展指数

四 食品饮料业责任实践领先于责任管理，市场责任指数高于环境责任和社会责任指数

食品饮料业市场责任指数为32.2分，处于起步者阶段；社会责任和环境责任均低于20分，处于旁观者阶段；责任实践指数（23.7分）高于责任管理指数（9.8分）（见图15－3）。

与2012年相比，食品饮料业社会责任指数总体上略有增长。市场责任增幅较大，提高了11.2分，食品饮料业加大了市场责任信息披露的力度，但责任管理略有退步，下降了0.7分。

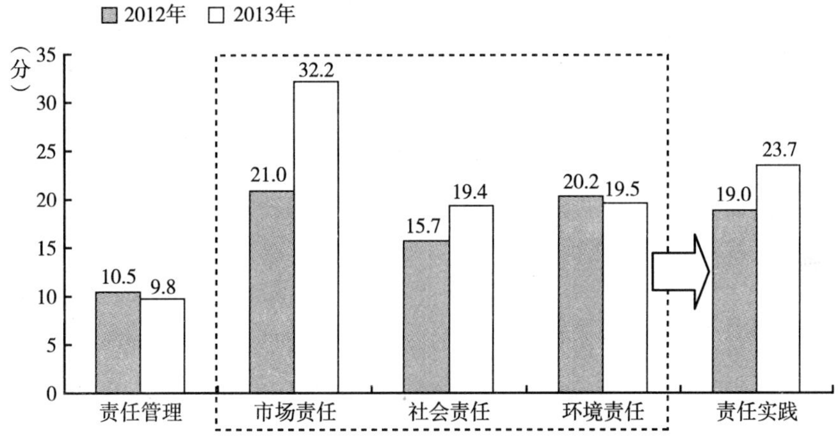

图15－3　食品饮料业社会责任发展指数结构特征

五　仅19.4%的企业发布社会责任报告，社会责任信息披露水平亟待提高

36家食品饮料企业中，7家企业发布了社会责任报告，占总数的19.4%；比2012年披露社会责任报告的企业减少3家。此外，有22家企业在官网上设立了社会责任专栏，占样本总数的61.1%。

六　12家企业排名上升超过5位，11家企业排名下降超过5位

与2012年相比，中国贵州茅台酒厂（集团）有限责任公司排名上升最快，上升了23位，位于第12名；内蒙古蒙牛乳业集团股份有

限公司、北京三元食品股份有限公司、维维食品饮料股份有限公司和燕京啤酒集团公司排名均上升超过10位，进步明显；然而，华润雪花啤酒（中国）有限公司排名降幅最大，下降了34位；山东得利斯食品股份有限公司、康师傅控股有限公司和通威集团有限公司名次均下降超过10位。

B.17
第十六章
汽车制造业社会责任发展指数（2013）*

第一节　评价样本

本章评价的汽车制造业30家样本企业基本信息如表16－1所示。

表16－1　汽车制造业样本企业基本信息

单位：百万元

序号	企业名称	企业性质	营业收入	总部所在地
1	上海汽车集团股份有限公司	国有企业	480980	上　海
2	雪铁龙(中国)投资有限公司	外资企业	451330	法　国
3	中国第一汽车集团公司	国有企业	409384	吉　林
4	东风汽车公司	国有企业	389421	湖　北
5	北京汽车集团有限公司	国有企业	210569	北　京
6	浙江吉利控股集团有限公司	民营企业	154895	浙　江
7	华晨汽车集团控股有限公司	国有企业	106700	辽　宁
8	比亚迪股份有限公司	民营企业	46854	广　东
9	长城汽车股份有限公司	民营企业	43160	河　北
10	安徽江淮汽车集团有限公司	国有企业	34832	安　徽
11	江铃汽车集团公司	民营企业	31109	江　西
12	陕西汽车集团有限责任公司	国有企业	31083	陕　西
13	奇瑞汽车股份有限公司	民营企业	30572	安　徽
14	山东时风(集团)有限责任公司	民营企业	28217	山　东
15	郑州宇通集团有限公司	民营企业	23755	河　南

* 数据源自责任云（www.zerenyun.com）。

续表

序号	企业名称	企业性质	营业收入	总部所在地
16	厦门金龙汽车集团股份有限公司	国有企业	19165	福　　建
17	广州汽车集团股份有限公司	国有企业	12964	广　　东
18	宝马(中国)	外资企业	—	德　　国
19	本田中国投资有限公司	外资企业	—	日　　本
20	大众汽车集团(中国)	外资企业	—	德　　国
21	丰田汽车(中国)投资有限公司	外资企业	—	日　　本
22	福特汽车(中国)有限公司	外资企业	—	美　　国
23	铃木(中国)投资有限公司	外资企业	—	日　　本
24	日产(中国)投资有限公司	外资企业	—	日　　本
25	天津汽车工业(集团)有限公司	国有企业	—	天　　津
26	通用汽车(中国)	外资企业	—	美　　国
27	沃尔沃(中国)投资有限公司	外资企业	—	瑞　　典
28	现代汽车中国投资有限公司	外资企业	—	韩　　国
29	中国长安汽车集团股份有限公司	国有企业	—	北　　京
30	中国重型汽车集团有限公司	国有企业	—	山　　东

第二节　评价结果

汽车制造业 30 家样本企业社会责任发展指数排名及得分如表 16 - 2 所示。

表 16 - 2　汽车制造业企业社会责任发展指数（2013）

单位：分

排名	企业名称	企业性质	是否发布企业社会责任报告	企业官方网站上是否有社会责任专栏	社会责任发展指数
1	北京汽车集团有限公司	国有企业	有	有	62.7
2	东风汽车公司	国有企业	有	有	61.6
3	上海汽车集团股份有限公司	国有企业	有	有	61.2

续表

排名	企业名称	企业性质	是否发布企业社会责任报告	企业官方网站上是否有社会责任专栏	社会责任发展指数
4	广州汽车集团股份有限公司	国有企业	有	无	47.0
4	浙江吉利控股集团有限公司	民营企业	有	有	47.0
6	丰田汽车（中国）投资有限公司	外资企业	有	有	34.3
7	中国第一汽车集团公司	国有企业	有	有	26.7
8	长城汽车股份有限公司	民营企业	有	无	25.3
9	比亚迪股份有限公司	民营企业	无	有	24.2
10	通用汽车（中国）	外资企业	无	有	22.3
11	沃尔沃（中国）投资有限公司	外资企业	无	有	22.2
12	宝马（中国）	外资企业	有	有	21.0
13	本田中国投资有限公司	外资企业	无	有	18.9
14	郑州宇通集团有限公司	民营企业	无	有	18.5
15	现代汽车中国投资有限公司	外资企业	无	有	16.5
16	日产（中国）投资有限公司	外资企业	无	有	16.2
16	山东时风（集团）有限责任公司	民营企业	无	无	16.2
18	厦门金龙汽车集团股份有限公司	国有企业	无	有	15.4
19	福特汽车（中国）有限公司	外资企业	无	有	14.3
20	雪铁龙（中国）投资有限公司	外资企业	无	无	9.7
21	中国重型汽车集团有限公司	国有企业	无	无	9.0
22	奇瑞汽车股份有限公司	民营企业	无	有	8.0
23	华晨汽车集团控股有限公司	国有企业	无	无	7.3
24	大众汽车集团（中国）	外资企业	无	无	7.0
25	安徽江淮汽车集团有限公司	国有企业	无	无	6.5
25	中国长安汽车集团股份有限公司	国有企业	无	有	6.5
27	江铃汽车集团公司	民营企业	无	无	5.5
28	陕西汽车集团有限责任公司	国有企业	无	无	5.0
29	铃木（中国）投资有限公司	外资企业	无	无	1.0
30	天津汽车工业（集团）有限公司	国有企业	无	无	0.0

第三节 阶段性特征

一 汽车制造业社会责任发展指数为21.2分，总体处于起步者阶段

汽车制造业社会责任发展指数平均得分为21.2分，处于起步者阶段，比2012年提高6.6分；在本篇研究的14个行业中排第十名，比2012年上升2位（见图16-1）。

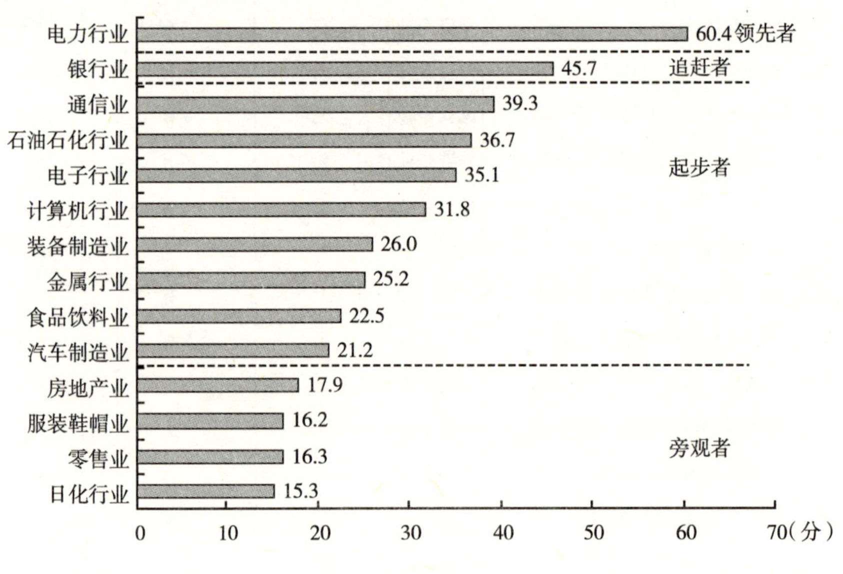

图16-1 汽车制造业社会责任发展阶段与排名

二 3家企业达到领先者，大部分企业仍在旁观

汽车制造业30家样本企业得分差距较大，北京汽车集团有限公司得分最高，为62.7分；天津汽车工业（集团）有限公司得分最

低，为0分。样本企业中没有卓越者，3家企业为领先者，2家企业为追赶者，18家企业仍在旁观（见表16－3）。

表16－3　汽车制造业社会责任发展阶段分布（2013）

单位：家

发展阶段	得分区间	企业名称	数量
1. 卓越者	80分以上	—	0
2. 领先者	60～80分	北京汽车集团有限公司	3
		东风汽车公司	
		上海汽车集团股份有限公司	
3. 追赶者	40～60分	广州汽车集团股份有限公司	2
		浙江吉利控股集团有限公司	
4. 起步者	20～40分	丰田汽车(中国)投资有限公司	7
		中国第一汽车集团公司	
		长城汽车股份有限公司	
		比亚迪股份有限公司	
		通用汽车(中国)	
		沃尔沃(中国)投资有限公司	
		宝马(中国)	
5. 旁观者	20分以下	本田中国投资有限公司	18
		郑州宇通集团有限公司	
		现代汽车中国投资有限公司	
		日产(中国)投资有限公司	
		山东时风(集团)有限责任公司	
		厦门金龙汽车集团股份有限公司	
		福特汽车(中国)有限公司	
		雪铁龙(中国)投资有限公司	
		中国重型汽车集团有限公司	
		奇瑞汽车股份有限公司	
		华晨汽车集团控股有限公司	
		大众汽车集团(中国)	
		安徽江淮汽车集团有限公司	
		中国长安汽车集团股份有限公司	
		江铃汽车集团公司	
		陕西汽车集团有限责任公司	
		铃木(中国)投资有限公司	
		天津汽车工业(集团)有限公司	

三　国有汽车制造企业的社会责任指数领先于民营和外资汽车制造企业

国有汽车制造企业社会责任发展指数（25.7 分）高于民营企业（20.7 分）和外资企业（16.7 分）。三家国有企业——北京汽车集团有限公司、东风汽车公司和上海汽车集团股份有限公司进入领先者阶段，处于汽车制造业前列。外资企业社会责任管理和信息披露不足，处于旁观者阶段。

与 2012 年相比，各性质企业社会责任指数均有显著增长，国有汽车制造企业社会责任指数提高 8.0 分，增幅大于民营汽车制造企业（提高了 5.4 分）和外资汽车制造企业（提高了 5.8 分）。

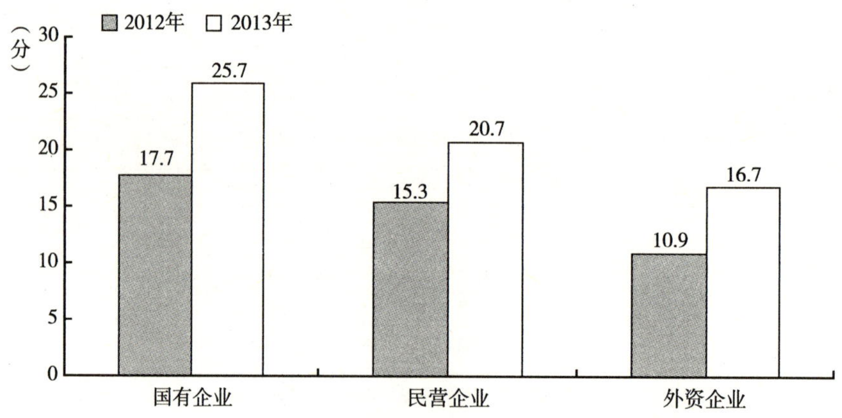

图 16－2　不同性质企业的社会责任发展指数

四　责任实践领先于责任管理，市场责任指数高于社会责任和环境责任指数

汽车制造业各责任板块指数均低于 40 分，市场责任指数最高，

为25.7分，责任管理和社会责任指数均不足20分。将市场责任、社会责任和环境责任得分取算术平均值计算出责任实践指数，得到责任实践指数（21.7分）高于责任管理指数（13.6分）。

与2012年相比，汽车制造业各责任板块指数均有所增长。其中，市场责任和环境责任指数涨幅较大，分别提高了7.0分和7.2分。可见，汽车制造业企业全面加大了企业社会责任信息披露的力度。

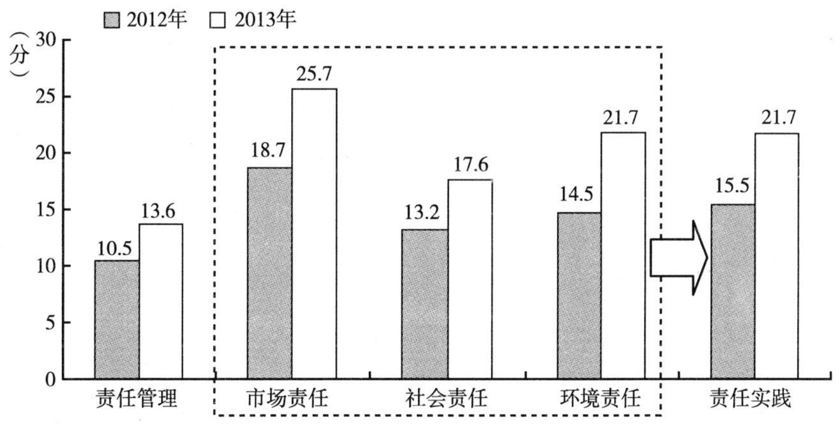

图16－3　汽车制造业社会责任发展指数结构特征

五　30.0%的企业发布社会责任报告，60%的企业设立社会责任专栏

在30家汽车制造企业中，9家企业发布了社会责任报告，占总数的30.0%，与2012年发布企业社会责任报告的企业数量持平。此外，有18家企业在官网上设立了社会责任专栏，占样本总数的60.0%。

六　7 家企业排名上升超过 5 位，9 家企业排名下降超过 5 位

与 2012 年的企业排名相比，广州汽车集团股份有限公司与中国第一汽车集团公司排名上升最快，均上升了 17 位，分别位于第 4 名和第 7 名；安徽江淮汽车集团有限公司降幅最大，下降了 23 位，位于第 25 名。

B.18
第十七章
房地产业社会责任发展指数（2013）*

第一节 评价样本

本章评价的房地产业是指从事基础设施建设、房屋建设，并转让房地产开发项目或者销售、出租商品房的行业。房地产业 31 家样本企业基本信息如表 17－1 所示。

表 17－1 房地产业样本企业基本信息

单位：百万元

序号	企业名称	企业性质	营业收入	总部所在地
1	大连万达集团股份有限公司	民营企业	141680	辽 宁
2	万科企业股份有限公司	民营企业	103116	广 东
3	新疆广汇实业投资(集团)有限责任公司	民营企业	82711	新 疆
4	广厦控股集团有限公司	民营企业	71000	浙 江
5	南山集团有限公司	民营企业	70846	山 东
6	保利房地产(集团)股份有限公司	国有企业	68906	广 东
7	恒大地产集团有限公司	民营企业	65261	广 东
8	浙江省兴合集团公司	民营企业	61548	浙 江
9	三胞集团有限公司	民营企业	53004	江 苏
10	中国海外发展有限公司	国有企业	51058	中国香港
11	碧桂园控股有限公司	民营企业	41891	广 东

* 数据源自责任云（www. zerenyun. com）。

续表

序号	企业名称	企业性质	营业收入	总部所在地
12	中天发展控股集团有限公司	民营企业	41323	浙　　江
13	新华联控股有限公司	民营企业	38228	湖　　南
14	华润置地有限公司	国有企业	35074	中国香港
15	金地(集团)股份有限公司	国有企业	32863	广　　东
16	江苏高力集团有限公司	民营企业	31075	江　　苏
17	广州富力地产股份有限公司	民营企业	30365	广　　东
18	远洋地产控股有限公司	国有企业	28658	中国香港
19	龙湖地产有限公司	外资企业	27893	北　　京
20	招商局地产控股股份有限公司	国有企业	25297	广　　东
21	世纪金源投资集团有限公司	民营企业	24993	北　　京
22	深圳华侨城房地产有限公司	国有企业	22284	广　　东
23	SOHO 中国有限公司	民营企业	15305	北　　京
24	绿城房地产集团有限公司	外资企业	11216	浙　　江
25	复地(集团)股份有限公司	民营企业	11123	上　　海
26	雅戈尔集团股份有限公司	民营企业	10733	浙　　江
27	金科地产集团股份有限公司	民营企业	10349	重　　庆
28	中粮地产(集团)股份有限公司	国有企业	7945	广　　东
29	江苏苏宁环球集团有限公司	民营企业	—	江　　苏
30	上海绿地(集团)有限公司	国有企业	—	上　　海
31	中信房地产股份有限公司	国有企业	—	北　　京

第二节　评价结果

房地产业 31 家样本企业社会责任发展指数排名及得分如表 17 - 2 所示。

表 17-2　房地产业企业社会责任发展指数（2013）

单位：分

排名	企业名称	企业性质	是否发布企业社会责任报告	企业官方网站上是否有社会责任专栏	社会责任发展指数
1	招商局地产控股股份有限公司	国有企业	有	无	60.7
2	万科企业股份有限公司	民营企业	有	有	55.3
3	远洋地产控股有限公司	国有企业	有	有	54.5
4	中国海外发展有限公司	国有企业	有	有	40.9
5	保利房地产(集团)股份有限公司	国有企业	有	无	40.8
6	中粮地产(集团)股份有限公司	国有企业	有	无	37.0
7	大连万达集团股份有限公司	民营企业	有	有	29.7
8	雅戈尔集团股份有限公司	民营企业	有	有	23.9
9	中信房地产股份有限公司	国有企业	无	有	19.2
10	碧桂园控股有限公司	民营企业	有	有	18.0
11	金科地产集团股份有限公司	民营企业	无	无	17.6
12	金地(集团)股份有限公司	国有企业	有	无	16.2
13	恒大地产集团有限公司	民营企业	有	有	15.3
14	上海绿地(集团)有限公司	国有企业	无	有	14.3
15	复地(集团)股份有限公司	民营企业	无	有	14.2
16	中天发展控股集团有限公司	民营企业	无	有	11.3
17	华润置地有限公司	国有企业	无	有	9.8
18	三胞集团有限公司	民营企业	无	有	9.0
19	广州富力地产股份有限公司	民营企业	无	有	8.9
20	龙湖地产有限公司	外资企业	无	无	7.3
21	南山集团有限公司	民营企业	无	无	7.1
22	世纪金源投资集团有限公司	民营企业	无	无	7.0
23	江苏苏宁环球集团有限公司	民营企业	无	有	6.2
24	江苏高力集团有限公司	民营企业	无	有	6.1
25	广厦控股集团有限公司	民营企业	无	有	5.5
26	新疆广汇实业投资(集团)有限责任公司	民营企业	无	有	5.3
27	绿城房地产集团有限公司	外资企业	无	有	4.1
28	SOHO 中国有限公司	民营企业	无	无	3.5
29	深圳华侨城房地产有限公司	国有企业	无	无	3.2
30	新华联控股有限公司	民营企业	无	有	1.9
31	浙江省兴合集团公司	民营企业	无	无	1.2

第三节 阶段性特征

一 房地产业社会责任发展指数为17.9分，总体处于旁观者阶段

房地产业社会责任发展指数平均得分为17.9分，与2012年得分相同，处于旁观者阶段；在本篇研究的14个行业中排名第11位，较2012年下降了1位。

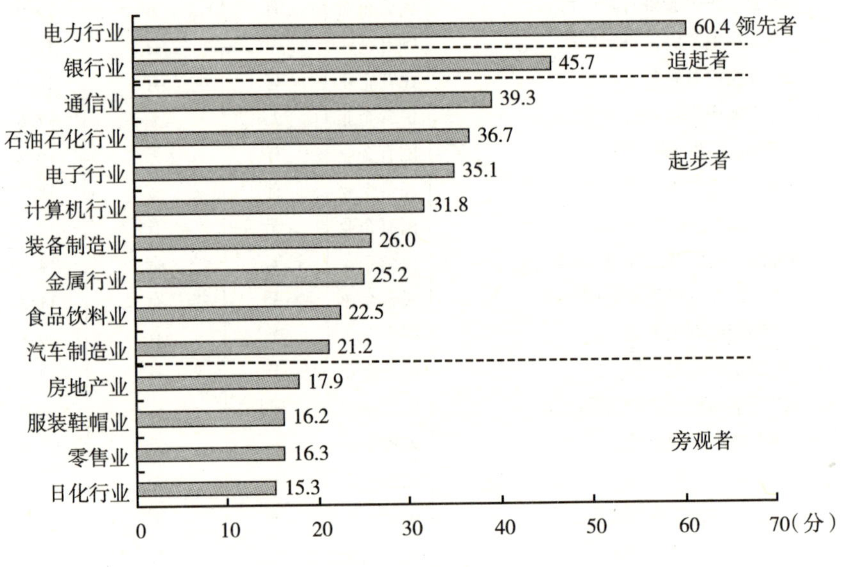

图17－1 房地产业社会责任发展阶段与排名

二 超过七成企业仍在旁观

房地产业的31家样本企业得分差距较大，招商局地产控股股份有限公司得分最高，为60.7分，浙江省兴合集团公司得分最低，为

表 17-3 房地产业社会责任发展阶段分布（2013）

单位：家

发展阶段	得分区间	企业名称	数量
1. 卓越者	80 分以上	—	0
2. 领先者	60～80 分	招商局地产控股股份有限公司	1
3. 追赶者	40～60 分	万科企业股份有限公司	4
		远洋地产控股有限公司	
		中国海外发展有限公司	
		保利房地产（集团）股份有限公司	
4. 起步者	20～40 分	中粮地产（集团）股份有限公司	3
		大连万达集团股份有限公司	
		雅戈尔集团股份有限公司	
5. 旁观者	20 分以下	中信房地产股份有限公司	23
		碧桂园控股有限公司	
		金科地产集团股份有限公司	
		金地（集团）股份有限公司	
		恒大地产集团有限公司	
		上海绿地（集团）有限公司	
		复地（集团）股份有限公司	
		中天发展控股集团有限公司	
		华润置地有限公司	
		三胞集团有限公司	
		广州富力地产股份有限公司	
		龙湖地产有限公司	
		南山集团有限公司	
		世纪金源投资集团有限公司	
		江苏苏宁环球集团有限公司	
		江苏高力集团有限公司	
		广厦控股集团有限公司	
		新疆广汇实业投资（集团）有限责任公司	
		绿城房地产集团有限公司	
		SOHO 中国有限公司	
		深圳华侨城房地产有限公司	
		新华联控股有限公司	
		浙江省兴合集团公司	

1.2分，两者相差59.5分。样本企业中没有企业为卓越者；1家企业为领先者；4家企业为追赶者；3家企业为起步者；23家企业（占74.2%）得分低于20分，处于旁观者阶段，企业社会责任与信息披露水平亟待提高（见表17-3）。

三 国有房地产企业社会责任发展指数领先于民营和外资房地产企业

国有房地产企业社会责任发展指数为29.7分，处于起步者阶段。其中，招商局地产控股股份有限公司得分为60.7分，是唯一进入领先者阶段的房地产企业。民营和外资房地产企业社会责任发展指数得分分别是13.0分和5.7分，处于旁观者阶段，社会责任意识不强，社会责任管理和信息披露水平亟待提高。

与2012年相比，国有和外资房地产企业社会责任指数分别下降1.5分和0.3分，而民营房地产企业社会责任指数提高1.2分（见图17-2）。

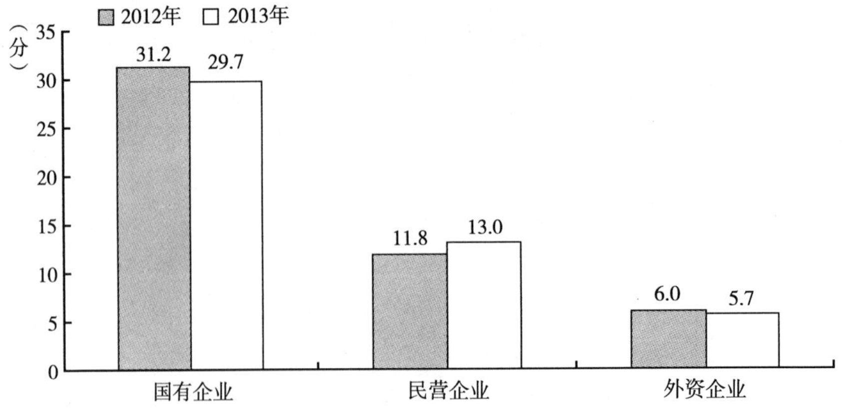

图17-2 不同性质企业的社会责任发展指数

四　责任实践领先于责任管理，市场责任指数高于社会责任和环境责任指数

房地产业市场责任得分为24.5分，处于起步者阶段；社会责任和环境责任得分均低于20分，处于旁观者阶段。将市场责任、社会责任和环境责任指数取算术平均值计算出责任实践指数，得到责任实践指数（17.2分）高于责任管理指数（11.0分）。

与2012年相比，房地产业市场责任指数提高3.8分，但责任管理、社会责任和环境责任指数均有所下降（见图17－3）。

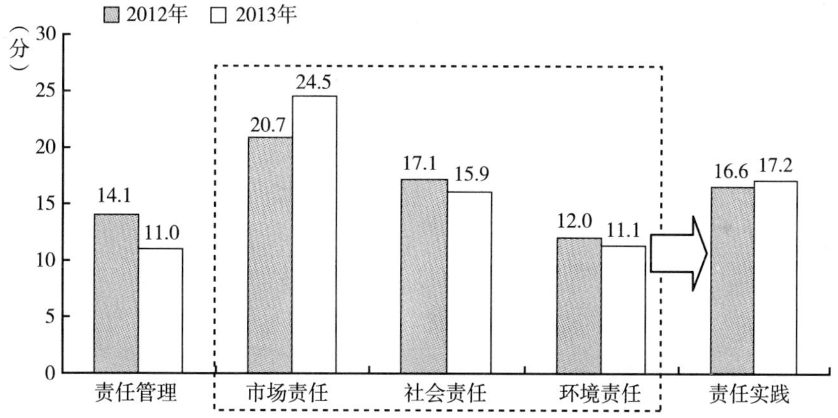

图17－3　房地产业社会责任发展指数结构特征

五　35.5%的样本企业发布了社会责任报告，超过六成企业设立社会责任专栏

在31家房地产企业中，11家企业发布了企业社会责任报告，占总数的35.5%，比2012年发布社会责任报告的房地产企业数量增加2家。此外，有20家房地产企业在官方网站上设立了社会责任专栏，占样本总数的64.5%。

六 6 家企业排名上升超过 5 位，7 家企业排名下降超过 5 位

与 2012 年相比，中国海外发展有限公司与金科地产集团股份有限公司排名上升最快，分别上升了 23 位和 17 位，位于第 4 名和第 11 名；深圳华侨城房地产有限公司、华润置地有限公司和浙江省兴合集团公司的排名较 2012 年均下降超过 15 位。

B.19
第十八章
服装鞋帽行业社会责任发展指数（2013）*

第一节　评价样本

本章评价的服装鞋帽行业包括纺织服装制造、纺织面料鞋的制造和制帽业，服装鞋帽行业 7 家样本企业基本信息如表 18－1 所示。

表 18－1　服装鞋帽行业样本企业基本信息

单位：百万元

序号	企业名称	企业性质	营业收入	总部所在地
1	红豆集团有限公司	民营企业	40212	江　苏
2	海澜集团有限公司	民营企业	33019	江　苏
3	江苏阳光集团有限公司	民营企业	32084	江　苏
4	雅戈尔集团股份有限公司	民营企业	10733	浙　江
5	上海美特斯邦威服饰股份有限公司	民营企业	9500	上　海
6	耐克体育（中国）有限公司	外资企业	—	美　国
7	阿迪达斯（中国）有限公司	外资企业	—	德　国

第二节　评价结果

服装鞋帽行业 7 家样本企业社会责任发展指数排名及得分如表 18－2 所示。

---

* 数据源自责任云（www.zerenyun.com）。

表 18－2　服装鞋帽行业企业社会责任发展指数（2013）

单位：分

排名	企业名称	是否有社会责任报告	官方网站上是否有社会责任专栏	社会责任发展指数
1	阿迪达斯(中国)有限公司	无	有	34.6
2	雅戈尔集团股份有限公司	有	有	23.9
3	上海美特斯邦威服饰股份有限公司	有	无	20.9
4	江苏阳光集团有限公司	无	无	13.1
5	红豆集团有限公司	无	有	9.8
6	海澜集团有限公司	无	无	6.6
7	耐克体育(中国)有限公司	无	无	4.5

第三节　阶段性特征

一　服装鞋帽行业社会责任发展指数为16.2分，总体处于旁观者阶段

服装鞋帽行业社会责任发展指数平均得分为16.2分，处于旁观者阶段；在研究的14个行业中排第13名，处于各行业的下游位置，具有很大提升空间（见图18－1）。

二　行业内企业社会责任发展水平差距较小

服装鞋帽行业的7家样本企业得分差距较小，阿迪达斯（中国）有限公司的社会责任发展指数最高，得分为34.6分，耐克体育（中国）有限公司的社会责任发展指数最低，得分为4.5分，最高分与最低分两者相差30.1分。7家样本企业中有3家企业为起步者；4家企业为旁观者，旁观者数量占行业内企业总数的57.1%（见表18－3）。

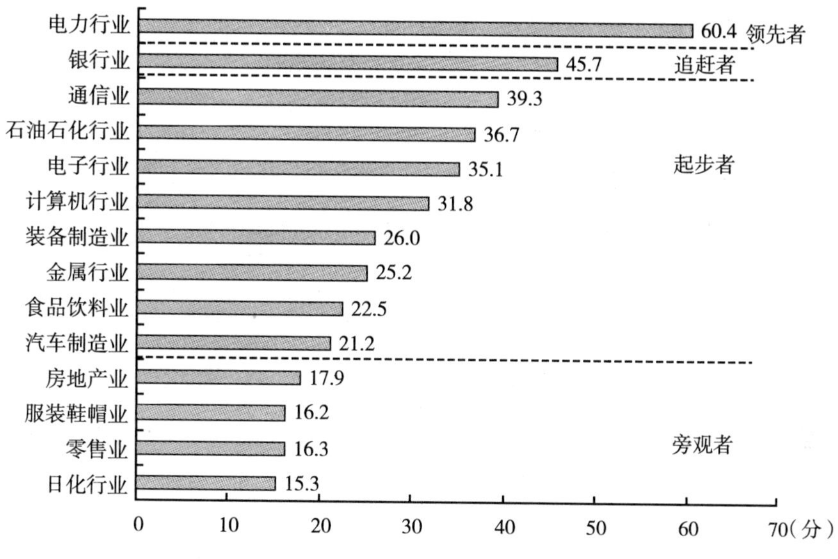

图 18－1　服装鞋帽行业社会责任发展阶段与排名

三　外资企业和民营企业均处于旁观者阶段

在服装鞋帽行业，外资企业社会责任发展指数平均得分较高，为16.2分，但仍处于旁观者阶段；民营企业的社会责任发展指数平均得分为14.8分（见图18－2）。

表 18－3　服装鞋帽行业社会责任发展阶段分布（2013）

单位：家

发展阶段	得分区间	企业名称	数量
1. 卓越者	80分以上	—	0
2. 领先者	60～80分	—	0
3. 追赶者	40～60分	—	0
4. 起步者	20～40分	阿迪达斯（中国）有限公司	3
		雅戈尔集团股份有限公司	
		上海美特斯邦威服饰股份有限公司	

续表

发展阶段	得分区间	企业名称	数量
5. 旁观者	20 分以下	江苏阳光集团有限公司	4
		红豆集团有限公司	
		海澜集团有限公司	
		耐克体育(中国)有限公司	

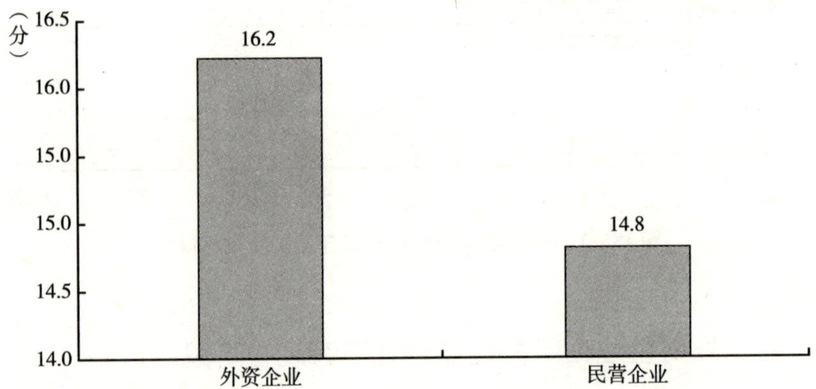

图 18－2　服装鞋帽行业不同性质企业的社会责任发展指数

四　责任实践领先于责任管理，市场责任指数领先于社会责任和环境责任指数

服装鞋帽行业责任实践指数得分（17.3 分）高于责任管理得分(10.4 分)。市场责任指数得分最高，为 24.5 分，处于起步者阶段；其次是社会责任指数，为 16.5 分，环境责任指数得分最低，为 11.0 分，二者均处于旁观者阶段（见图 18－3）。

五　仅28.6%的企业发布社会责任报告，社会责任信息披露机制建设亟待加强

在 7 家样本企业中，有 2 家企业发布了 2012 年度社会责任报告，

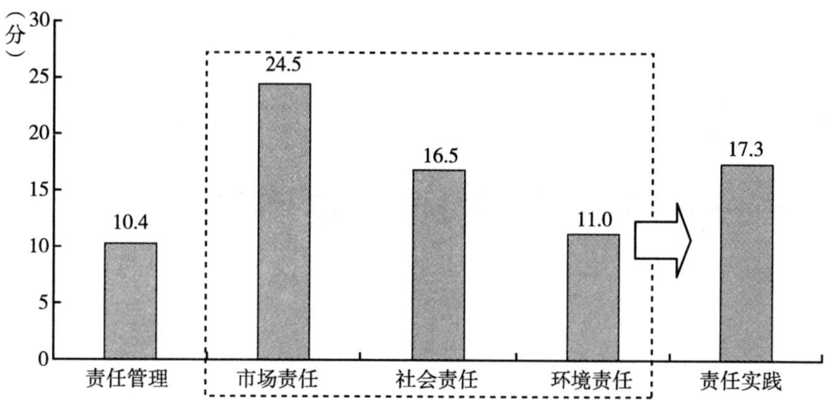

图 18－3　服装鞋帽行业社会责任发展指数结构特征

占行业样本企业总数量的 28.6%。发布报告的这两家企业均是民营企业。另外，7 家样本企业中有 3 家在官方网站上设立了社会责任专栏，占样本企业的 42.9%。可见，服装鞋帽行业企业社会责任信息披露机制建设亟待加强。

B.20

第十九章 零售业社会责任发展指数（2013）*

第一节 评价样本

本章评价的零售业是指百货商店、超级市场、专门零售商店、品牌专卖店、售货摊等主要面向最终消费者（如居民等）的销售行业，包括以互联网、邮政、电话、售货机等方式从事销售活动的企业，谷物、种子、饲料、牲畜、矿产品、生产用原料、化工原料、农用化工产品、机械设备（乘用车、计算机及通信设备除外）等生产资料的销售不作为零售活动。零售业 30 家样本企业的基本信息如表 19－1 所示。

表 19－1 零售业样本企业基本信息

单位：百万元

序号	企业名称	企业性质	营业收入	总部所在地
1	百联集团有限公司	国有企业	159009	上　海
2	大连大商集团有限公司	民营企业	131013	辽　宁
3	国美电器有限公司	民营企业	117480	北　京
4	苏宁云商集团股份有限公司	民营企业	98357	江　苏
5	华润万家有限公司	国有企业	94100	广　东
6	庞大汽贸集团股份有限公司	民营企业	57797	河　北
7	重庆商社（集团）有限公司	国有企业	45843	重　庆
8	物美控股集团有限公司	民营企业	41075	北　京

* 数据源自责任云（www. zerenyun. com）。

续表

序号	企业名称	企业性质	营业收入	总部所在地
9	石家庄北国人百集团有限责任公司	国有企业	25416	河　北
10	永辉超市股份有限公司	民营企业	24684	福　建
11	利群集团股份有限公司	民营企业	21397	山　东
12	上海豫园旅游商城股份有限公司	民营企业	20298	上　海
13	北京王府井百货(集团)股份有限公司	国有企业	18264	北　京
14	中百控股集团股份有限公司	国有企业	15704	湖　北
15	武汉武商集团股份有限公司	国有企业	14902	湖　北
16	天虹商场股份有限公司	国有企业	14377	广　东
17	银座集团股份有限公司	国有企业	13536	山　东
18	家乐福(中国)	外资企业	10647	法　国
19	百盛商业集团有限公司	外资企业	5140	北　京
20	卜蜂莲花超市有限公司	外资企业	—	泰　国
21	广州百货企业集团有限公司	国有企业	—	广　东
22	宏图三胞高科技术有限公司	民营企业	—	江　苏
23	江苏五星电器有限公司	民营企业	—	江　苏
24	乐购中国	外资企业	—	英　国
25	麦德龙(中国)	外资企业	—	德　国
26	农工商超市(集团)有限公司	国有企业	—	上　海
27	欧尚(中国)投资有限公司	外资企业	—	法　国
28	沃尔玛(中国)投资有限公司	外资企业	—	美　国
29	新合作商贸连锁集团有限公司	国有企业	—	北　京
30	亚马逊中国	外资企业	—	美　国

第二节　评价结果

零售业30家样本企业社会责任发展指数排名及得分如表19－2所示。

表 19－2　零售业企业社会责任发展指数（2013）

单位：分

排名	企业名称	企业名称	是否发布企业社会责任报告	企业官方网站上是否有社会责任专栏	社会责任发展指数
1	苏宁云商集团股份有限公司	民营企业	有	有	59.2
2	广州百货企业集团有限公司	国有企业	有	有	57.0
3	永辉超市股份有限公司	民营企业	有	无	52.6
4	天虹商场股份有限公司	国有企业	有	无	32.2
5	华润万家有限公司	国有企业	有	有	30.6
6	家乐福(中国)	外资企业	有	无	23.4
7	上海豫园旅游商城股份有限公司	民营企业	有	无	21.5
8	银座集团股份有限公司	国有企业	有	无	20.6
9	国美电器有限公司	民营企业	无	有	17.6
10	物美控股集团有限公司	民营企业	无	无	17.1
11	中百控股集团股份有限公司	国有企业	无	无	15.5
12	武汉武商集团股份有限公司	国有企业	无	无	12.9
13	百盛商业集团有限公司	外资企业	无	无	12.0
14	宏图三胞高科技术有限公司	民营企业	无	无	11.6
15	庞大汽贸集团股份有限公司	民营企业	无	无	11.5
16	沃尔玛(中国)投资有限公司	外资企业	无	有	11.3
17	江苏五星电器有限公司	民营企业	无	无	10.1
18	重庆商社(集团)有限公司	国有企业	无	有	9.6
19	麦德龙(中国)	外资企业	无	有	8.7
20	北京王府井百货(集团)股份有限公司	国有企业	无	无	8.0
21	亚马逊中国	外资企业	无	无	7.9
22	石家庄北国人百集团有限责任公司	国有企业	无	无	6.5
23	乐购中国	外资企业	无	有	6.1
24	新合作商贸连锁集团有限公司	国有企业	无	有	6.0

续表

排名	企业名称	企业名称	是否发布企业社会责任报告	企业官方网站上是否有社会责任专栏	社会责任发展指数
25	农工商超市(集团)有限公司	国有企业	无	无	5.5
26	大连大商集团有限公司	民营企业	无	无	3.4
27	卜蜂莲花超市有限公司	外资企业	无	无	2.9
28	百联集团有限公司	国有企业	无	无	2.5
28	利群集团股份有限公司	民营企业	无	无	2.5
30	欧尚(中国)投资有限公司	外资企业	无	有	2.0

第三节　阶段性特征

一　零售业社会责任发展指数为16.3分，总体处于旁观者阶段

零售业社会责任发展指数平均得分为16.3分，处于旁观者阶段，比2012年提高了2.3分；在本篇研究的14个行业中排第12名，比2012年上升1位。

二　绝大多数企业仍为旁观者

零售业的30家企业得分差距较大，苏宁云商集团股份有限公司得分最高，为59.2分，欧尚（中国）投资有限公司得分最低，为2.0分，两者相差57.2分。30家样本企业中，无卓越者和领先者，3家企业为追赶者，5家企业为起步者，绝大多数企业仍为旁观者（见表19－3）。

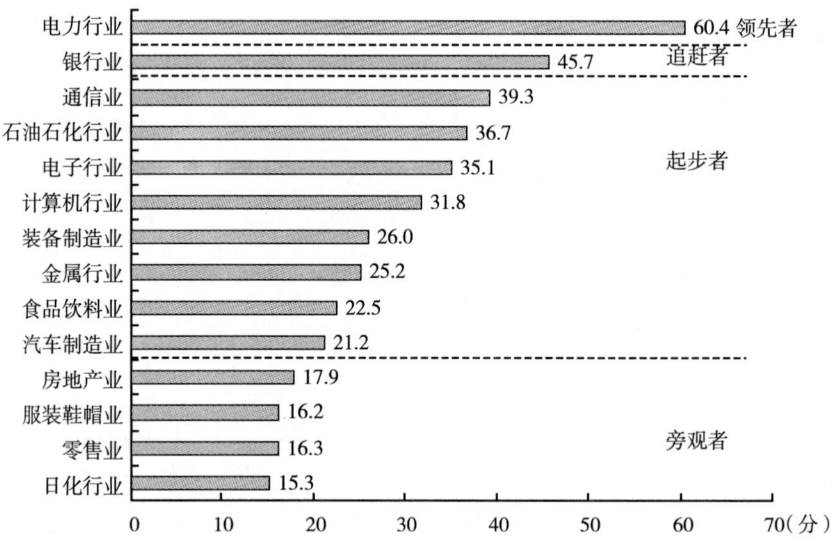

图 19－1　零售业社会责任发展阶段与排名

表 19－3　零售业社会责任发展阶段分布（2013）

单位：家

发展阶段	得分区间	企业名称	数量
1. 卓越者	80 分以上	—	0
2. 领先者	60～80 分	—	0
3. 追赶者	40～60 分	苏宁云商集团股份有限公司	3
		广州百货企业集团有限公司	
		永辉超市股份有限公司	
4. 起步者	20～40 分	天虹商场股份有限公司	5
		华润万家有限公司	
		家乐福(中国)	
		上海豫园旅游商城股份有限公司	
		银座集团股份有限公司	

续表

发展阶段	得分区间	企业名称	数量
5. 旁观者	20分以下	国美电器有限公司	22
		物美控股集团有限公司	
		中百控股集团股份有限公司	
		武汉武商集团股份有限公司	
		百盛商业集团有限公司	
		宏图三胞高科技术有限公司	
		庞大汽贸集团股份有限公司	
		沃尔玛(中国)投资有限公司	
		江苏五星电器有限公司	
		重庆商社(集团)有限公司	
		麦德龙(中国)	
		北京王府井百货(集团)股份有限公司	
		亚马逊中国	
		石家庄北国人百集团有限责任公司	
		乐购中国	
		新合作商贸连锁集团有限公司	
		农工商超市(集团)有限公司	
		大连大商集团有限公司	
		卜蜂莲花超市有限公司	
		百联集团有限公司	
		利群集团股份有限公司	
		欧尚(中国)投资有限公司	

三　民营零售企业社会责任发展指数高于国有和外资零售企业

民营零售企业社会责任发展指数为20.7分，迈入起步者阶段；

国有零售企业和外资零售企业社会责任发展指数分别为17.2分和9.3分，均处于旁观者阶段。

与2012年相比，各性质企业社会责任指数均有所增长。其中，外资零售企业社会责任指数提高最快，提高了4.6分（见图19－2）。

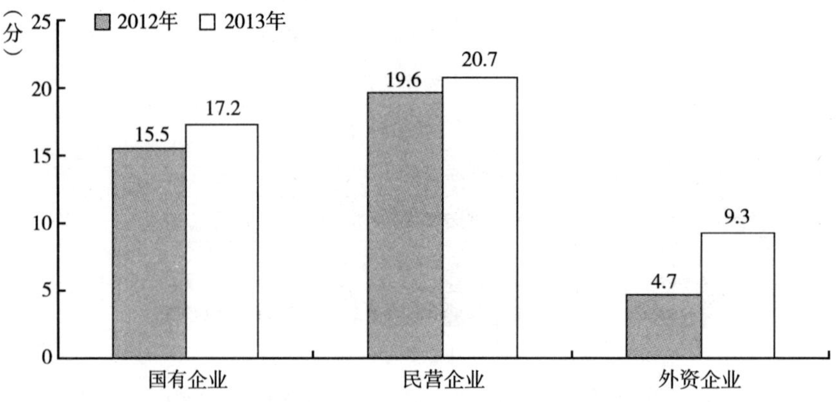

图19－2　不同性质企业的社会责任发展指数

四　零售业责任实践领先于责任管理，市场责任指数高于环境责任和社会责任指数

零售业责任管理、社会责任和环境责任指数均低于20分，处于旁观者阶段；仅市场责任指数为25.3分，处于起步者阶段。将市场责任、社会责任和环境责任指数得分取算术平均值计算出责任实践指数，可得责任实践指数（15.6分）高于责任管理指数（8.3分）。

与2012年相比，零售业市场责任指数增长7.8分，而责任管理和环境责任指数略有下降（见图19－3）。

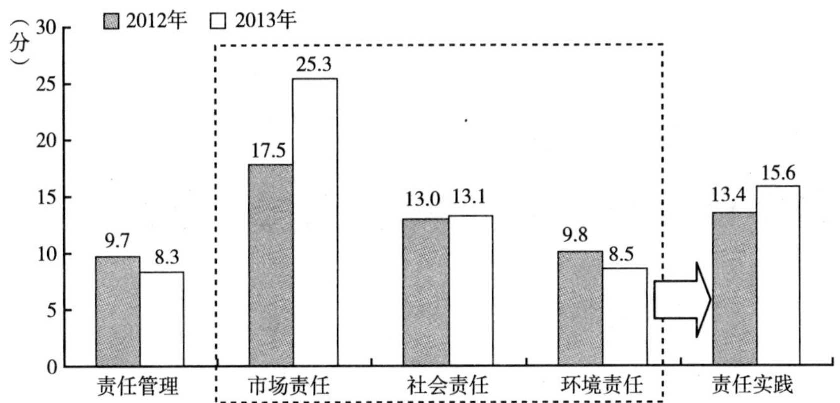

图 19－3　零售业社会责任发展指数结构特征

五　仅26.7%的企业发布了社会责任报告，1/3 的企业设立社会责任专栏

零售业的 30 家企业中，有 8 家企业发布了企业社会责任报告，占总数的 26.7%，与 2012 年发布社会责任报告的零售业企业数量持平。此外，有 10 家企业在官方网站上设立了社会责任专栏，占样本总数的 33.3%。

六　5 家企业排名上升超过 5 位，8 家企业排名下降超过 5 位

与 2012 年相比，家乐福（中国）和百盛商业集团有限公司排名上升最快，均上升 17 位，分别位于第 6 名和第 13 名；而利群集团股份有限公司排名降幅最大，下降 18 位，位于第 28 名。

B.21
第二十章
日化行业社会责任发展指数（2013）*

第一节 评价样本

本章评价的日化行业主要包括从事肥皂及合成洗涤剂制造、化妆品制造、口腔清洁用品制造、香料及香精制造的企业。日化行业样本企业基本信息如表20－1所示。

表20－1 日化行业样本企业基本信息

单位：百万元

序号	企业名称	企业性质	营业收入	总部所在地
1	上海家化联合股份有限公司	民营企业	4504	上　海
2	安利(中国)日用品有限公司	外资企业	—	美　国
3	宝洁(中国)有限公司	外资企业	—	美　国
4	联合利华(中国)有限公司	外资企业	—	英　国
5	纳爱斯集团有限公司	民营企业	—	浙　江
6	欧莱雅(中国)有限公司	外资企业	—	法　国
7	强生(中国)投资有限公司	外资企业	—	美　国
8	雅芳(中国)有限公司	外资企业	—	美　国
9	雅诗兰黛集团中国公司	外资企业	—	法　国
10	资生堂(中国)投资有限公司	外资企业	—	日　本

* 数据源自责任云（www.zerenyun.com）。

第二节　评价结果

日化行业10家样本企业社会责任发展指数排名及得分如表20－2所示。

表20－2　日化行业企业社会责任发展指数（2013）

单位：分

排名	企业名称	企业性质	是否发布企业社会责任报告	企业官方网站上是否有社会责任专栏	社会责任发展指数
1	联合利华（中国）有限公司	外资企业	无	有	32.7
2	资生堂（中国）投资有限公司	外资企业	无	有	28.7
3	宝洁（中国）有限公司	外资企业	有	有	21.3
4	安利（中国）日用品有限公司	外资企业	无	有	16.9
5	纳爱斯集团有限公司	民营企业	无	有	15.8
6	上海家化联合股份有限公司	民营企业	无	无	15.0
7	欧莱雅（中国）有限公司	外资企业	无	有	10.1
8	强生（中国）投资有限公司	外资企业	无	有	7.3
9	雅芳（中国）有限公司	外资企业	无	有	5.3
10	雅诗兰黛集团中国公司	外资企业	无	无	0.0

第三节　阶段性特征

一　日化行业社会责任发展指数为15.3分，整体处于旁观者阶段

日化行业社会责任发展指数平均得分为15.3分，处于旁观者阶段，比2012年提高了1.7分；在本篇研究的14个行业中排在倒数第一，与2012年的行业排名相同。

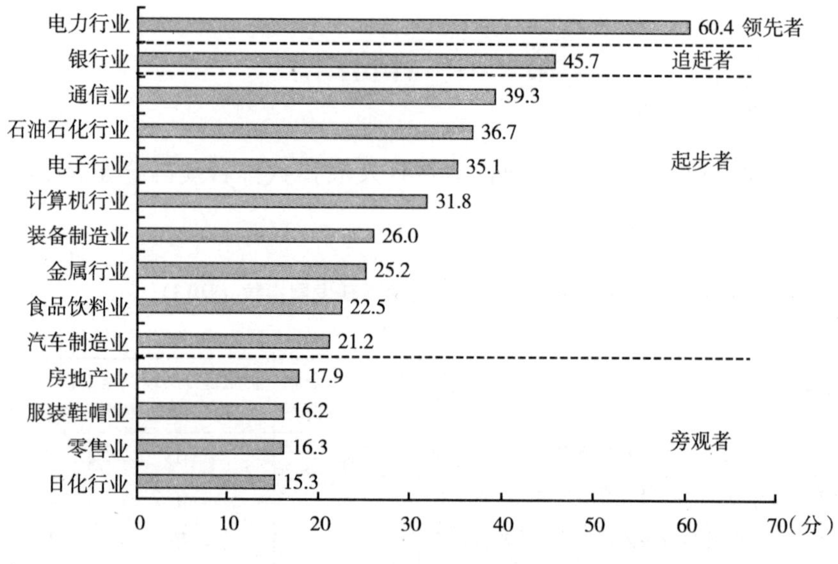

图 20－1　日化行业社会责任发展阶段与排名

二　行业内企业社会责任发展水平分布较为集中

日化行业 10 家样本企业得分较集中，均处于起步者或旁观者阶段。其中，联合利华（中国）有限公司得分最高，为 32. 7 分；雅诗兰黛集团中国公司得分最低，为 0 分。样本企业中，3 家企业为起步者，7 家企业为旁观者（见表 20－3）。

三　民营日化企业和外资日化企业社会责任指数相当，民营企业进步较大

民营日化企业社会责任指数为 15. 4 分，外资日化企业社会责任指数为 15. 3 分，二者水平相当。但与 2012 年相比，民营日化企业社会责任指数提高了 7. 5 分，外资日化企业社会责任指数仅提高 0. 3 分（见图 20－2）。

表 20－3　日用化学品制造业社会责任发展阶段分布（2013）

单位：家

发展阶段	得分区间	企业名称	数量
1. 卓越者	80 分以上	—	0
2. 领先者	60～80 分	—	0
3. 追赶者	40～60 分	—	0
4. 起步者	20～40 分	联合利华（中国）有限公司 资生堂（中国）投资有限公司 宝洁（中国）有限公司	3
5. 旁观者	20 分以下	安利（中国）日用品有限公司 纳爱斯集团有限公司 上海家化联合股份有限公司 欧莱雅（中国）有限公司 强生（中国）投资有限公司 雅芳（中国）有限公司 雅诗兰黛集团中国公司	7

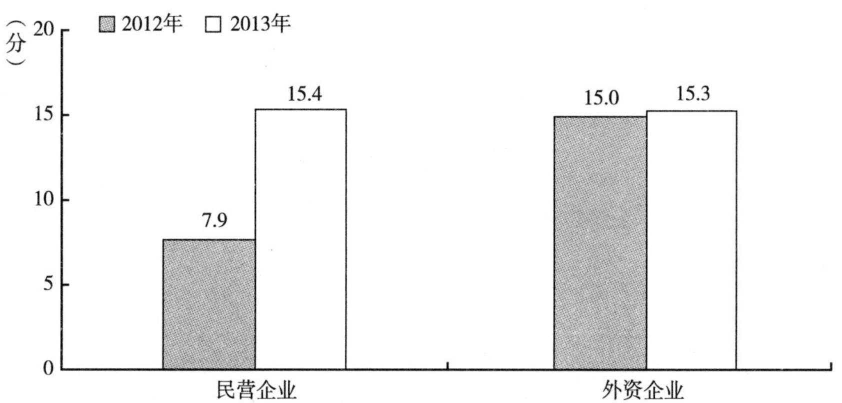

图 20－2　不同性质企业的社会责任发展指数

四 日化行业责任管理落后于责任实践，市场责任指数高于环境责任和社会责任指数

日化行业各板块责任指数均不足20分，处于旁观者阶段。其中，市场责任指数最高，为16.9分；责任实践指数（13.8分）高于责任管理指数（11.4分）。与2012年相比，责任实践指数提高0.2分，责任管理指数降低1.1分；在责任实践中，市场责任指数得分提高4.4分，社会责任和环境责任指数得分均有所下降（见图20－3）。

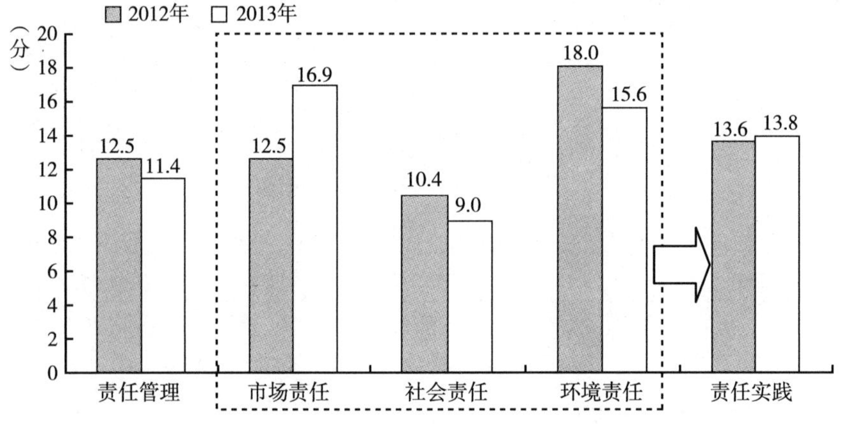

图20－3 日化行业社会责任发展指数结构特征

五 仅1家企业发布了社会责任报告，八成企业设立社会责任专栏

在日化行业10家样本企业中，仅有1家企业发布了2012年度社会责任报告，但有8家企业在官方网站上设立了社会责任专栏，占样本总数的80%。

B.22
附　录

附录一　中国企业100强系列企业社会责任发展指数（2013）

单位：分

2013年排名	2012年排名	2011年排名	2010年排名	2009年排名	企业名称	企业性质	企业所属行业	责任管理	市场责任	社会责任	环境责任	综合得分
卓越者(9家)												
1	2	3	3	2	国家电网公司	中央企业	电力供应业	89.9	84.8	75.1	70.4	89.3
2	3	4	6	25	中国南方电网有限责任公司	中央企业	电力供应业	81.4	78.7	76.8	65.1	88.3
3	4	5	6	14	中国石油化工集团公司	中央企业	石油和天然气开采业与加工业	84.9	90.4	81.9	64.4	86.6
4	8	9	15	24	中国华电集团公司	中央企业	电力生产业	81.4	67.3	76.0	69.8	81.6
5	11	2	2	3	中国移动通信集团公司	中央企业	通信服务业	90.0	80.4	72.8	61.3	81.5
6	6	67	118	27	华润(集团)有限公司	中央企业	混业(电力生产业、酒精及饮料酒制造业、零售业)	93.5	68.7	82.3	58.4	80.7
7	14	15	108	108	中国建筑材料集团有限公司	中央企业	非金属矿物制品业	70.3	93.3	86.0	76.4	80.5
8	1	1	1	1	中国远洋运输(集团)总公司	中央企业	交通运输服务业	85.0	56.5	88.1	79.9	80.4
9	5	8	9	5	中国华能集团公司	中央企业	电力生产业	80.3	80.2	76.1	72.7	80.1

续表

2013年排名	2012年排名	2011年排名	2010年排名	2009年排名	企业名称	企业性质	企业所属行业	责任管理	市场责任	社会责任	环境责任	综合得分
领先者(33家)												
10	12	16	152	—	中国黄金集团公司	中央企业	一般采矿业	78.0	75.1	69.9	83.8	79.9
11	9	6	10	10	中国民生银行股份有限公司	民营企业	银行业	68.5	81.7	57.9	68.6	79.8
12	10	30	52	52	中国铝业公司	中央企业	混业(一般采矿业、批发贸易业、金属冶炼及压延加工业)	81.4	74.7	76.8	65.9	78.8
13	22	33	112	101	中国建筑股份有限公司	中央企业	建筑业	65.0	83.2	67.1	62.6	76.7
14	13	37	54	54	中国电信集团公司	中央企业	通信服务业	71.2	77.1	62.5	78.8	74.9
15	6	28	31	42	华为投资控股有限公司(原名为“华为技术有限公司”)	民营企业	通信设备制造业	65.1	55.2	61.1	76.2	74.6
16	43	—	—	—	广东省粤电集团有限公司	其他国有企业	电力生产业	63.6	77.7	80.1	67.3	74.4
17	21	—	—	—	中国电子信息产业集团有限公司	中央企业	电子产品及电子元件制造业	71.4	63.2	88.1	61.8	73.5
18	24	34	22	51	中国五矿集团公司	中央企业	混业(一般采矿业、批发贸易业、金属冶炼及压延加工业)	78.5	75.1	75.6	45.0	72.6
19	15	98	73	—	中国东方电气集团有限公司	中央企业	机械设备制造业	67.4	48.5	80.4	75.0	72.1
20	25	21	8	72	兴业银行股份有限公司	民营企业	银行业	65.7	75.7	54.4	71.7	71.8
21	101	70	55	58	中国联合网络通信集团有限公司	中央企业	通信服务业	78.7	85.2	51.5	49.7	70.5

续表

2013年排名	2012年排名	2011年排名	2010年排名	2009年排名	企业名称	企业性质	企业所属行业	责任管理	市场责任	社会责任	环境责任	综合得分
21	56	99	131	67	三星中国投资有限公司	外资企业	混业（电子产品及电子元件制造业、通信设备制造业）	66.9	48.2	66.3	65.9	70.5
23	27	260	72	7	联想集团	民营企业	计算机及相关设备制造业	55.0	66.1	63.7	61.9	69.2
24	40	—	49	44	上海贝尔股份有限公司	中央企业	通信设备制造业	66.9	56.2	70.0	60.0	67.1
25	18	18	63	57	太原钢铁（集团）有限公司	其他国有企业	金属冶炼及压延加工业	63.4	83.3	70.2	49.9	67.0
26	34	44	185	45	神华集团有限责任公司	中央企业	煤炭开采与洗选业	62.0	69.0	67.0	53.5	66.0
27	54	42	41	34	中国农业银行股份有限公司	国有金融企业	银行业	58.9	60.8	52.6	76.8	64.6
28	38	25	17	10	中国平安保险（集团）股份有限公司	民营企业	保险业	66.9	73.2	49.6	39.8	64.4
29	15	13	12	15	武汉钢铁（集团）公司	中央企业	金属冶炼及压延加工业	49.8	81.6	73.2	55.0	64.0
30	17	7	5	6	宝钢集团有限公司	中央企业	金属冶炼及压延加工业	55.5	68.3	64.1	56.6	63.9
31	56	24	29	—	中国国际航空股份有限公司	中央企业	交通运输服务业	51.7	69.7	54.1	56.3	63.4
32	42	17	31	11	中国工商银行股份有限公司	国有金融企业	银行业	48.2	64.9	57.8	64.9	63.1
33	163	146	211	262	北京汽车集团有限公司	其他国有企业	交通运输设备制造业	50.0	67.7	71.1	59.8	62.7
34	20	38	53	50	英特尔（中国）有限公司	外资企业	电子产品及电子元件制造业	61.7	67.9	58.2	53.7	62.4

续表

2013年排名	2012年排名	2011年排名	2010年排名	2009年排名	企业名称	企业性质	企业所属行业	责任管理	市场责任	社会责任	环境责任	综合得分
35	49	53	36	38	招商银行股份有限公司	民营企业	银行业	43.3	61.7	65.4	69.5	62.3
36	40	31	36	83	中兴通讯股份有限公司	民营企业	通信设备制造业	47.7	68.0	55.0	62.1	61.8
37	36	54	23	20	东风汽车公司	中央企业	交通运输设备制造业	48.5	60.2	52.5	71.7	61.6
38	23	50	43	18	交通银行股份有限公司	国有金融企业	银行业	43.7	64.8	57.3	63.3	61.4
39	83	117	250	61	上海汽车工业(集团)总公司	其他国有企业	交通运输设备制造业	42.7	65.1	60.0	61.4	61.2
40	28	26	27	114	中国太平洋保险(集团)股份有限公司	国有金融企业	保险业	49.9	72.2	58.8	50.3	60.9
41	31	35	80	128	光宝集团	外资企业	混业(电子产品及电子元件制造业、计算机及相关设备制造业)	58.4	59.1	56.3	57.7	60.7
42	70	48	14	8	中国海洋石油总公司	中央企业	石油和天然气开采业与加工业	37.1	75.7	71.5	57.5	60.0
追赶者(45家)												
43	60	120	185	131	中国海运(集团)总公司	中央企业	交通运输服务业	40.1	60.3	65.0	53.2	59.3
44	30	32	26	65	苏宁云商股份有限公司①	民营企业	零售业	39.8	68.9	60.3	43.1	59.2
45	43	—	—	—	中国第二重型机械集团公司	中央企业	机械设备制造业	56.2	65.3	45.4	63.2	59.0
46	261	211	263	232	浦项(中国)投资有限公司	外资企业	金属冶炼及压延加工业	46.5	53.2	64.0	63.3	58.9

续表

2013年排名	2012年排名	2011年排名	2010年排名	2009年排名	企业名称	企业性质	企业所属行业	责任管理	市场责任	社会责任	环境责任	综合得分
47	32	22	13	12	中国石油天然气集团公司	中央企业	石油和天然气开采业与加工业	57.2	40.4	58.3	42.5	55.9
48	46	77	62	131	中国机械工业集团有限公司	中央企业	混业(机械设备制造业、建筑业、批发贸易业)	60.5	41.0	52.1	45.1	55.8
49	50	41	25	80	万科企业股份有限公司	民营企业	房地产开发业	22.0	61.0	66.7	47.9	55.3
50	111	—	—	—	中国节能环保集团公司	中央企业	一般制造业	55.1	55.2	49.9	56.0	55.0
51	60	63	131	86	中国中煤能源集团有限公司	中央企业	煤炭开采与洗选业	63.4	54.5	58.0	31.2	54.9
52	48	46	17	36	中国交通建设股份有限公司	中央企业	建筑业	43.4	64.9	58.3	34.0	54.8
53	67	59	71	72	平安银行股份有限公司[②]	民营企业	银行业	41.0	56.3	49.7	59.5	54.5
54	51	—	—	—	中国有色矿业集团有限公司	中央企业	混业(建筑业、一般采矿业、金属冶炼及压延加工业)	48.4	52.1	60.6	41.4	53.0
55	242	272	167	126	广东物资集团公司	其他国有企业	批发贸易业	41.5	66.8	61.0	33.6	52.8
56	60	36	30	22	中国建设银行股份有限公司	国有金融企业	银行业	45.0	47.2	54.8	55.1	52.6
57	58	39	35	28	中国银行股份有限公司	国有金融企业	银行业	20.1	69.5	47.5	63.2	52.2
57	37	14	27	22	中国南方航空集团公司	中央企业	交通运输服务业	45.2	46.4	44.0	51.1	52.2

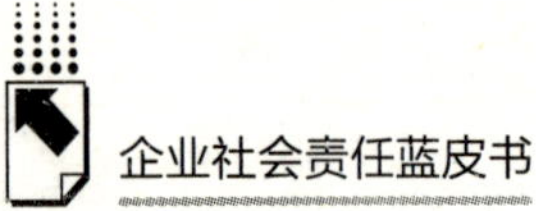

续表

2013年排名	2012年排名	2011年排名	2010年排名	2009年排名	企业名称	企业性质	企业所属行业	责任管理	市场责任	社会责任	环境责任	综合得分
59	108	—	250	131	松下电器（中国）有限公司	外资企业	混业（机械设备制造业、家用电器制造业）	45.0	51.7	59.2	46.1	51.3
60	102	69	154	55	富士施乐（中国）有限公司	外资企业	计算机及相关设备制造业	45.0	50.0	47.5	50.6	51.1
61	65	29	20	—	上海复星医药（集团）股份有限公司	民营企业	医药生物制造业	40.5	54.6	43.7	57.5	50.8
62	—	—	—	—	LG化学（中国）投资有限公司	外资企业	工业化学品制造业	36.5	49.8	54.8	54.5	50.7
63	59	—	—	—	中国广东核电集团有限公司	中央企业	电力生产业	36.5	53.1	58.5	27.3	50.4
63	98	80	117	268	上海电气（集团）总公司	其他国有企业	机械设备制造业	37.0	61.9	50.3	48.3	50.4
65	67	49	42	26	中国国电集团公司	中央企业	电力生产业	62.4	42.7	42.2	35.6	50.0
66	87	62	45	9	中国中铁股份有限公司	中央企业	建筑业	32.0	54.9	48.7	54.2	49.0
67	218	284	209	199	台达集团	外资企业	电子产品及电子元件制造业	39.9	48.3	44.1	43.5	48.3
68	39	12	16	12	中国中钢集团公司	中央企业	混业（机械设备制造业、一般采矿业、批发贸易业）	60.0	48.7	49.8	30.9	48.0
69	207	155	215	253	广州汽车工业集团有限公司	其他国有企业	交通运输设备制造业	31.4	70.1	52.7	26.8	47.0
69	75	60	40	32	华夏银行股份有限公司	民营企业	银行业	41.4	47.9	32.6	47.0	47.0
69	179	95	—	—	浙江吉利控股集团有限公司	民营企业	交通运输设备制造业	36.5	66.6	41.4	38.1	47.0

续表

2013年排名	2012年排名	2011年排名	2010年排名	2009年排名	企业名称	企业性质	企业所属行业	责任管理	市场责任	社会责任	环境责任	综合得分
72	76	27	19	17	中国中化集团公司	中央企业	工业化学品制造业	63.4	54.9	53.1	16.9	46.9
73	47	40	56	36	索尼（中国）有限公司	外资企业	混业（家用电器制造业、电子产品及电子元件制造业、计算机及相关设备制造业）	55.0	35.9	34.9	44.5	46.7
74	171	—	—	—	中国电力建设集团有限公司	中央企业	混业（机械设备制造业、建筑业）	71.2	35.0	32.0	32.9	46.6
75	29	87	60	114	佳能（中国）有限公司	外资企业	混业（电子产品及电子元件制造业、计算机及相关设备制造业、计算机服务业）	49.8	36.0	49.5	24.5	46.5
76	98	75	136	—	中国北车股份有限公司	中央企业	交通运输设备制造业	43.7	50.0	52.5	35.1	45.1
77	79	119	193	232	中国航空油料集团公司	中央企业	交通运输服务业	46.7	26.5	56.0	29.9	44.4
78	97	199	184	79	陕西延长石油（集团）有限责任公司	其他国有企业	石油和天然气开采业与加工业	32.0	57.0	45.5	44.4	44.2
79	70	—	—	—	海尔集团公司	民营企业	家用电器制造业	36.4	35.4	14.9	68.0	43.7
80	80	55	44	—	国家开发投资公司	中央企业	混业（电力生产业、煤炭开采与洗选业、证券期货基金及其他金融服务业）	40.7	62.1	53.3	18.7	42.8

续表

2013年排名	2012年排名	2011年排名	2010年排名	2009年排名	企业名称	企业性质	企业所属行业	责任管理	市场责任	社会责任	环境责任	综合得分
81	86	23	47	—	招商局集团有限公司	中央企业	混业（交通运输服务业、房地产开发业、银行业）	34.0	37.2	53.2	20.9	42.7
82	278	—	—	—	阿斯利康制药有限公司	外资企业	医药生物制造业	7.9	53.9	52.4	56.3	42.3
83	92	124	161	137	东芝集团（中国）	外资企业	混业（机械设备制造业、电子产品及电子元件制造业、计算机及相关设备制造业）	48.2	44.2	40.3	30.5	42.2
84	—	—	—	—	冀中能源股份有限公司	其他国有企业	煤炭开采与洗选业	27.0	60.6	52.0	32.5	41.5
84	154	43	83	—	中国电力投资集团公司	中央企业	电力生产业	26.9	45.3	43.4	43.0	41.5
86	64	—	—	—	中国国旅集团有限公司	中央企业	混业（房地产服务业、旅游业）	44.6	36.6	42.3	35.1	41.2
86	215	166	39	159	华硕电脑股份有限公司	外资企业	计算机及相关设备制造业	28.1	39.6	26.2	58.3	41.2
起步者（46家）												
88	73	56	31	20	中国铁建股份有限公司	中央企业	建筑业	26.9	54.9	50.9	22.1	39.1
89	91	138	233	253	富士康科技集团	外资企业	电子产品及电子元件制造业	39.9	27.7	42.1	28.6	37.2
90	55	45	34	136	中国冶金科工集团有限公司	中央企业	混业（建筑业、一般采矿业）	21.9	49.7	51.3	20.1	35.6
91	72	74	217	160	夏普中国商贸有限公司	外资企业	混业（通信设备制造业、计算机及相关设备制造业）	38.2	21.2	24.9	45.9	35.2

续表

2013年排名	2012年排名	2011年排名	2010年排名	2009年排名	企业名称	企业性质	企业所属行业	责任管理	市场责任	社会责任	环境责任	综合得分
92	124	91	115	152	扬子江药业集团有限公司	民营企业	医药生物制造业	21. 8	31. 7	36. 3	47. 7	34. 9
93	296	300	263	299	阿迪达斯(中国)有限公司	外资企业	服装鞋帽制造业	33. 2	22. 0	38. 0	38. 3	34. 6
93	107	107	147	167	天狮集团有限公司	民营企业	混业(医药生物制造业、零售业)	31. 8	28. 0	45. 5	19. 5	34. 6
95	109	79	162	61	丰田汽车(中国)投资有限公司	外资企业	交通运输设备制造业	31. 4	32. 5	22. 5	46. 4	34. 3
96	81	20	46	45	中粮集团有限公司	中央企业	混业(食品饮料业、房地产开发业、批发贸易业)	26. 6	38. 7	25. 9	31. 7	34. 2
97	118	194	170	—	新华人寿保险股份有限公司	国有金融企业	保险业	8. 4	49. 5	47. 0	13. 4	34. 1
98	89	113	78	30	首钢总公司	其他国有企业	金属冶炼及压延加工业	11. 8	54. 8	47. 2	30. 0	33. 6
99	93	93	164	101	日立(中国)有限公司	外资企业	混业(机械设备制造业、家用电器制造业、计算机及相关设备制造业)	49. 0	24. 7	31. 1	25. 3	33. 4
100	111	128	136	156	联合利华中国有限公司	外资企业	混业(食品饮料业、日用化学品制造业)	10. 1	39. 3	23. 6	54. 8	32. 7
101	96	73	158	45	巴斯夫(中国)有限公司	外资企业	工业化学品制造业	28. 1	37. 6	41. 7	18. 0	31. 7
102	135	—	—	—	中国第一重型机械集团公司	中央企业	机械设备制造业	35. 4	45. 1	23. 6	23. 4	31. 3

续表

2013年排名	2012年排名	2011年排名	2010年排名	2009年排名	企业名称	企业性质	企业所属行业	责任管理	市场责任	社会责任	环境责任	综合得分
103	73	85	70	105	内蒙古伊利实业集团股份有限公司	民营企业	食品饮料业	10.1	53.3	15.0	13.3	29.7
103	106	76	—	—	大连万达集团股份有限公司	民营企业	房地产开发业	38.0	19.4	27.7	15.0	29.7
105	33	19	38	107	中国东方航空集团公司	中央企业	交通运输服务业	10.1	43.7	27.0	3.3	28.4
106	84	122	219	160	爱立信(中国)通信有限公司	外资企业	通信设备制造业	29.9	23.8	30.0	21.7	27.3
106	181	159	149	—	中国外运长航集团有限公司	中央企业	交通运输服务业	21.7	18.7	31.0	29.9	27.3
108	69	47	68	—	河北钢铁集团有限公司	其他国有企业	金属冶炼及压延加工业	21.8	61.6	23.3	18.5	27.2
109	100	290	50	41	可口可乐(中国)饮料有限公司	外资企业	食品饮料业	9.5	32.4	21.4	57.2	27.0
110	225	126	21	54	中国第一汽车集团公司	中央企业	交通运输设备制造业	0.0	45.1	21.2	34.9	26.7
111	81	58	127	119	中国化工集团公司	中央企业	工业化学品制造业	21.9	32.6	55.2	9.3	26.6
112	218	129	152	160	国际商业机器中国有限公司	外资企业	混业(计算机及相关设备制造业、计算机服务业)	23.1	22.8	26.7	24.8	26.0
113	143	—	—	—	花旗银行(中国)有限公司	外资企业	银行业	10.1	24.4	30.6	23.1	25.5
114	126	—	—	—	长城汽车股份有限公司	民营企业	交通运输设备制造业	5.0	47.4	26.5	20.0	25.3
115	63	68	127	181	海航集团有限公司	民营企业	交通运输服务业	10.1	29.9	14.1	19.5	24.4

续表

2013年排名	2012年排名	2011年排名	2010年排名	2009年排名	企业名称	企业性质	企业所属行业	责任管理	市场责任	社会责任	环境责任	综合得分
116	145	142	—	—	新兴际华集团有限公司	中央企业	金属冶炼及压延加工业	5.0	41.3	18.3	26.7	24.3
117	76	90	183	167	比亚迪股份有限公司	民营企业	交通运输设备制造业	11.8	54.9	3.8	16.6	24.2
118	140	—	—	—	亿滋中国[③]	外资企业	食品饮料业	5.0	36.5	18.9	20.5	24.1
119	94	239	94	63	雅戈尔集团股份有限公司	民营企业	混业(服装鞋帽制造业、房地产开发业)	15.4	39.3	20.6	15.7	23.9
120	264	—	—	—	家乐福(中国)	外资企业	零售业	23.2	19.8	20.0	9.8	23.4
120	120	—	—	—	汇丰银行(中国)有限公司	外资企业	银行业	6.8	22.8	22.1	33.1	23.4
122	95	—	—	—	华侨城集团公司	中央企业	混业(电子产品及电子元件制造业、房地产开发业、旅游业)	19.5	17.0	32.9	7.7	23.3
123	66	168	199	—	香港中旅(集团)有限公司	中央企业	旅游业	5.0	51.7	10.4	6.8	22.6
124	122	84	68	34	通用汽车(中国)	外资企业	交通运输设备制造业	30.5	9.9	13.8	18.2	22.3
125	201	—	—	—	沃尔沃(中国)投资有限公司	外资企业	交通运输设备制造业	9.5	17.7	21.3	35.1	22.2
126	165	208	247	215	小松(中国)投资有限公司	外资企业	机械设备制造业	16.9	16.5	24.5	28.2	22.1
127	110	86	111	122	宝洁(中国)有限公司	外资企业	日用化学品制造业	20.1	9.8	12.5	34.4	21.3
128	35	125	131	—	中国医药集团总公司	中央企业	医药生物制造业	10.1	40.6	19.8	4.9	21.1

续表

2013年排名	2012年排名	2011年排名	2010年排名	2009年排名	企业名称	企业性质	企业所属行业	责任管理	市场责任	社会责任	环境责任	综合得分
128	286	—	—	—	美铝（中国）投资有限公司	外资企业	金属制品业	9.5	19.9	21.1	26.8	21.1
130	105	111	124	137	宝马（中国）	外资企业	交通运输设备制造业	15.1	7.4	27.5	18.2	21.0
131	115	190	211	192	杭州娃哈哈集团有限公司	民营企业	食品饮料业	14.6	28.7	18.7	7.2	20.3
132	181	171	127	210	箭牌糖果（中国）有限公司	外资企业	食品饮料业	21.4	12.7	11.3	40.7	20.2
133	138	101	76	67	中天钢铁集团有限公司	民营企业	金属冶炼及压延加工业	5.1	23.2	18.3	21.7	20.1
旁观者（167家）												
134	147	—	—	—	道达尔中国	外资企业	石油和天然气开采业与加工业	16.8	37.2	20.2	13.8	19.3
135	113	—	—	—	百事（中国）投资有限公司	外资企业	食品饮料业	5.0	12.7	30.0	34.1	19.0
136	143	97	176	228	本田中国投资有限公司	外资企业	交通运输设备制造业	16.9	4.9	2.5	41.3	18.9
137	167	165	124	82	壳牌中国	外资企业	石油和天然气开采业与加工业	27.6	17.4	13.7	13.8	18.3
138	200	148	262	128	正泰集团有限公司	民营企业	机械设备制造业	0.0	30.2	24.7	18.3	18.2
139	193	—	—	—	碧桂园控股有限公司	外资企业	房地产开发业	10.0	32.4	17.9	0.0	18.0
140	53	185	105	156	中国化学工程股份有限公司	中央企业	建筑业	0.0	40.1	12.9	11.9	17.9
141	248	184	67	49	中国人民保险集团股份有限公司	国有金融企业	保险业	10.1	28.1	15.4	3.4	17.8

续表

2013年排名	2012年排名	2011年排名	2010年排名	2009年排名	企业名称	企业性质	企业所属行业	责任管理	市场责任	社会责任	环境责任	综合得分
142	264	242	239	149	国美电器有限公司	民营企业	零售业	16.6	17.1	11.9	10.1	17.6
143	18	11	11	18	鞍钢集团公司	中央企业	金属冶炼及压延加工业	5.0	13.0	32.2	13.4	17.5
144	51	—	—	—	中国普天信息产业集团公司	中央企业	通信设备制造业	16.9	12.0	13.7	18.1	17.3
144	169	10	4	4	中国大唐集团公司	中央企业	电力生产业	5.0	20.0	13.2	30.0	17.3
146	237	202	110	85	物美控股集团有限公司	民营企业	零售业	0.0	50.4	8.0	0.0	17.1
147	129	51	92	94	安利（中国）日用品有限公司	外资企业	日用化学品制造业	16.9	12.0	14.9	1.4	16.9
148	188	—	—	—	雅培中国	外资企业	混业（食品饮料业、医药生物制造业）	16.3	13.9	18.7	19.8	16.7
148	154	144	91	140	雀巢中国有限公司	外资企业	食品饮料业	4.5	33.8	12.5	6.6	16.7
150	164	187	158	199	现代汽车中国投资有限公司	外资企业	交通运输设备制造业	21.9	7.5	10.0	18.2	16.5
151	215	181	224	199	日产（中国）投资有限公司	外资企业	交通运输设备制造业	10.1	14.9	13.8	18.2	16.2
151	135	246	88	107	山东时风（集团）有限责任公司	民营企业	交通运输设备制造业	0.0	28.7	10.2	18.2	16.2
153	103	61	51	167	中国中信集团公司	国有金融企业	混业（房地产开发业、银行业、证券期货基金及其他金融服务业）	4.5	23.1	19.8	1.6	15.8

续表

2013年排名	2012年排名	2011年排名	2010年排名	2009年排名	企业名称	企业性质	企业所属行业	责任管理	市场责任	社会责任	环境责任	综合得分
154	85	83	58	43	美的集团有限公司	民营企业	家用电器制造业	5.1	30.4	7.4	4.0	15.6
155	177	—	—	—	恒大地产集团	民营企业	房地产开发业	10.0	20.1	9.1	9.9	15.3
156	147	162	239	—	艾默生(中国)	外资企业	机械设备制造业	14.5	6.5	15.8	16.5	15.2
157	217	89	—	—	GE 中国	外资企业	混业(机械设备制造业、家用电器制造业、电子产品及电子元件制造业)	5.0	10.0	8.0	30.8	15.0
158	142	82	121	98	西门子(中国)有限公司	外资企业	混业(机械设备制造业、计算机服务业)	5.0	15.5	11.4	20.6	14.9
158	132	106	96	63	ABB(中国)有限公司	外资企业	机械设备制造业	5.0	14.8	8.9	23.1	14.9
160	176	—	—	—	飞利浦电子(中国)集团	外资企业	混业(机械设备制造业、家用电器制造业)	9.5	20.7	13.8	14.0	14.5
161	139	92	98	81	福特汽车(中国)有限公司	外资企业	交通运输设备制造业	5.0	7.5	11.3	26.8	14.3
162	171	—	—	—	山东新希望六和集团有限公司	民营企业	食品饮料业	5.0	20.1	16.3	13.4	13.8
163	121	156	229	199	通威集团有限公司	民营企业	食品饮料业	0.0	17.2	10.0	10.0	13.5
163	147	—	—	—	住友商事(中国)有限公司	外资企业	批发贸易业	16.9	3.4	11.8	29.6	13.5
165	157	94	77	74	中国惠普有限公司	外资企业	计算机及相关设备制造业	9.5	15.8	12.6	16.2	13.4

续表

2013年排名	2012年排名	2011年排名	2010年排名	2009年排名	企业名称	企业性质	企业所属行业	责任管理	市场责任	社会责任	环境责任	综合得分
166	130	121	224	186	理光中国	外资企业	计算机及相关设备制造业	6.8	18.4	3.8	15.7	13.3
167	203	—	—	—	达能（中国）有限公司	外资企业	食品饮料业	11.8	14.9	17.5	6.7	13.2
168	214	—	—	—	苹果公司	外资企业	混业（通信设备制造业、计算机及相关设备制造业）	4.5	10.7	2.5	34.3	13.1
168	191	193	174	88	江苏阳光集团有限公司	民营企业	混业（纺织业、服装鞋帽制造业）	0.0	37.2	10.3	11.4	13.1
170	130	110	136	39	金光纸业（中国）投资有限公司	外资企业	造纸业	16.5	2.4	11.2	5.8	13.0
171	160	130	193	167	中国铁路物资股份有限公司	中央企业	交通运输服务业	5.1	15.0	11.1	13.1	12.8
172	242	236	191	215	江苏三房巷集团有限公司	民营企业	混业（纺织业、工业化学品制造业）	0.0	60.5	7.2	3.9	12.7
173	104	103	239	224	普利司通（中国）	外资企业	工业化学品制造业	9.5	0.0	0.0	19.4	12.6
173	145	—	—	—	中国中纺集团公司	中央企业	混业（食品饮料业、纺织业）	10.1	14.1	14.5	8.3	12.6
175	203	249	239	181	临沂新程金锣肉制品集团有限公司	民营企业	食品饮料业	10.1	18.4	15.0	0.0	12.5
176	196	268	—	—	正大（中国）投资有限公司	外资企业	混业（农林牧渔业、零售业）	10.0	7.1	9.9	15.6	12.4

续表

2013年排名	2012年排名	2011年排名	2010年排名	2009年排名	企业名称	企业性质	企业所属行业	责任管理	市场责任	社会责任	环境责任	综合得分
177	175	153	156	205	恒力集团有限公司	民营企业	混业(机械设备制造业、纺织业)	5.0	20.0	14.0	12.4	12.3
178	188	—	—	—	安联	外资企业	保险业	5.0	16.8	12.0	10.2	12.1
179	232	—	—	—	博世(中国)投资有限公司	外资企业	交通运输设备制造业	0.0	26.3	13.8	10.0	12.0
180	88	66	48	30	中国人寿保险(集团)公司	国有金融企业	保险业	5.0	21.4	11.8	0.0	11.9
180	45	147	142	—	中国诚通控股集团有限公司	中央企业	混业(造纸业、交通运输服务业、批发贸易业)	16.6	15.9	11.5	0.0	11.9
182	150	—	—	—	中国恒天集团公司	中央企业	混业(机械设备制造业、纺织业)	5.0	13.0	19.2	3.0	11.7
183	125	141	181	160	庞大汽贸集团股份有限公司	民营企业	零售业	0.0	30.1	2.0	0.0	11.5
184	173	140	180	149	中天发展控股集团有限公司	民营企业	混业(建筑业、房地产开发业)	16.5	2.8	9.3	0.0	11.3
184	123	102	84	94	沃尔玛(中国)投资有限公司	外资企业	零售业	5.0	13.2	4.1	11.8	11.3
186	167	—	—	—	拉法基	外资企业	非金属矿物制品业	5.0	3.3	7.0	25.0	11.2
187	157	127	106	88	人民电器集团有限公司	民营企业	机械设备制造业	5.0	16.8	14.5	5.0	11.1
187	248	243	297	205	戴尔中国有限公司	外资企业	计算机及相关设备制造业	5.0	16.4	12.6	11.8	11.1
189	213	235	140	195	浙江荣盛控股集团有限公司	民营企业	混业(房地产开发业、工业化学品制造业)	4.4	15.4	14.7	7.6	11.0

续表

2013年排名	2012年排名	2011年排名	2010年排名	2009年排名	企业名称	企业性质	企业所属行业	责任管理	市场责任	社会责任	环境责任	综合得分
189	238	160	250	122	金龙精密铜管集团股份有限公司	民营企业	金属制品业	0.0	8.0	19.1	6.6	11.0
191	117	175	85	—	泰康人寿保险股份有限公司	国有金融企业	保险业	0.0	31.5	2.0	0.0	10.9
192	89	81	59	—	中国南车集团公司	中央企业	交通运输设备制造业	0.0	37.5	6.3	0.0	10.8
193	220	149	100	29	新希望集团有限公司	民营企业	混业（食品饮料业、工业化学品制造业）	11.8	6.4	11.1	0.0	10.6
193	253	234	190	195	四川宏达（集团）有限公司	民营企业	工业化学品制造业	10.1	5.0	10.1	5.0	10.6
195	154	219	85	110	三一集团有限公司	民营企业	机械设备制造业	5.0	23.0	9.5	0.0	10.3
196	78	88	64	215	欧莱雅（中国）有限公司	外资企业	日用化学品制造业	5.0	6.3	3.7	0.0	10.1
196	162	215	106	186	奥克斯集团有限公司	民营企业	家用电器制造业	0.0	23.4	11.2	4.0	10.1
198	169	225	247	141	天津荣程联合钢铁集团有限公司	民营企业	金属冶炼及压延加工业	0.0	16.3	10.2	13.4	10.0
198	261	172	193	—	哈尔滨电气集团公司	中央企业	机械设备制造业	11.6	18.4	3.1	3.3	10.0
198	286	—	—	—	江苏扬子江船业集团公司	民营企业	交通运输设备制造业	0.0	21.2	6.3	5.0	10.0
201	126	297	299	239	日照钢铁控股集团有限公司	民营企业	金属冶炼及压延加工业	5.0	6.8	11.2	5.0	9.8
201	252	109	103	110	红豆集团有限公司	民营企业	服装鞋帽制造业	5.0	15.3	11.8	2.4	9.8

续表

2013年排名	2012年排名	2011年排名	2010年排名	2009年排名	企业名称	企业性质	企业所属行业	责任管理	市场责任	社会责任	环境责任	综合得分
201	261	—	—	—	中国林业集团公司	中央企业	农林牧渔业	0.0	15.8	10.0	12.9	9.8
204	255	276	80	232	雪铁龙（中国）投资有限公司	外资企业	交通运输设备制造业	0.0	10.0	6.3	18.3	9.7
204	140	—	—	—	富士胶片（中国）投资有限公司	外资企业	电子产品及电子元件制造业	5.0	6.6	4.9	6.6	9.7
206	137	151	88	101	滨化集团股份有限公司	民营企业	工业化学品制造业	5.0	32.6	11.3	1.3	9.5
206	119	115	101	—	中国中材集团公司	中央企业	非金属矿物制品业	5.0	16.6	2.0	0.0	9.5
208	113	262	175	91	浙江省物产集团公司	其他国有企业	批发贸易业	5.1	15.0	9.4	0.0	9.4
209	181	169	167	152	施耐德（中国）投资有限公司	外资企业	机械设备制造业	0.0	6.9	7.1	18.3	9.3
209	187	123	74	60	海亮集团有限公司	民营企业	混业（房地产开发业、金属制品业）	4.4	10.2	15.7	2.8	9.3
211	205	191	189	199	三胞集团有限公司	民营企业	混业（电子产品及电子元件制造业、房地产开发业）	4.6	10.0	10.6	0.0	9.0
212	196	—	—	—	高盛（中国）	外资企业	证券期货基金及其他金融服务业	5.0	11.5	7.5	12.9	8.8
213	248	150	229	152	麦德龙（中国）	外资企业	零售业	5.0	15.0	0.0	17.9	8.7
214	284	—	—	—	杭州中策橡胶有限公司④	民营企业	工业化学品制造业	5.0	17.5	10.0	5.3	8.4
214	116	—	—	—	浪潮集团有限公司	民营企业	混业（计算机及相关设备制造业、计算机服务业）	5.1	14.0	5.2	3.8	8.4

续表

2013年排名	2012年排名	2011年排名	2010年排名	2009年排名	企业名称	企业性质	企业所属行业	责任管理	市场责任	社会责任	环境责任	综合得分
216	133	204	171	215	卡特彼勒(中国)投资有限公司	外资企业	机械设备制造业	0.0	16.9	10.2	6.6	8.1
216	181	188	92	91	雨润控股集团有限公司	民营企业	食品饮料业	5.0	7.3	10.1	0.0	8.1
218	153	154	236	239	奇瑞汽车股份有限公司	民营企业	交通运输设备制造业	10.1	14.9	5.0	0.0	8.0
219	278	—	—	—	亚马逊中国	外资企业	零售业	0.0	21.3	2.0	0.0	7.9
219	212	205	299	210	北京建龙重工集团有限公司	民营企业	混业(一般采矿业、金属冶炼及压延加工业)	5.0	15.6	10.2	2.6	7.9
221	221	179	—	—	拜耳(中国)	外资企业	混业(医药生物制造业、工业化学品制造业)	5.0	17.8	6.3	5.8	7.8
222	160	71	193	244	微软中国	外资企业	计算机服务业	5.0	13.6	0.0	13.3	7.6
222	269	288	250	261	三菱商事中国有限公司	外资企业	批发贸易业	10.1	0.0	6.2	19.9	7.6
224	26	100	23	298	马钢(集团)控股有限公司	其他国有企业	金属冶炼及压延加工业	0.0	6.6	10.0	6.7	7.5
224	157	—	—	—	百胜(中国)投资有限公司	外资企业	餐饮业	5.0	5.0	13.8	0.0	7.5
224	179	—	—	—	陶氏化学(中国)有限公司	外资企业	工业化学品制造业	11.8	17.6	8.6	1.1	7.5
227	247	—	—	—	强生(中国)投资有限公司	外资企业	混业(医药生物制造业、日用化学品制造业)	5.0	9.4	9.6	0.0	7.3
228	191	143	112	131	上海建工(集团)总公司	其他国有企业	建筑业	0.0	21.5	3.2	4.0	7.2
229	264	—	—	—	世纪金源投资集团有限公司	民营企业	混业(房地产开发业、零售业、酒店业)	0.0	11.2	11.5	0.0	7.1

续表

2013年排名	2012年排名	2011年排名	2010年排名	2009年排名	企业名称	企业性质	企业所属行业	责任管理	市场责任	社会责任	环境责任	综合得分
229	133	—	—	—	河北津西钢铁集团股份有限公司	民营企业	金属冶炼及压延加工业	0.0	10.0	8.3	5.0	7.1
229	181	—	—	—	埃森哲(中国)有限公司	外资企业	一般服务业	5.0	3.4	14.2	0.0	7.1
229	205	173	135	122	南山集团有限公司	民营企业	混业(纺织业、房地产开发业、金属冶炼及压延加工业)	3.4	10.1	6.2	1.8	7.1
233	240	157	199	117	大众汽车集团(中国)	外资企业	交通运输设备制造业	0.0	10.0	0.0	13.3	7.0
233	221	238	211	160	内蒙古伊泰集团有限公司	民营企业	煤炭开采与洗选业	5.0	4.8	10.0	1.4	7.0
235	207	—	—	—	法国兴业银行中国有限公司	外资企业	银行业	5.0	8.2	7.8	6.8	6.9
235	228	186	—	—	江西萍钢实业股份有限公司	民营企业	金属制品业	0.0	6.5	5.8	5.0	6.9
237	269	—	—	—	麦当劳(中国)有限公司	外资企业	餐饮业	0.0	13.2	5.0	10.2	6.7
238	207	—	—	—	海澜集团有限公司	民营企业	服装鞋帽制造业	5.1	5.9	10.2	0.0	6.6
239	221	96	120	210	诺基亚(中国)投资有限公司	外资企业	通信设备制造业	5.0	6.0	2.5	11.9	6.5
240	193	—	—	—	江苏苏宁环球集团有限公司	民营企业	房地产开发业	4.0	5.7	7.6	2.5	6.2
240	221	280	193	122	天津市物资集团总公司	其他国有企业	批发贸易业	0.0	11.5	10.9	0.0	6.2
240	232	—	—	—	联邦快递(中国)有限公司	外资企业	交通运输服务业	0.0	19.8	0.0	1.6	6.2

续表

2013年排名	2012年排名	2011年排名	2010年排名	2009年排名	企业名称	企业性质	企业所属行业	责任管理	市场责任	社会责任	环境责任	综合得分
243	228	222	250	224	江苏高力集团有限公司	民营企业	房地产开发业	4.0	5.7	5.7	0.0	6.1
243	201	—	—	—	乐购中国	外资企业	零售业	5.0	3.5	6.0	13.3	6.1
245	199	200	103	79	陕西东岭工贸集团股份有限公司	民营企业	混业（一般采矿业、金属冶炼及压延加工业）	0.0	12.3	8.9	3.8	6.0
245	280	—	—	—	固特异	外资企业	工业化学品制造业	0.0	7.5	1.2	7.4	6.0
247	207	—	—	—	法国威立雅	外资企业	水的生产和供应业	6.8	1.9	6.0	10.3	5.7
248	257	178	97	119	广厦控股创业投资有限公司	民营企业	混业（建筑业、房地产开发业）	4.6	6.1	7.0	0.0	5.5
248	240	—	—	—	江铃汽车集团公司	民营企业	交通运输设备制造业	0.0	10.1	2.5	6.6	5.5
250	228	—	—	—	杜邦中国集团有限公司	外资企业	混业（农林牧渔业、电子产品及电子元件制造业、工业化学品制造业）	10.0	13.1	0.0	1.8	5.4
251	231	261	122	237	新疆广汇实业投资（集团）有限责任公司	民营企业	混业（一般采矿业、房地产开发业）	4.6	12.0	5.0	0.0	5.3
251	150	158	218	—	中国通用技术（集团）控股有限责任公司	中央企业	混业（机械设备制造业、医药生物制造业、批发贸易业）	10.1	0.0	6.4	2.5	5.3
253	238	189	127	105	河北敬业企业集团有限责任公司	民营企业	混业（金属制品业、酒店业）	0.0	2.0	5.5	8.7	4.9
254	190	163	165	114	BP 中国	外资企业	石油和天然气开采业与加工业	5.0	7.8	7.4	2.5	4.8

续表

2013年排名	2012年排名	2011年排名	2010年排名	2009年排名	企业名称	企业性质	企业所属行业	责任管理	市场责任	社会责任	环境责任	综合得分
254	257	223	210	250	SK 中国	外资企业	石油和天然气开采业与加工业	0.0	0.0	6.3	1.3	4.8
256	236	—	—	—	正威国际集团有限公司	民营企业	混业(电子产品及电子元件制造业、金属冶炼及压延加工业)	5.1	6.6	8.2	0.0	4.6
257	259	232	95	167	江苏沙钢集团有限公司	民营企业	金属冶炼及压延加工业	0.0	3.4	2.0	8.4	4.5
257	181	—	—	—	思科中国	外资企业	混业(互联网服务业、通信设备制造业)	3.0	6.9	3.6	0.0	4.5
257	298	265	263	268	耐克体育(中国)有限公司	外资企业	服装鞋帽制造业	4.5	12.5	0.0	0.0	4.5
257	226	195	115	215	万向集团公司	民营企业	交通运输设备制造业	0.0	4.9	0.0	8.3	4.5
261	226	203	171	256	唐山港陆钢铁有限公司	民营企业	金属冶炼及压延加工业	0.0	10.1	3.0	6.7	4.3
262	196	—	—	—	晶龙实业集团有限公司	民营企业	电子产品及电子元件制造业	0.0	8.2	4.0	0.0	4.2
262	273	196	75	98	广东格兰仕集团有限公司	民营企业	家用电器制造业	5.0	4.8	2.5	0.0	4.2
264	232	—	—	—	米其林(中国)投资有限公司	外资企业	工业化学品制造业	5.0	7.5	6.2	1.1	4.0
265	268	233	250	244	四川省川威集团有限公司	民营企业	混业(交通运输服务业、金属冶炼及压延加工业、非金属矿物制品业)	0.0	14.9	1.5	3.7	3.8
265	177	180	220	177	浙江恒逸集团有限公司	民营企业	工业化学品制造业	5.0	2.5	5.1	0.0	3.8

续表

2013年排名	2012年排名	2011年排名	2010年排名	2009年排名	企业名称	企业性质	企业所属行业	责任管理	市场责任	社会责任	环境责任	综合得分
265	253	253	263	253	唐山瑞丰钢铁（集团）有限公司	民营企业	金属冶炼及压延加工业	0.0	10.1	5.0	3.3	3.8
268	232	267	141	192	大连大商集团有限公司	民营企业	零售业	0.0	8.1	4.0	0.0	3.4
269	150	118	109	268	三井物产（中国）有限公司	外资企业	混业（机械设备制造业、金属制品业）	5.0	0.0	2.0	4.3	3.3
269	245	—	—	—	上海华冶钢铁集团有限公司	民营企业	金属冶炼及压延加工业	0.0	8.4	4.0	0.0	3.3
271	277	247	65	67	南京钢铁集团有限公司	民营企业	金属制品业	0.0	6.8	0.0	0.0	3.0
272	259	245	211	215	新华联合冶金投资集团有限公司	民营企业	金属冶炼及压延加工业	0.0	13.0	0.0	3.3	2.9
272	269	—	—	—	海南大印集团有限公司	民营企业	混业（房地产开发业、批发贸易业）	0.0	3.3	7.3	0.0	2.9
274	255	201	263	268	山东魏桥创业集团有限公司	民营企业	纺织业	0.0	7.5	3.5	0.0	2.6
275	275	273	199	263	宏基集团	外资企业	计算机及相关设备制造业	0.0	10.1	0.0	0.0	2.5
275	272	259	—	—	江苏西城三联控股集团有限公司	民营企业	金属制品业	0.0	6.6	6.0	0.0	2.5
275	248	256	142	128	百联集团有限公司	其他国有企业	零售业	0.0	3.3	6.0	0.0	2.5
275	207	221	171	186	中国邮政集团公司	其他国有企业	交通运输服务业	0.0	1.6	0.0	0.0	2.5

续表

2013年排名	2012年排名	2011年排名	2010年排名	2009年排名	企业名称	企业性质	企业所属行业	责任管理	市场责任	社会责任	环境责任	综合得分
279	275	271	233	232	江阴澄星实业集团有限公司	民营企业	工业化学品制造业	0.0	7.5	2.5	2.4	2.2
280	281	—	—	—	欧尚(中国)投资有限公司	外资企业	零售业	5.0	0.0	2.0	0.0	2.0
280	281	257	250	256	天津冶金集团有限公司	其他国有企业	金属冶炼及压延加工业	0.0	6.4	4.0	0.0	2.0
282	242	78	181	53	新华联控股有限公司	民营企业	混业(一般采矿业、房地产开发业、工业化学品制造业)	4.7	4.1	0.0	0.0	1.9
283	286	—	—	—	福佳集团有限公司	民营企业	混业(石油和天然气开采业与加工业、房地产开发业、零售业)	0.0	5.6	3.2	0.0	1.8
284	264	170	233	156	上海人民企业(集团)有限公司	民营企业	机械设备制造业	0.0	6.5	2.9	0.0	1.7
285	245	209	239	258	天津友发钢管集团有限公司	民营企业	金属制品业	0.0	10.1	0.0	0.0	1.5
285	286	—	—	—	甲骨文(中国)	外资企业	互联网服务业	5.0	0.0	0.0	0.0	1.5
285	300	258	160	141	摩托罗拉(中国)电子有限公司	外资企业	通信设备制造业	0.0	6.0	0.0	0.0	1.5
288	173	192	—	—	浙江省兴合集团公司	民营企业	混业(房地产开发业、批发贸易业)	0.0	4.6	0.0	0.0	1.2
289	296	—	—	—	铃木(中国)投资有限公司	外资企业	交通运输设备制造业	0.0	5.0	0.0	0.0	1.0

续表

2013年排名	2012年排名	2011年排名	2010年排名	2009年排名	企业名称	企业性质	企业所属行业	责任管理	市场责任	社会责任	环境责任	综合得分
290	281	287	263	228	山东大王集团有限公司	民营企业	混业（机械设备制造业、工业化学品制造业）	0.0	3.9	0.0	0.0	0.5
291	274	252	236	160	百兴集团有限公司	民营企业	混业（房地产开发业、工业化学品制造业）	0.0	0.0	0.0	0.0	0.0
291	286	—	—	—	丰益国际	外资企业	食品饮料业	0.0	0.0	0.0	0.0	0.0
291	286	229	149	244	河北文丰钢铁有限公司	民营企业	金属冶炼及压延加工业	0.0	0.0	0.0	0.0	0.0
291	298	—	—	—	华特迪士尼	外资企业	文化娱乐业	0.0	0.0	0.0	0.0	0.0
291	286	292	263	268	江苏华西集团公司	民营企业	金属冶炼及压延加工业	0.0	0.0	0.0	0.0	0.0
291	284	231	263	258	江苏申特钢铁有限公司	民营企业	金属冶炼及压延加工业	0.0	0.0	0.0	0.0	0.0
291	286	270	263	268	江苏新长江实业集团有限公司	民营企业	混业（金属制品业、工业化学品制造业）	0.0	0.0	0.0	0.0	0.0
291	165	237	148	144	宁波金田投资控股有限公司	民营企业	混业（房地产开发业、金属冶炼及压延加工业、非金属矿物制品业）	0.0	0.0	0.0	0.0	0.0
291	286	281	263	268	天津汽车工业（集团）有限公司	其他国有企业	交通运输设备制造业	0.0	0.0	0.0	0.0	0.0
291	286	279	263	268	伟创力公司	外资企业	电子产品及电子元件制造业	0.0	0.0	0.0	0.0	0.0

注：①苏宁云商股份有限公司原名“苏宁电器集团有限公司”；②平安银行股份有限公司原名“深圳发展银行股份有限公司”；③亿滋中国原名“卡夫食品（中国）有限公司”；④杭州中策橡胶有限公司原名“杭州橡胶（集团）公司”。

附录二　中国国有企业100强企业社会责任发展指数（2013）

单位：分

2013年排名	企业名称	公司性质	行业名称	责任管理指数	市场责任指数	社会责任指数	环境责任指数	社会责任发展指数
卓越者(9家)								
1	国家电网公司	中央企业	电力供应业	89.9	84.8	75.1	70.4	89.3
2	中国南方电网有限责任公司	中央企业	电力供应业	81.4	78.7	76.8	65.1	88.3
3	中国石油化工集团公司	中央企业	石油和天然气开采业与加工业	84.9	90.4	81.9	64.4	86.6
4	中国华电集团公司	中央企业	电力生产业	81.4	67.3	76.0	69.8	81.6
5	中国移动通信集团公司	中央企业	通信服务业	90.0	80.4	72.8	61.3	81.5
6	华润(集团)有限公司	中央企业	混业(电力生产业、酒精及饮料酒制造业、零售业)	93.5	68.7	82.3	58.4	80.7
7	中国建筑材料集团有限公司	中央企业	非金属矿物制品业	70.3	93.3	86.0	76.4	80.5
8	中国远洋运输(集团)总公司	中央企业	交通运输服务业	85.0	56.5	88.1	79.9	80.4
9	中国华能集团公司	中央企业	电力生产业	80.3	80.2	76.1	72.7	80.1
领先者(23家)								
10	中国黄金集团公司	中央企业	一般采矿业	78.0	75.1	69.9	83.8	79.9
11	中国铝业公司	中央企业	混业(一般采矿业、批发贸易业、金属冶炼及压延加工业)	81.4	74.7	76.8	65.9	78.8
12	中国建筑股份有限公司	中央企业	建筑业	65.0	83.2	67.1	62.6	76.7
13	中国电信集团公司	中央企业	通信服务业	71.2	77.1	62.5	78.8	74.9
14	广东省粤电集团有限公司	其他国有企业	电力生产业	63.6	77.7	80.1	67.3	74.4

续表

2013年排名	企业名称	公司性质	行业名称	责任管理指数	市场责任指数	社会责任指数	环境责任指数	社会责任发展指数
15	中国电子信息产业集团有限公司	中央企业	电子产品及电子元件制造业	71.4	63.2	88.1	61.8	73.5
16	中国五矿集团公司	中央企业	混业（一般采矿业、批发贸易业、金属冶炼及压延加工业）	78.5	75.1	75.6	45.0	72.6
17	中国东方电气集团有限公司	中央企业	机械设备制造业	67.4	48.5	80.4	75.0	72.1
18	中国联合网络通信集团有限公司	中央企业	通信服务业	78.7	85.2	51.5	49.7	70.5
19	上海贝尔股份有限公司	中央企业	通信设备制造业	66.9	56.2	70.0	60.0	67.1
20	太原钢铁（集团）有限公司	其他国有企业	金属冶炼及压延加工业	63.4	83.3	70.2	49.9	67.0
21	神华集团有限责任公司	中央企业	煤炭开采与洗选业	62.0	69.0	67.0	53.5	66.0
22	中国农业银行股份有限公司	国有金融企业	银行业	58.9	60.8	52.6	76.8	64.6
23	武汉钢铁（集团）公司	中央企业	金属冶炼及压延加工业	49.8	81.6	73.2	55.0	64.0
24	宝钢集团有限公司	中央企业	金属冶炼及压延加工业	55.5	68.3	64.1	56.6	63.9
25	中国国际航空股份有限公司	中央企业	交通运输服务业	51.7	69.7	54.1	56.3	63.4
26	中国工商银行股份有限公司	国有金融企业	银行业	48.2	64.9	57.8	64.9	63.1
27	北京汽车集团有限公司	其他国有企业	交通运输设备制造业	50.0	67.7	71.1	59.8	62.7
28	东风汽车公司	中央企业	交通运输设备制造业	48.5	60.2	52.5	71.7	61.6
29	交通银行股份有限公司	国有金融企业	银行业	43.7	64.8	57.3	63.3	61.4
30	上海汽车集团股份有限公司	其他国有企业	交通运输设备制造业	42.7	65.1	60.0	61.4	61.2

续表

2013年排名	企业名称	公司性质	行业名称	责任管理指数	市场责任指数	社会责任指数	环境责任指数	社会责任发展指数
31	中国太平洋保险（集团）股份有限公司	国有金融企业	保险业	49.9	72.2	58.8	50.3	60.9
32	中国海洋石油总公司	中央企业	石油和天然气开采业与加工业	37.1	75.7	71.5	57.5	60.0
追赶者(28家)								
33	中国海运（集团）总公司	中央企业	交通运输服务业	40.1	60.3	65.0	53.2	59.3
34	中国第二重型机械集团公司	中央企业	机械设备制造业	56.2	65.3	45.4	63.2	59.0
35	中国石油天然气集团公司	中央企业	石油和天然气开采业与加工业	57.2	40.4	58.3	42.5	55.9
36	中国机械工业集团有限公司	中央企业	混业（机械设备制造业、建筑业、批发贸易业）	60.5	41.0	52.1	45.1	55.8
37	中国节能环保集团公司	中央企业	一般制造业	55.1	55.2	49.9	56.0	55.0
38	中国中煤能源集团有限公司	中央企业	煤炭开采与洗选业	63.4	54.5	58.0	31.2	54.9
39	中国交通建设股份有限公司	中央企业	建筑业	43.4	64.9	58.3	34.0	54.8
40	中国有色矿业集团有限公司	中央企业	混业（建筑业、一般采矿业、金属冶炼及压延加工业）	48.4	52.1	60.6	41.4	53.0
41	广东物资集团公司	其他国有企业	批发贸易业	41.5	66.8	61.0	33.6	52.8
42	中国建设银行股份有限公司	国有金融企业	银行业	45.0	47.2	54.8	55.1	52.6
43	中国银行股份有限公司	国有金融企业	银行业	20.1	69.5	47.5	63.2	52.2
43	中国南方航空集团公司	中央企业	交通运输服务业	45.2	46.4	44.0	51.1	52.2
45	中国广核集团有限公司	中央企业	电力生产业	36.5	53.1	58.5	27.3	50.4

续表

2013年排名	企业名称	公司性质	行业名称	责任管理指数	市场责任指数	社会责任指数	环境责任指数	社会责任发展指数
45	上海电气集团股份有限公司	其他国有企业	机械设备制造业	37.0	61.9	50.3	48.3	50.4
47	中国国电集团公司	中央企业	电力生产业	62.4	42.7	42.2	35.6	50.0
48	中国中铁股份有限公司	中央企业	建筑业	32.0	54.9	48.7	54.2	49.0
49	中国中钢集团公司	中央企业	混业(机械设备制造业、一般采矿业、批发贸易业)	60.0	48.7	49.8	30.9	48.0
50	广州汽车集团股份有限公司	其他国有企业	交通运输设备制造业	31.4	70.1	52.7	26.8	47.0
51	中国中化集团公司	中央企业	工业化学品制造业	63.4	54.9	53.1	16.9	46.9
52	中国电力建设集团有限公司	中央企业	混业(机械设备制造业、建筑业)	71.2	35.0	32.0	32.9	46.6
53	中国北车股份有限公司	中央企业	交通运输设备制造业	43.7	50.0	52.5	35.1	45.1
54	中国航空油料集团公司	中央企业	交通运输服务业	46.7	26.5	56.0	29.9	44.4
55	陕西延长石油(集团)有限责任公司	其他国有企业	石油和天然气开采业与加工业	32.0	57.0	45.5	44.4	44.2
56	国家开发投资公司	中央企业	混业(电力生产业、煤炭开采与洗选业、证券期货基金及其他金融服务业)	40.7	62.1	53.3	18.7	42.8
57	招商局集团有限公司	中央企业	混业(交通运输服务业、房地产开发业、银行业)	34.0	37.2	53.2	20.9	42.7
58	冀中能源股份有限公司	其他国有企业	煤炭开采与洗选业	27.0	60.6	52.0	32.5	41.5
58	中国电力投资集团公司	中央企业	电力生产业	26.9	45.3	43.4	43.0	41.5
60	中国国旅集团有限公司	中央企业	混业(房地产服务业、旅游业)	44.6	36.6	42.3	35.1	41.2
起步者(15家)								
61	中国铁建股份有限公司	中央企业	建筑业	26.9	54.9	50.9	22.1	39.1

续表

2013年排名	企业名称	公司性质	行业名称	责任管理指数	市场责任指数	社会责任指数	环境责任指数	社会责任发展指数
62	中国冶金科工股份有限公司	中央企业	混业（建筑业、一般采矿业）	21.9	49.7	51.3	20.1	35.6
63	中粮集团有限公司	中央企业	混业（食品饮料业、房地产开发业、批发贸易业）	26.6	38.7	25.9	31.7	34.2
64	新华人寿保险股份有限公司	国有金融企业	保险业	8.4	49.5	47.0	13.4	34.1
65	首钢总公司	其他国有企业	金属冶炼及压延加工业	11.8	54.8	47.2	30.0	33.6
66	中国第一重型机械集团公司	中央企业	机械设备制造业	35.4	45.1	23.6	23.4	31.3
67	中国东方航空集团公司	中央企业	交通运输服务业	10.1	43.7	27.0	3.3	28.4
68	中国外运长航集团有限公司	中央企业	交通运输服务业	21.7	18.7	31.0	29.9	27.3
69	河北钢铁集团有限公司	其他国有企业	金属冶炼及压延加工业	21.8	61.6	23.3	18.5	27.2
70	中国第一汽车集团公司	中央企业	交通运输设备制造业	0.0	45.1	21.2	34.9	26.7
71	中国化工集团公司	中央企业	工业化学品制造业	21.9	32.6	55.2	9.3	26.6
72	新兴际华集团有限公司	中央企业	金属冶炼及压延加工业	5.0	41.3	18.3	26.7	24.3
73	华侨城集团公司	中央企业	混业（电子产品及电子元件制造业、房地产开发业、旅游业）	19.5	17.0	32.9	7.7	23.3
74	香港中旅（集团）有限公司	中央企业	旅游业	5.0	51.7	10.4	6.8	22.6
75	中国医药集团总公司	中央企业	医药生物制造业	10.1	40.6	19.8	4.9	21.1
旁观者（25家）								
76	中国化学工程股份有限公司	中央企业	建筑业	0.0	40.1	12.9	11.9	17.9

续表

2013年排名	企业名称	公司性质	行业名称	责任管理指数	市场责任指数	社会责任指数	环境责任指数	社会责任发展指数
77	中国人民保险集团股份有限公司	国有金融企业	保险业	10.1	28.1	15.4	3.4	17.8
78	鞍钢集团公司	中央企业	金属冶炼及压延加工业	5.0	13.0	32.2	13.4	17.5
79	中国普天信息产业集团公司	中央企业	通信设备制造业	16.9	12.0	13.7	18.1	17.3
79	中国大唐集团公司	中央企业	电力生产业	5.0	20.0	13.2	30.0	17.3
81	中国中信集团有限公司	国有金融企业	混业（房地产开发业、银行业、证券期货基金及其他金融服务业）	4.5	23.1	19.8	1.6	15.8
82	中国铁路物资股份有限公司	中央企业	交通运输服务业	5.1	15.0	11.1	13.1	12.8
83	中国中纺集团公司	中央企业	混业（食品饮料业、纺织业）	10.1	14.1	14.5	8.3	12.6
84	中国人寿保险（集团）公司	国有金融企业	保险业	5.0	21.4	11.8	0.0	11.9
84	中国诚通控股集团有限公司	中央企业	混业（造纸业、交通运输服务业、批发贸易业）	16.6	15.9	11.5	0.0	11.9
86	中国恒天集团公司	中央企业	混业（机械设备制造业、纺织业）	5.0	13.0	19.2	3.0	11.7
87	泰康人寿保险股份有限公司	国有金融企业	保险业	0.0	31.5	2.0	0.0	10.9
88	中国南车集团公司	中央企业	交通运输设备制造业	0.0	37.5	6.3	0.0	10.8
89	哈尔滨电气集团公司	中央企业	机械设备制造业	11.6	18.4	3.1	3.3	10.0
90	中国林业集团公司	中央企业	农林牧渔业	0.0	15.8	10.0	12.9	9.8
91	中国中材集团公司	中央企业	非金属矿物制品业	5.0	16.6	2.0	0.0	9.5
92	浙江省物产集团公司	其他国有企业	批发贸易业	5.1	15.0	9.4	0.0	9.4

续表

2013年排名	企业名称	公司性质	行业名称	责任管理指数	市场责任指数	社会责任指数	环境责任指数	社会责任发展指数
93	马钢(集团)控股有限公司	其他国有企业	金属冶炼及压延加工业	0.0	6.6	10.0	6.7	7.5
94	上海建工(集团)总公司	其他国有企业	建筑业	0.0	21.5	3.2	4.0	7.2
95	天津市物资集团总公司	其他国有企业	批发贸易业	0.0	11.5	10.9	0.0	6.2
96	中国通用技术(集团)控股有限责任公司	中央企业	混业(机械设备制造业、医药生物制造业、批发贸易业)	10.1	0.0	6.4	2.5	5.3
97	百联集团有限公司	其他国有企业	零售业	0.0	3.3	6.0	0.0	2.5
97	中国邮政集团公司	其他国有企业	交通运输服务业	0.0	1.6	0.0	0.0	2.5
99	天津冶金集团有限公司	其他国有企业	金属冶炼及压延加工业	0.0	6.4	4.0	0.0	2.0
100	天津汽车工业(集团)有限公司	其他国有企业	交通运输设备制造业	0.0	0.0	0.0	0.0	0.0

附录三　中国民营企业100强企业社会责任发展指数（2013）

单位：分

2013年排名	企业名称	行业名称	责任管理指数	市场责任指数	社会责任指数	环境责任指数	社会责任发展指数
领先者(7家)							
1	中国民生银行股份有限公司	银行业	68.5	81.7	57.9	68.6	79.8
2	华为投资控股有限公司	通信设备制造业	65.1	55.2	61.1	76.2	74.6
3	兴业银行股份有限公司	银行业	65.7	75.7	54.4	71.7	71.8
4	联想集团	计算机及相关设备制造业	55.0	66.1	63.7	61.9	69.2

续表

2013年排名	企业名称	行业名称	责任管理指数	市场责任指数	社会责任指数	环境责任指数	社会责任发展指数
5	中国平安保险（集团）股份有限公司	保险业	66.9	73.2	49.6	39.8	64.4
6	招商银行股份有限公司	银行业	43.3	61.7	65.4	69.5	62.3
7	中兴通讯股份有限公司	通信设备制造业	47.7	68.0	55.0	62.1	61.8
追赶者（7家）							
8	苏宁云商集团股份有限公司	零售业	39.8	68.9	60.3	43.1	59.2
9	万科企业股份有限公司	房地产开发业	22.0	61.0	66.7	47.9	55.3
10	平安银行股份有限公司	银行业	41.0	56.3	49.7	59.5	54.5
11	上海复星医药（集团）股份有限公司	医药生物制造业	40.5	54.6	43.7	57.5	50.8
12	华夏银行股份有限公司	银行业	41.4	47.9	32.6	47.0	47.0
12	浙江吉利控股集团有限公司	交通运输设备制造业	36.5	66.6	41.4	38.1	47.0
14	海尔集团公司	家用电器制造业	36.4	35.4	14.9	68.0	43.7
起步者（10家）							
15	扬子江药业集团有限公司	医药生物制造业	21.8	31.7	36.3	47.7	34.9
16	天狮集团有限公司	混业（医药生物制造业、零售业）	31.8	28.0	45.5	19.5	34.6
17	内蒙古伊利实业集团股份有限公司	食品饮料业	10.1	53.3	15.0	13.3	29.7
17	大连万达集团股份有限公司	房地产开发业	38.0	19.4	27.7	15.0	29.7
19	长城汽车股份有限公司	交通运输设备制造业	5.0	47.4	26.5	20.0	25.3
20	海航集团有限公司	交通运输服务业	10.1	29.9	14.1	19.5	24.4
21	比亚迪股份有限公司	交通运输设备制造业	11.8	54.9	3.8	16.6	24.2
22	雅戈尔集团股份有限公司	混业（服装鞋帽制造业、房地产开发业）	15.4	39.3	20.6	15.7	23.9
23	杭州娃哈哈集团有限公司	食品饮料业	14.6	28.7	18.7	7.2	20.3
24	中天钢铁集团有限公司	金属冶炼及压延加工业	5.1	23.2	18.3	21.7	20.1
旁观者（76家）							
25	正泰集团有限公司	机械设备制造业	0.0	30.2	24.7	18.3	18.2

续表

2013年排名	企业名称	行业名称	责任管理指数	市场责任指数	社会责任指数	环境责任指数	社会责任发展指数
26	碧桂园控股有限公司	房地产开发业	10.0	32.4	17.9	0.0	18.0
27	国美电器有限公司	零售业	16.6	17.1	11.9	10.1	17.6
28	物美控股集团有限公司	零售业	0.0	50.4	8.0	0.0	17.1
29	山东时风(集团)有限责任公司	交通运输设备制造业	0.0	28.7	10.2	18.2	16.2
30	美的集团有限公司	家用电器制造业	5.1	30.4	7.4	4.0	15.6
31	恒大地产集团有限公司	房地产开发业	10.0	20.1	9.1	9.9	15.3
32	山东新希望六和集团有限公司	食品饮料业	5.0	20.1	16.3	13.4	13.8
33	通威集团有限公司	食品饮料业	0.0	17.2	10.0	10.0	13.5
34	江苏阳光集团有限公司	混业(纺织业、服装鞋帽制造业)	0.0	37.2	10.3	11.4	13.1
35	江苏三房巷集团有限公司	混业(纺织业、工业化学品制造业)	0.0	60.5	7.2	3.9	12.7
36	临沂新程金锣肉制品集团有限公司	食品饮料业	10.1	18.4	15.0	0.0	12.5
37	恒力集团有限公司	混业(机械设备制造业、纺织业)	5.0	20.0	14.0	12.4	12.3
38	庞大汽贸集团股份有限公司	零售业	0.0	30.1	2.0	0.0	11.5
39	中天发展控股集团有限公司	混业(建筑业、房地产开发业)	16.5	2.8	9.3	0.0	11.3
40	人民电器集团有限公司	机械设备制造业	5.0	16.8	14.5	5.0	11.1
41	浙江荣盛控股集团有限公司	混业(房地产开发业、工业化学品制造业)	4.4	15.4	14.7	7.6	11.0
41	金龙精密铜管集团股份有限公司	金属制品业	0.0	8.0	19.1	6.6	11.0
43	新希望集团有限公司	混业(食品饮料业、工业化学品制造业)	11.8	6.4	11.1	0.0	10.6

续表

2013年排名	企业名称	行业名称	责任管理指数	市场责任指数	社会责任指数	环境责任指数	社会责任发展指数
43	四川宏达(集团)有限公司	工业化学品制造业	10.1	5.0	10.1	5.0	10.6
45	三一集团有限公司	机械设备制造业	5.0	23.0	9.5	0.0	10.3
46	奥克斯集团有限公司	家用电器制造业	0.0	23.4	11.2	4.0	10.1
47	天津荣程联合钢铁集团有限公司	金属冶炼及压延加工业	0.0	16.3	10.2	13.4	10.0
47	江苏扬子江船业集团公司	交通运输设备制造业	0.0	21.2	6.3	5.0	10.0
49	日照钢铁控股集团有限公司	金属冶炼及压延加工业	5.0	6.8	11.2	5.0	9.8
49	红豆集团有限公司	服装鞋帽制造业	5.0	15.3	11.8	2.4	9.8
51	滨化集团股份有限公司	工业化学品制造业	5.0	32.6	11.3	1.3	9.5
52	海亮集团有限公司	混业(房地产开发业、金属制品业)	4.4	10.2	15.7	2.8	9.3
53	三胞集团有限公司	混业(电子产品及电子元件制造业、房地产开发业)	4.6	10.0	10.6	0.0	9.0
54	杭州中策橡胶有限公司	工业化学品制造业	5.0	17.5	10.0	5.3	8.4
54	浪潮集团有限公司	混业(计算机及相关设备制造业、计算机服务业)	5.1	14.0	5.2	3.8	8.4
56	雨润控股集团有限公司	食品饮料业	5.0	7.3	10.1	0.0	8.1
57	奇瑞汽车股份有限公司	交通运输设备制造业	10.1	14.9	5.0	0.0	8.0
58	北京建龙重工集团有限公司	混业(一般采矿业、金属冶炼及压延加工业)	5.0	15.6	10.2	2.6	7.9
59	世纪金源投资集团有限公司	混业(房地产开发业、零售业、酒店业)	0.0	11.2	11.5	0.0	7.1
59	河北津西钢铁集团股份有限公司	金属冶炼及压延加工业	0.0	10.0	8.3	5.0	7.1
59	南山集团有限公司	混业(纺织业、房地产开发业、金属冶炼及压延加工业)	3.4	10.1	6.2	1.8	7.1
62	内蒙古伊泰集团有限公司	煤炭开采与洗选业	5.0	4.8	10.0	1.4	7.0
63	江西萍钢实业股份有限公司	金属制品业	0.0	6.5	5.8	5.0	6.9

续表

2013年排名	企业名称	行业名称	责任管理指数	市场责任指数	社会责任指数	环境责任指数	社会责任发展指数
64	海澜集团有限公司	服装鞋帽制造业	5.1	5.9	10.2	0.0	6.6
65	江苏苏宁环球集团有限公司	房地产开发业	4.0	5.7	7.6	2.5	6.2
66	江苏高力集团有限公司	房地产开发业	4.0	5.7	5.7	0.0	6.1
67	陕西东岭工贸集团股份有限公司	混业（一般采矿业、金属冶炼及压延加工业）	0.0	12.3	8.9	3.8	6.0
68	广厦控股创业投资有限公司（广厦控股集团有限公司）	混业（建筑业、房地产开发业）	4.6	6.1	7.0	0.0	5.5
68	江铃汽车集团公司	交通运输设备制造业	0.0	10.1	2.5	6.6	5.5
70	新疆广汇实业投资（集团）有限责任公司	混业（一般采矿业、房地产开发业）	4.6	12.0	5.0	0.0	5.3
71	河北敬业企业集团有限责任公司	混业（金属制品业、酒店业）	0.0	2.0	5.5	8.7	4.9
72	正威国际集团有限公司	混业（电子产品及电子元件制造业、金属冶炼及压延加工业）	5.1	6.6	8.2	0.0	4.6
73	江苏沙钢集团有限公司	金属冶炼及压延加工业	0.0	3.4	2.0	8.4	4.5
73	万向集团公司	交通运输设备制造业	0.0	4.9	0.0	8.3	4.5
75	唐山港陆钢铁有限公司	金属冶炼及压延加工业	0.0	10.1	3.0	6.7	4.3
76	晶龙实业集团有限公司	电子产品及电子元件制造业	0.0	8.2	4.0	0.0	4.2
76	广东格兰仕集团有限公司	家用电器制造业	5.0	4.8	2.5	0.0	4.2
78	四川省川威集团有限公司	混业（交通运输服务业、金属冶炼及压延加工业、非金属矿物制品业）	0.0	14.9	1.5	3.7	3.8
78	浙江恒逸集团有限公司	工业化学品制造业	5.0	2.5	5.1	0.0	3.8
78	唐山瑞丰钢铁（集团）有限公司	金属冶炼及压延加工业	0.0	10.1	5.0	3.3	3.8
81	大连大商集团有限公司	零售业	0.0	8.1	4.0	0.0	3.4
82	上海华冶钢铁集团有限公司	金属冶炼及压延加工业	0.0	8.4	4.0	0.0	3.3
83	南京钢铁集团有限公司	金属制品业	0.0	6.8	0.0	0.0	3.0

续表

2013年排名	企业名称	行业名称	责任管理指数	市场责任指数	社会责任指数	环境责任指数	社会责任发展指数
84	新华联合冶金投资集团有限公司	金属冶炼及压延加工业	0.0	13.0	0.0	3.3	2.9
84	海南大印集团有限公司	混业（房地产开发业、批发贸易业）	0.0	3.3	7.3	0.0	2.9
86	山东魏桥创业集团有限公司	纺织业	0.0	7.5	3.5	0.0	2.6
87	江苏西城三联控股集团有限公司	金属制品业	0.0	6.6	6.0	0.0	2.5
88	江阴澄星实业集团有限公司	工业化学品制造业	0.0	7.5	2.5	2.4	2.2
89	新华联控股有限公司	混业（一般采矿业、房地产开发业、工业化学品制造业）	4.7	4.1	0.0	0.0	1.9
90	福佳集团有限公司	混业（石油和天然气开采业与加工业、房地产开发业、零售业）	0.0	5.6	3.2	0.0	1.8
91	上海人民企业（集团）有限公司	机械设备制造业	0.0	6.5	2.9	0.0	1.7
92	天津友发钢管集团有限公司	金属制品业	0.0	10.1	0.0	0.0	1.5
93	浙江省兴合集团公司	混业（房地产开发业、批发贸易业）	0.0	4.6	0.0	0.0	1.2
94	山东大王集团有限公司	混业（机械设备制造业、工业化学品制造业）	0.0	3.9	0.0	0.0	0.5
95	百兴集团有限公司	混业（房地产开发业、工业化学品制造业）	0.0	0.0	0.0	0.0	0.0
95	河北文丰钢铁有限公司	金属冶炼及压延加工业	0.0	0.0	0.0	0.0	0.0
95	江苏华西集团公司	金属冶炼及压延加工业	0.0	0.0	0.0	0.0	0.0
95	江苏申特钢铁有限公司	金属冶炼及压延加工业	0.0	0.0	0.0	0.0	0.0
95	江苏新长江实业集团有限公司	混业（金属制品业、工业化学品制造业）	0.0	0.0	0.0	0.0	0.0
95	宁波金田投资控股有限公司	混业（房地产开发业、金属冶炼及压延加工业、非金属矿物制品业）	0.0	0.0	0.0	0.0	0.0

附录四　中国外资企业100强企业社会责任发展指数（2013）

单位：分

2013年排名	企业名称	企业所属行业	责任管理指数	市场责任指数	社会责任指数	环境责任指数	社会责任发展指数
领先者(3家)							
1	三星中国投资有限公司	混业(电子产品及电子元件制造业、通信设备制造业)	66.9	48.2	66.3	65.9	70.5
2	英特尔(中国)有限公司	电子产品及电子元件制造业	61.7	67.9	58.2	53.7	62.4
3	光宝集团	混业(电子产品及电子元件制造业、计算机及相关设备制造业)	58.4	59.1	56.3	57.7	60.7
追赶者(10家)							
4	浦项(中国)投资有限公司	金属冶炼及压延加工业	46.5	53.2	64.0	63.3	58.9
5	松下电器(中国)有限公司	混业(机械设备制造业、家用电器制造业)	45.0	51.7	59.2	46.1	51.3
6	富士施乐(中国)有限公司	计算机及相关设备制造业	45.0	50.0	47.5	50.6	51.1
7	LG化学(中国)投资有限公司	工业化学品制造业	36.5	49.8	54.8	54.5	50.7
8	台达集团	电子产品及电子元件制造业	39.9	48.3	44.1	43.5	48.3
9	索尼(中国)有限公司	混业(家用电器制造业、电子产品及电子元件制造业、计算机及相关设备制造业)	55.0	35.9	34.9	44.5	46.7
10	佳能(中国)有限公司	混业(电子产品及电子元件制造业、计算机及相关设备制造业、计算机服务业)	49.8	36.0	49.5	24.5	46.5
11	阿斯利康制药有限公司	医药生物制造业	7.9	53.9	52.4	56.3	42.3
12	东芝集团(中国)	混业(机械设备制造业、电子产品及电子元件制造业、计算机及相关设备制造业)	48.2	44.2	40.3	30.5	42.2
13	华硕电脑股份有限公司	计算机及相关设备制造业	28.1	39.6	26.2	58.3	41.2

续表

2013年排名	企业名称	企业所属行业	责任管理指数	市场责任指数	社会责任指数	环境责任指数	社会责任发展指数
起步者(21家)							
14	富士康科技集团	电子产品及电子元件制造业	39.9	27.7	42.1	28.6	37.2
15	夏普(中国)投资有限公司	混业(通信设备制造业、计算机及相关设备制造业)	38.2	21.2	24.9	45.9	35.2
16	阿迪达斯(中国)有限公司	服装鞋帽制造业	33.2	22.0	38.0	38.3	34.6
17	丰田汽车(中国)投资有限公司	交通运输设备制造业	31.4	32.5	22.5	46.4	34.3
18	日立(中国)有限公司	混业(机械设备制造业、家用电器制造业、计算机及相关设备制造业)	49.0	24.7	31.1	25.3	33.4
19	联合利华(中国)有限公司	混业(食品饮料业、日用化学品制造业)	10.1	39.3	23.6	54.8	32.7
20	巴斯夫(中国)有限公司	工业化学品制造业	28.1	37.6	41.7	18.0	31.7
21	爱立信(中国)通信有限公司	通信设备制造业	29.9	23.8	30.0	21.7	27.3
22	可口可乐(中国)饮料有限公司	食品饮料业	9.5	32.4	21.4	57.2	27.0
23	国际商业机器中国有限公司	混业(计算机及相关设备制造业、计算机服务业)	23.1	22.8	26.7	24.8	26.0
24	花旗银行(中国)有限公司	银行业	10.1	24.4	30.6	23.1	25.5
25	亿滋中国	食品饮料业	5.0	36.5	18.9	20.5	24.1
26	家乐福(中国)	零售业	23.2	19.8	20.0	9.8	23.4
26	汇丰银行(中国)有限公司	银行业	6.8	22.8	22.1	33.1	23.4
28	通用汽车(中国)	交通运输设备制造业	30.5	9.9	13.8	18.2	22.3
29	沃尔沃(中国)投资有限公司	交通运输设备制造业	9.5	17.7	21.3	35.1	22.2
30	小松(中国)投资有限公司	机械设备制造业	16.9	16.5	24.5	28.2	22.1
31	宝洁(中国)有限公司	日用化学品制造业	20.1	9.8	12.5	34.4	21.3
32	美铝(中国)投资有限公司	金属制品业	9.5	19.9	21.1	26.8	21.1

续表

2013年排名	企业名称	企业所属行业	责任管理指数	市场责任指数	社会责任指数	环境责任指数	社会责任发展指数
33	宝马(中国)	交通运输设备制造业	15.1	7.4	27.5	18.2	21.0
34	箭牌糖果(中国)有限公司	食品饮料业	21.4	12.7	11.3	40.7	20.2
旁观者(66家)							
35	道达尔中国	石油和天然气开采业与加工业	16.8	37.2	20.2	13.8	19.3
36	百事(中国)投资有限公司	食品饮料业	5.0	12.7	30.0	34.1	19.0
37	本田中国投资有限公司	交通运输设备制造业	16.9	4.9	2.5	41.3	18.9
38	壳牌中国	石油和天然气开采业与加工业	27.6	17.4	13.7	13.8	18.3
39	安利(中国)日用品有限公司	日用化学品制造业	16.9	12.0	14.9	1.4	16.9
40	雅培中国	混业(食品饮料业、医药生物制造业)	16.3	13.9	18.7	19.8	16.7
40	雀巢中国有限公司	食品饮料业	4.5	33.8	12.5	6.6	16.7
42	现代汽车中国投资有限公司	交通运输设备制造业	21.9	7.5	10.0	18.2	16.5
43	日产(中国)投资有限公司	交通运输设备制造业	10.1	14.9	13.8	18.2	16.2
44	艾默生(中国)	机械设备制造业	14.5	6.5	15.8	16.5	15.2
45	GE中国	混业(机械设备制造业、家用电器制造业、电子产品及电子元件制造业)	5.0	10.0	8.0	30.8	15.0
46	西门子(中国)有限公司	混业(机械设备制造业、计算机服务业)	5.0	15.5	11.4	20.6	14.9
46	ABB(中国)有限公司	机械设备制造业	5.0	14.8	8.9	23.1	14.9
48	飞利浦电子(中国)集团	混业(机械设备制造业、家用电器制造业)	9.5	20.7	13.8	14.0	14.5
49	福特汽车(中国)有限公司	交通运输设备制造业	5.0	7.5	11.3	26.8	14.3
50	住友商事(中国)有限公司	批发贸易业	16.9	3.4	11.8	29.6	13.5
51	中国惠普有限公司	计算机及相关设备制造业	9.5	15.8	12.6	16.2	13.4

续表

2013年排名	企业名称	企业所属行业	责任管理指数	市场责任指数	社会责任指数	环境责任指数	社会责任发展指数
52	理光中国	计算机及相关设备制造业	6.8	18.4	3.8	15.7	13.3
53	达能(中国)有限公司	食品饮料业	11.8	14.9	17.5	6.7	13.2
54	苹果公司	混业(通信设备制造业、计算机及相关设备制造业)	4.5	10.7	2.5	34.3	13.1
55	金光纸业(中国)投资有限公司	造纸业	16.5	2.4	11.2	5.8	13.0
56	普利司通(中国)	工业化学品制造业	9.5	0.0	0.0	19.4	12.6
57	正大(中国)投资有限公司	混业(农林牧渔业、零售业)	10.0	7.1	9.9	15.6	12.4
58	安联	保险业	5.0	16.8	12.0	10.2	12.1
59	博世(中国)投资有限公司	交通运输设备制造业	0.0	26.3	13.8	10.0	12.0
60	沃尔玛(中国)投资有限公司	零售业	5.0	13.2	4.1	11.8	11.3
61	拉法基	非金属矿物制品业	5.0	3.3	7.0	25.0	11.2
62	戴尔中国有限公司	计算机及相关设备制造业	5.0	16.4	12.6	11.8	11.1
63	欧莱雅(中国)有限公司	日用化学品制造业	5.0	6.3	3.7	0.0	10.1
64	雪铁龙(中国)投资有限公司	交通运输设备制造业	0.0	10.0	6.3	18.3	9.7
64	富士胶片(中国)投资有限公司	电子产品及电子元件制造业	5.0	6.6	4.9	6.6	9.7
66	施耐德(中国)投资有限公司	机械设备制造业	0.0	6.9	7.1	18.3	9.3
67	高盛(中国)	证券期货基金及其他金融服务业	5.0	11.5	7.5	12.9	8.8
68	麦德龙(中国)	零售业	5.0	15.0	0.0	17.9	8.7
69	卡特彼勒(中国)投资有限公司	机械设备制造业	0.0	16.9	10.2	6.6	8.1
70	亚马逊中国	零售业	0.0	21.3	2.0	0.0	7.9
71	拜耳(中国)	混业(医药生物制造业、工业化学品制造业)	5.0	17.8	6.3	5.8	7.8

续表

2013年排名	企业名称	企业所属行业	责任管理指数	市场责任指数	社会责任指数	环境责任指数	社会责任发展指数
72	微软中国	计算机服务业	5.0	13.6	0.0	13.3	7.6
72	三菱商事中国有限公司	批发贸易业	10.1	0.0	6.2	19.9	7.6
74	百胜(中国)投资有限公司	餐饮业	5.0	5.0	13.8	0.0	7.5
74	陶氏化学(中国)有限公司	工业化学品制造业	11.8	17.6	8.6	1.1	7.5
76	强生(中国)投资有限公司	混业(医药生物制造业、日用化学品制造业)	5.0	9.4	9.6	0.0	7.3
77	埃森哲(中国)有限公司	一般服务业	5.0	3.4	14.2	0.0	7.1
78	大众汽车集团(中国)	交通运输设备制造业	0.0	10.0	0.0	13.3	7.0
79	法国兴业银行中国有限公司	银行业	5.0	8.2	7.8	6.8	6.9
80	麦当劳(中国)有限公司	餐饮业	0.0	13.2	5.0	10.2	6.7
81	诺基亚(中国)投资有限公司	通信设备制造业	5.0	6.0	2.5	11.9	6.5
82	联邦快递(中国)有限公司	交通运输服务业	0.0	19.8	0.0	1.6	6.2
83	乐购中国	零售业	5.0	3.5	6.0	13.3	6.1
84	固特异	工业化学品制造业	0.0	7.5	1.2	7.4	6.0
85	法国威立雅	水的生产和供应业	6.8	1.9	6.0	10.3	5.7
86	杜邦中国集团有限公司	混业(农林牧渔业、电子产品及电子元件制造业、工业化学品制造业)	10.0	13.1	0.0	1.8	5.4
87	BP中国	石油和天然气开采业与加工业	5.0	7.8	7.4	2.5	4.8
87	SK中国	石油和天然气开采业与加工业	0.0	0.0	6.3	1.3	4.8
89	思科中国	混业(互联网服务业、通信设备制造业)	3.0	6.9	3.6	0.0	4.5
89	耐克体育(中国)有限公司	服装鞋帽制造业	4.5	12.5	0.0	0.0	4.5
91	米其林(中国)投资有限公司	工业化学品制造业	5.0	7.5	6.2	1.1	4.0
92	三井物产(中国)有限公司	混业(机械设备制造业、金属制品业)	5.0	0.0	2.0	4.3	3.3

续表

2013年排名	企业名称	企业所属行业	责任管理指数	市场责任指数	社会责任指数	环境责任指数	社会责任发展指数
93	宏基集团	计算机及相关设备制造业	0.0	10.1	0.0	0.0	2.5
94	欧尚(中国)投资有限公司	零售业	5.0	0.0	2.0	0.0	2.0
95	甲骨文(中国)	互联网服务业	5.0	0.0	0.0	0.0	1.5
95	摩托罗拉(中国)电子有限公司	通信设备制造业	0.0	6.0	0.0	0.0	1.5
97	铃木(中国)投资有限公司	交通运输设备制造业	0.0	5.0	0.0	0.0	1.0
98	丰益国际	食品饮料业	0.0	0.0	0.0	0.0	0.0
98	华特迪士尼公司	文化娱乐业	0.0	0.0	0.0	0.0	0.0
98	伟创力公司	电子产品及电子元件制造业	0.0	0.0	0.0	0.0	0.0

附录五 中国上市公司社会责任发展指数（2013）

单位：分

排名	企业名称	行业名称	上市交易所	责任管理指数	市场责任指数	社会责任指数	环境责任指数	社会责任发展指数
领先者(20家)								
1	中国民生银行股份有限公司	银行业	上交所、港交所	68.5	81.7	57.9	68.6	79.8
2	中国建筑股份有限公司	建筑业	上交所	65.0	83.2	67.1	62.6	76.7
3	中国铝业股份有限公司	混业(金属冶炼及压延加工业、一般采矿业)	上交所、港交所、海外上市	84.7	80.9	71.0	55.7	73.2
4	兴业银行股份有限公司	银行业	上交所	65.7	75.7	54.4	71.7	71.8
5	中国神华能源股份有限公司	混业(电力生产业、煤炭开采与洗选业)	上交所、港交所	60.7	83.2	62.4	60.8	70.4
6	上海浦东发展银行股份有限公司	银行业	上交所	60.1	73.9	65.4	51.1	69.2

续表

排名	企业名称	行业名称	上市交易所	责任管理指数	市场责任指数	社会责任指数	环境责任指数	社会责任发展指数
7	深圳市燃气集团股份有限公司	燃气生产和供应业	上交所	62.0	72.8	62.7	36.7	66.2
8	中国石油化工股份有限公司	石油和天然气开采业与加工业	上交所、港交所	68.0	80.8	50.4	43.8	65.1
9	中国农业银行股份有限公司	银行业	上交所、港交所	58.9	60.8	52.6	76.8	64.6
10	中国平安保险(集团)股份有限公司	保险业	上交所、港交所	66.9	73.2	49.6	39.8	64.4
11	中国国际航空股份有限公司	交通运输服务业	上交所、港交所、海外上市	51.7	69.7	54.1	56.3	63.4
12	中国工商银行股份有限公司	银行业	上交所、港交所	48.2	64.9	57.8	64.9	63.1
13	招商银行股份有限公司	银行业	上交所、港交所	43.3	61.7	65.4	69.5	62.3
14	中国东方航空股份有限公司	交通运输服务业	上交所、港交所、海外上市	44.9	71.3	61.1	46.7	62.1
15	中兴通讯股份有限公司	通信设备制造业	深交所、港交所	47.7	68.0	55.0	62.1	61.8
16	中国南方航空股份有限公司	交通运输服务业	上交所、港交所、海外上市	56.8	63.2	59.1	44.6	61.5
17	交通银行股份有限公司	银行业	上交所、港交所	43.7	64.8	57.3	63.3	61.4
18	上海汽车集团股份有限公司	交通运输设备制造业	上交所	42.7	65.1	60.0	61.4	61.2
19	中国太平洋保险(集团)股份有限公司	保险业	上交所、港交所	49.9	72.2	58.8	50.3	60.9
20	招商局地产控股股份有限公司	房地产开发业	深交所、海外上市	38.0	65.1	61.9	51.7	60.7
追赶者(48家)								
21	苏宁云商集团股份有限公司	零售业	深交所	39.8	68.9	60.3	43.1	59.2
22	中国联合网络通信股份有限公司	通信服务业	上交所	53.5	68.4	51.5	49.7	57.9

续表

排名	企业名称	行业名称	上市交易所	责任管理指数	市场责任指数	社会责任指数	环境责任指数	社会责任发展指数
23	大唐国际发电股份有限公司	电力生产业	上交所、港交所	35.4	57.5	59.2	60.0	56.2
24	万科企业股份有限公司	房地产开发业	深交所	22.0	61.0	66.7	47.9	55.3
25	中信银行股份有限公司	银行业	上交所、港交所	26.9	56.6	64.6	57.8	54.9
26	中国交通建设股份有限公司	建筑业	上交所、港交所	43.4	64.9	58.3	34.0	54.8
27	平安银行股份有限公司	银行业	深交所、港交所	41.0	56.3	49.7	59.5	54.5
28	中国光大银行股份有限公司	银行业	上交所	10.0	72.0	57.3	68.1	54.2
29	宜宾五粮液股份有限公司	酒精及饮料酒制造业	深交所	31.4	69.7	62.5	25.4	54.1
30	宁波银行股份有限公司	银行业	深交所	35.5	58.2	54.2	46.6	53.7
31	招商证券股份有限公司	证券期货基金及其他金融服务业	上交所	33.2	66.7	57.1	37.3	52.8
32	中国建设银行股份有限公司	银行业	上交所、港交所	45.0	47.2	54.8	55.1	52.6
32	永辉超市股份有限公司	零售业	上交所	33.1	61.4	60.2	28.2	52.6
34	东软集团股份有限公司	计算机服务业	上交所	29.8	73.9	44.9	40.0	52.3
35	中国银行股份有限公司	银行业	上交所、港交所	20.1	0.0	0.0	0.0	52.2
36	TCL 集团股份有限公司	家用电器制造业	深交所	42.1	59.4	46.3	30.2	51.3
37	中国葛洲坝集团股份有限公司	电力生产业	上交所	57.9	65.1	55.5	32.8	51.2
38	上海复星医药(集团)股份有限公司	医药生物制造业	上交所、港交所	40.5	54.6	43.7	57.5	50.8
39	中国中铁股份有限公司	建筑业	上交所、港交所	32.0	54.9	48.7	54.2	49.0
40	兖州煤业股份有限公司	煤炭开采与洗选业	上交所、港交所、海外上市	9.5	84.6	58.0	59.3	48.6
41	广西柳工机械股份有限公司	机械设备制造业	深交所	21.3	75.2	52.8	50.0	47.9

续表

排名	企业名称	行业名称	上市交易所	责任管理指数	市场责任指数	社会责任指数	环境责任指数	社会责任发展指数
42	广发证券股份有限公司	证券期货基金及其他金融服务业	深交所	21.9	68.5	53.8	27.3	47.7
43	宝山钢铁股份有限公司	金属冶炼及压延加工业	上交所	26.3	80.1	36.1	51.6	47.4
44	北京银行股份有限公司	银行业	上交所	21.9	54.7	52.9	39.8	47.2
45	中国长江电力股份有限公司	电力生产业	上交所	48.4	85.6	52.4	22.6	47.1
46	广州汽车集团股份有限公司	交通运输设备制造业	上交所、港交所	31.4	70.1	52.7	26.8	47.0
46	华夏银行股份有限公司	银行业	上交所	41.4	47.9	32.6	47.0	47.0
48	西安陕鼓动力股份有限公司	机械设备制造业	上交所	31.4	77.0	38.9	41.8	46.2
49	浙江海正药业股份有限公司	医药生物制造业	上交所	40.5	50.3	42.4	28.5	45.4
50	中国北车股份有限公司	交通运输设备制造业	上交所	43.7	50.0	52.5	35.1	45.1
51	泛海建设集团股份有限公司	房地产开发业	深交所	26.0	59.0	36.3	53.1	44.8
52	青岛啤酒股份有限公司	酒精及饮料酒制造业	上交所、港交所	21.8	48.6	40.0	60.0	43.6
52	荣盛房地产发展股份有限公司	房地产开发业	深交所	18.0	55.2	51.7	23.7	43.6
54	京东方科技集团股份有限公司	电子产品及电子元件制造业	深交所	21.3	54.8	47.2	40.2	43.5
55	中国中煤能源股份有限公司	煤炭开采与洗选业	上交所、港交所	48.8	62.4	46.0	25.5	43.3
56	中国国际海运集装箱(集团)股份有限公司	混业(交通运输设备制造业、机械设备制造业)	深交所、港交所	40.1	57.0	52.0	16.6	42.6

续表

排名	企业名称	行业名称	上市交易所	责任管理指数	市场责任指数	社会责任指数	环境责任指数	社会责任发展指数
57	中国南车股份有限公司	交通运输设备制造业	上交所、港交所	28.7	65.0	35.2	31.7	42.1
57	海通证券股份有限公司	证券期货基金及其他金融服务业	上交所、港交所	11.8	70.5	37.8	39.3	42.1
59	中联重工科技发展股份有限公司	机械设备制造业	深交所、港交所	15.1	65.5	54.7	29.7	41.9
60	北京金隅股份有限公司	混业（非金属矿物制品业、房地产开发业）	上交所、港交所	32.3	61.7	42.8	30.4	41.7
60	山东东阿阿胶股份有限公司	医药生物制造业	深交所	43.7	45.6	37.4	22.0	41.7
60	山西潞安环保能源开发股份有限公司	煤炭开采与洗选业	深交所	28.8	74.8	57.0	26.6	41.7
63	冀中能源股份有限公司	煤炭开采与洗选业	深交所	27.0	60.6	52.0	32.5	41.5
64	烽火通信科技股份有限公司	通信设备制造业	上交所	31.4	50.2	33.7	33.3	41.0
65	保利房地产（集团）股份有限公司	房地产开发业	上交所	32.0	47.1	31.0	33.8	40.8
66	潍柴动力股份有限公司	机械设备制造业	深交所、港交所	10.1	62.0	43.9	41.4	40.7
67	华润双鹤药业股份有限公司	医药生物制造业	上交所	25.4	48.0	48.8	23.3	40.4
68	四川科伦药业股份有限公司	医药生物制造业	深交所	15.0	49.3	46.1	48.2	40.1
起步者（151家）								
69	东北证券股份有限公司	证券期货基金及其他金融服务业	深交所	27.1	62.9	32.6	22.5	39.5
69	中国石油天然气股份有限公司	石油和天然气开采业与加工业	上交所、港交所、海外上市	19.5	64.8	50.7	37.5	39.5
71	中国铁建股份有限公司	建筑业	上交所、港交所	26.9	54.9	50.9	22.1	39.1

续表

排名	企业名称	行业名称	上市交易所	责任管理指数	市场责任指数	社会责任指数	环境责任指数	社会责任发展指数
72	北京燕京啤酒股份有限公司	酒精及饮料酒制造业	深交所	30.4	36.9	46.4	27.6	38.5
73	江苏洋河酒厂股份有限公司	酒精及饮料酒制造业	深交所	5.0	52.7	38.8	36.0	38.1
74	獐子岛集团股份有限公司	农林牧渔业	深交所	26.9	60.1	24.0	28.3	37.9
75	华润三九医药股份有限公司	医药生物制造业	深交所	30.4	42.1	39.9	24.6	37.7
76	宏源证券股份有限公司	证券期货基金及其他金融服务业	深交所	16.9	56.5	34.5	25.8	37.5
77	国电南瑞科技股份有限公司	机械设备制造业	上交所	21.9	65.3	36.0	29.8	37.3
77	云南白药集团股份有限公司	医药生物制造业	深交所	28.7	51.1	29.9	21.9	37.3
79	青岛海尔股份有限公司	家用电器制造业	上交所	16.8	46.8	29.8	46.1	37.2
80	中国人寿保险股份有限公司	保险业	上交所、港交所、海外上市	10.0	50.8	36.6	33.1	36.4
81	国电电力发展股份有限公司	电力生产业	上交所	10.0	53.1	45.2	38.7	36.1
81	云南铝业股份有限公司	金属冶炼及压延加工业	深交所	31.4	58.4	41.7	25.0	36.1
83	国金证券股份有限公司	证券期货基金及其他金融服务业	上交所	15.2	57.2	48.4	14.4	36.0
84	东方电气股份有限公司	机械设备制造业	上交所、港交所	11.8	53.6	48.7	36.5	35.7
85	长江证券股份有限公司	证券期货基金及其他金融服务业	深交所	5.0	55.3	34.7	25.8	35.6
85	中国冶金科工股份有限公司	混业（建筑业、一般采矿业）	上交所、港交所	21.9	49.7	51.3	20.1	35.6

续表

排名	企业名称	行业名称	上市交易所	责任管理指数	市场责任指数	社会责任指数	环境责任指数	社会责任发展指数
87	广东美的电器股份有限公司	家用电器制造业	深交所	26.9	58.2	21.1	18.2	35.4
88	国元证券股份有限公司	证券期货基金及其他金融服务业	深交所	21.9	51.8	30.3	17.7	35.3
88	特变电工股份有限公司	电子产品及电子元件制造业	上交所	11.8	59.6	43.2	33.5	35.3
88	南京银行股份有限公司	银行业	上交所	10.1	46.3	44.6	28.0	35.3
91	航天信息股份有限公司	计算机服务业	上交所	16.9	31.2	42.7	53.4	35.1
92	重庆长安汽车股份有限公司	交通运输设备制造业	深交所	21.9	57.4	30.1	33.3	35.0
92	华泰证券股份有限公司	证券期货基金及其他金融服务业	上交所	11.8	62.5	33.0	9.6	35.0
92	泸州老窖股份有限公司	酒精及饮料酒制造业	深交所	16.9	52.6	31.3	21.4	35.0
95	云南锡业股份有限公司	金属冶炼及压延加工业	深交所	21.9	60.7	37.8	25.0	34.6
96	深圳华侨城股份有限公司	混业（房地产服务业、旅游业）	深交所	31.9	33.7	40.1	25.2	34.5
96	中国水利水电建设股份有限公司	建筑业	上交所	10.0	66.4	41.4	28.3	34.5
98	新华人寿保险股份有限公司	保险业	上交所、港交所	8.4	49.5	47.0	13.4	34.1
98	西安航空动力股份有限公司	交通运输设备制造业	上交所	15.2	65.1	32.6	33.3	34.1
100	用友软件股份有限公司	计算机服务业	上交所	28.2	31.6	24.0	53.7	34.0
101	安徽海螺水泥股份有限公司	非金属矿物制品业	上交所、港交所	10.1	47.2	42.0	30.1	33.6
101	北京同仁堂股份有限公司	医药生物制造业	上交所	11.8	57.9	32.4	20.9	33.6

续表

排名	企业名称	行业名称	上市交易所	责任管理指数	市场责任指数	社会责任指数	环境责任指数	社会责任发展指数
101	广深铁路股份有限公司	交通运输服务业	上交所、港交所、海外上市	30.1	34.9	30.0	36.9	33.6
104	新希望六和股份有限公司	农林牧渔业	深交所	10.0	57.2	37.7	28.3	33.4
105	中海油田服务股份有限公司	石油和天然气开采业与加工业	上交所、港交所	21.8	58.8	39.4	17.5	33.3
106	广东电力发展股份有限公司	电力生产业	深交所	21.9	52.4	41.2	25.9	33.2
107	方正证券股份有限公司	证券期货基金及其他金融服务业	上交所	16.9	47.1	38.9	14.4	33.1
107	山西杏花村汾酒厂股份有限公司	酒精及饮料酒制造业	上交所	11.8	55.6	31.3	12.2	33.1
109	广州白云山医药集团股份有限公司	医药生物制造业	上交所、港交所	10.0	45.8	34.9	26.3	33.0
110	兴业证券股份有限公司	证券期货基金及其他金融服务业	上交所	5.0	51.5	38.5	22.5	32.9
111	一汽轿车股份有限公司	交通运输设备制造业	深交所	16.8	55.0	23.7	40.1	32.8
112	武汉钢铁股份有限公司	金属冶炼及压延加工业	上交所	10.0	76.9	31.8	20.0	32.5
113	云南驰宏锌锗股份有限公司	混业（金属冶炼及压延加工业、一般采矿业）	上交所	26.4	66.0	44.0	15.1	32.3
114	金融街控股股份有限公司	房地产开发业	深交所	18.0	45.2	29.3	17.4	32.1
115	中国船舶重工股份有限公司	机械设备制造业	上交所	10.0	68.5	39.0	19.9	32.0
116	徐工集团工程机械股份有限公司	机械设备制造业	深交所	14.6	63.6	41.4	21.5	31.7

续表

排名	企业名称	行业名称	上市交易所	责任管理指数	市场责任指数	社会责任指数	环境责任指数	社会责任发展指数
117	太平洋证券股份有限公司	证券期货基金及其他金融服务业	上交所	11.6	44.6	51.0	6.8	31.6
117	中国南玻集团股份有限公司	非金属矿物制品业	深交所	11.8	60.7	38.0	18.3	31.6
119	攀钢集团钢铁钒钛股份有限公司	金属冶炼及压延加工业	深交所	16.8	53.7	31.2	34.8	31.3
120	唐山冀东水泥股份有限公司	非金属矿物制品业	深交所	10.0	43.7	30.0	40.1	31.1
121	北汽福田汽车股份有限公司	交通运输设备制造业	上交所	10.1	55.0	40.0	20.0	31.0
122	东吴证券股份有限公司	证券期货基金及其他金融服务业	上交所	5.0	47.3	46.6	16.2	30.8
123	北京双鹭药业股份有限公司	医药生物制造业	深交所	11.8	49.5	27.4	34.4	30.7
123	山西证券股份有限公司	证券期货基金及其他金融服务业	深交所	5.0	56.5	22.5	17.6	30.7
125	宁波港股份有限公司	交通运输服务业	上交所	10.1	38.7	37.2	30.3	30.5
125	紫金矿业集团股份有限公司	金属冶炼及压延加工业	上交所、港交所	10.0	63.2	45.9	15.0	30.5
127	山西兰花科技创业股份有限公司	混业（工业化学品制造业、煤炭开采与洗选业）	上交所	20.1	69.6	33.0	21.0	30.4
128	中海集装箱运输股份有限公司	交通运输服务业	上交所	10.0	38.7	33.0	16.5	30.3
128	苏州金螳螂建筑装饰股份有限公司	建筑业	深交所	16.9	58.2	32.9	6.4	30.3
130	光大证券股份有限公司	证券期货基金及其他金融服务业	上交所	11.8	47.0	32.6	9.6	30.2

续表

排名	企业名称	行业名称	上市交易所	责任管理指数	市场责任指数	社会责任指数	环境责任指数	社会责任发展指数
130	海南航空股份有限公司	交通运输服务业	上交所	5.0	60.1	24.0	17.9	30.2
132	安徽古井贡酒股份有限公司	酒精及饮料酒制造业	深交所	16.9	35.7	40.0	17.2	30.1
133	西南证券股份有限公司	证券期货基金及其他金融服务业	上交所	5.0	43.5	44.7	8.0	29.9
134	河南双汇投资发展股份有限公司	食品饮料业	深交所	5.0	51.8	31.2	26.4	29.8
134	深圳市农产品股份有限公司	批发贸易业	深交所	21.3	36.4	20.1	29.6	29.8
136	内蒙古伊利实业集团股份有限公司	食品饮料业	上交所	10.1	53.3	15.0	13.3	29.7
136	新疆中泰化学股份有限公司	工业化学品制造业	深交所	15.0	52.2	49.2	22.8	29.7
136	河北钢铁股份有限公司	金属冶炼及压延加工业	深交所	21.8	56.8	22.3	30.1	29.7
139	烟台张裕葡萄酿酒股份有限公司	酒精及饮料酒制造业	深交所	10.1	45.5	42.5	13.6	29.5
140	浙江中国小商品城集团股份有限公司	批发贸易业	上交所	16.8	36.1	33.2	28.3	29.4
140	云南铜业股份有限公司	金属冶炼及压延加工业	深交所	26.9	53.7	24.9	20.0	29.4
142	珠海格力电器股份有限公司	家用电器制造业	深交所	16.8	38.4	23.6	23.7	29.3
143	梅花生物科技集团股份有限公司	医药生物制造业	上交所	10.0	46.7	36.2	24.4	29.1
144	四川长虹电器股份有限公司	家用电器制造业	上交所	5.0	59.4	25.1	22.0	28.9
145	浙江医药股份有限公司	医药生物制造业	上交所	5.1	44.3	33.7	20.7	28.7

续表

排名	企业名称	行业名称	上市交易所	责任管理指数	市场责任指数	社会责任指数	环境责任指数	社会责任发展指数
145	康美药业股份有限公司	医药生物制造业	上交所	5.0	40.9	38.6	10.9	28.7
147	黑龙江北大荒农业股份有限公司	农林牧渔业	上交所	17.0	46.8	25.1	27.7	28.5
147	大秦铁路股份有限公司	交通运输服务业	上交所	21.9	28.3	29.1	41.1	28.5
149	无锡威孚高科技集团股份有限公司	机械设备制造业	深交所	10.1	65.4	28.5	24.9	28.4
150	中铁二局股份有限公司	建筑业	上交所	5.0	44.7	36.3	32.2	28.1
151	上海医药集团股份有限公司	医药生物制造业	上交所、港交所	10.0	52.8	32.5	8.5	28.0
152	国投电力控股股份有限公司	电力生产业	上交所	5.0	27.5	46.4	31.4	27.9
153	铜陵有色金属集团股份有限公司	金属冶炼及压延加工业	深交所	21.9	45.5	29.1	16.6	27.7
153	漳州片仔癀药业股份有限公司	医药生物制造业	上交所	11.8	51.1	35.0	8.9	27.7
155	厦门建发股份有限公司	混业（交通运输服务业、房地产开发业、证券期货基金等其他金融服务业）	上交所	20.6	27.5	40.1	13.6	27.6
156	歌尔声学股份有限公司	通信设备制造业	深交所	10.0	42.6	26.3	29.7	27.3
157	福耀玻璃工业集团股份有限公司	非金属矿物制品业	上交所	10.1	46.9	25.0	18.2	26.8
158	中航飞机股份有限公司	交通运输设备制造业	深交所	16.9	44.8	29.8	18.5	26.5
158	中信证券股份有限公司	证券期货基金及其他金融服务业	上交所、港交所	5.0	36.8	35.0	8.0	26.5
158	华兰生物工程股份有限公司	医药生物制造业	深交所	10.1	47.6	32.4	13.4	26.5

续表

排名	企业名称	行业名称	上市交易所	责任管理指数	市场责任指数	社会责任指数	环境责任指数	社会责任发展指数
161	内蒙古包钢稀土（集团）高科技股份有限公司	一般采矿业	上交所	21.9	54.8	30.1	13.7	26.4
162	三一重工股份有限公司	机械设备制造业	上交所	11.8	63.6	31.1	11.6	26.3
162	深圳市中金岭南有色金属股份有限公司	混业（金属冶炼及压延加工业、一般采矿业）	深交所	11.8	60.1	36.5	18.6	26.3
164	洛阳栾川钼业集团股份有限公司	混业（金属冶炼及压延加工业、一般采矿业）	上交所、港交所	11.8	45.2	34.8	25.2	26.2
165	吉林亚泰（集团）股份有限公司	混业（房地产开发业、非金属矿物制品业）	上交所	17.3	45.6	25.9	15.4	26.1
165	内蒙古平庄能源股份有限公司	煤炭开采与洗选业	深交所	25.4	62.0	30.0	10.8	26.1
167	万华化学集团股份有限公司	工业化学品制造业	上交所	16.8	60.1	29.6	16.9	25.7
167	国投新集能源股份有限公司	煤炭开采与洗选业	上交所	15.0	65.4	30.0	14.7	25.7
167	西部矿业股份有限公司	一般采矿业	上交所	11.8	55.1	20.8	21.1	25.7
170	棕榈园林股份有限公司	建筑业	深交所	18.4	61.5	21.5	1.8	25.6
171	云南云天化股份有限公司	工业化学品制造业	深交所	14.5	67.5	33.4	16.6	25.4
172	中国有色金属建设股份有限公司	混业（建筑业、一般采矿业）	深交所	10.0	59.5	35.1	20.2	25.3
172	长城汽车股份有限公司	交通运输设备制造业	上交所、港交所	5.0	47.4	26.5	20.0	25.3
174	北京城建投资发展股份有限公司	房地产开发业	上交所	6.0	36.2	27.6	21.4	25.1

续表

排名	企业名称	行业名称	上市交易所	责任管理指数	市场责任指数	社会责任指数	环境责任指数	社会责任发展指数
175	广西梧州中恒集团股份有限公司	医药生物制造业	上交所	10.1	48.3	18.7	3.7	25.0
176	中工国际工程股份有限公司	建筑业	上交所	11.8	53.5	31.3	11.9	24.9
177	江西铜业股份有限公司	金属制品业	上交所、港交所	5.0	41.6	32.2	23.4	24.8
178	湖南辰州矿业股份有限公司	一般采矿业	深交所	10.0	57.4	30.0	24.2	24.7
179	新疆金风科技股份有限公司	机械设备制造业	深交所、港交所	15.1	53.5	29.8	11.7	24.5
179	中信国安信息产业股份有限公司	通信服务业	深交所	10.0	31.5	32.2	13.2	24.5
181	贵州茅台酒股份有限公司	酒精及饮料酒制造业	上交所	0.0	47.1	13.8	20.8	24.4
182	辽宁成大股份有限公司	批发贸易业	上交所	11.8	29.8	27.1	26.8	24.3
183	比亚迪股份有限公司	交通运输设备制造业	深交所、港交所	11.8	54.9	3.8	16.6	24.2
183	浙江贝因美科工贸股份有限公司	食品饮料业	深交所	11.8	41.7	12.5	10.1	24.2
185	北京昊华能源股份有限公司	煤炭开采与洗选业	上交所	16.9	56.9	34.0	10.9	24.1
185	新兴铸管股份有限公司	金属冶炼及压延加工业	深交所	16.8	53.7	21.9	8.3	24.1
187	雅戈尔集团股份有限公司	混业(服装鞋帽制造业、房地产开发业)	上交所	15.4	39.3	20.6	15.7	23.9
187	同方股份有限公司	混业(计算机及相关设备制造业、计算机服务业)	上交所	10.1	42.8	17.3	2.3	23.9

续表

排名	企业名称	行业名称	上市交易所	责任管理指数	市场责任指数	社会责任指数	环境责任指数	社会责任发展指数
187	深圳能源集团股份有限公司	电力生产业	深交所	5.0	33.2	34.4	21.4	23.9
190	浙江新和成股份有限公司	工业化学品制造业	深交所	15.1	57.5	36.6	13.0	23.8
191	中国中材国际工程股份有限公司	机械设备制造业	上交所	10.0	46.7	25.3	13.4	23.3
191	保定天威保变电气股份有限公司	机械设备制造业	上交所	11.8	43.9	30.5	18.4	23.3
193	吉林敖东药业集团股份有限公司	医药生物制造业	深交所	11.8	41.0	23.5	7.3	23.0
194	海南天然橡胶产业集团股份有限公司	工业化学品制造业	上交所	10.1	62.3	38.9	11.9	22.8
195	天地科技股份有限公司	机械设备制造业	上交所	11.8	47.0	22.1	22.0	22.7
196	郑州宇通客车股份有限公司	交通运输设备制造业	上交所	5.0	47.5	27.6	16.8	22.6
197	五矿发展股份有限公司	批发贸易业	上交所	5.0	31.5	26.3	19.9	22.5
197	华域汽车系统股份有限公司	机械设备制造业	上交所	5.0	53.9	19.5	23.4	22.5
199	华电国际电力股份有限公司	电力生产业	上交所、港交所	5.0	27.1	28.3	25.8	22.3
200	福建圣农发展股份有限公司	农林牧渔业	深交所	5.0	52.8	20.6	19.9	22.2
201	中铁铁龙集装箱物流股份有限公司	交通运输服务业	上交所	5.0	33.8	37.1	6.5	21.9
202	杭州海康威视数字技术股份有限公司	电子产品及电子元件制造业	深交所	16.8	35.1	18.1	16.4	21.7
202	中南出版传媒集团股份有限公司	文化娱乐业	上交所	14.0	30.3	24.4	10.0	21.7

续表

排名	企业名称	行业名称	上市交易所	责任管理指数	市场责任指数	社会责任指数	环境责任指数	社会责任发展指数
204	上海豫园旅游商城股份有限公司	零售业	上交所	5.0	37.0	21.8	3.2	21.5
205	华能国际电力股份有限公司	电力生产业	上交所、港交所、海外上市	10.0	40.0	39.4	9.8	21.3
205	山西西山煤电股份有限公司	煤炭开采与洗选业	深交所	5.0	52.8	30.0	17.1	21.3
207	上海大屯能源股份有限公司	煤炭开采与洗选业	上交所	5.0	65.4	25.0	11.1	21.2
208	吉林吉恩镍业股份有限公司	金属冶炼及压延加工业	上交所	11.8	50.1	21.9	11.7	21.0
209	上海美特斯邦威服饰股份有限公司	服装鞋帽制造业	深交所	10.1	35.8	25.6	7.6	20.9
210	苏宁环球股份有限公司	房地产开发业	深交所	6.0	28.1	25.8	17.6	20.8
211	浙江大华技术股份有限公司	互联网服务业	深交所	5.0	32.0	9.8	26.7	20.6
212	安泰科技股份有限公司	金属制品业	深交所	5.0	58.1	25.0	3.3	20.5
213	山东南山铝业股份有限公司	金属冶炼及压延加工业	上交所	11.8	50.3	29.2	6.7	20.4
214	华东医药股份有限公司	医药生物制造业	深交所	0.0	41.0	30.0	9.7	20.3
215	金堆城钼业股份有限公司	一般采矿业	上交所	10.0	70.0	20.9	14.1	20.2
215	中国东方红卫星股份有限公司	通信设备制造业	上交所	16.8	38.4	20.0	6.1	20.2
217	海宁中国皮革城股份有限公司	批发贸易业	深交所	0.0	33.3	26.6	16.4	20.1
218	四川水井坊股份有限公司	酒精及饮料酒制造业	上交所	0.0	45.5	11.3	5.6	20.0
218	石家庄以岭药业股份有限公司	医药生物制造业	深交所	0.0	49.3	16.1	0.0	20.0

续表

排名	企业名称	行业名称	上市交易所	责任管理指数	市场责任指数	社会责任指数	环境责任指数	社会责任发展指数
旁观者(81家)								
220	哈药集团股份有限公司	医药生物制造业	上交所	5.1	39.1	13.7	19.7	19.9
220	海洋石油工程股份有限公司	建筑业	上交所	10.0	38.0	21.0	15.6	19.9
220	深圳莱宝高科技股份有限公司	电子产品及电子元件制造业	深交所	5.0	35.1	34.4	15.0	19.9
223	上海城投控股股份有限公司	房地产开发业	上交所	22.0	30.9	16.4	7.5	19.7
223	广汇能源股份有限公司	混业(石油和天然气开采业与加工业、批发贸易业、煤炭开采与洗选业)	上交所	19.2	32.4	25.2	11.1	19.7
225	中国宝安集团股份有限公司	混业(医药生物制造业、一般制造业、房地产开发业)	深交所	10.1	32.4	25.0	5.0	19.6
226	天士力制药集团股份有限公司	医药生物制造业	上交所	5.0	31.0	21.2	7.3	19.5
227	厦门钨业股份有限公司	金属冶炼及压延加工业	上交所	11.8	45.2	28.2	6.7	19.4
228	浙江龙盛集团股份有限公司	混业(金属冶炼及压延加工业、房地产开发业、工业化学品制造业)	上交所	10.0	48.6	35.1	2.2	19.0
229	山煤国际能源集团股份有限公司	煤炭开采与洗选业	上交所	10.1	50.4	23.0	8.7	18.9
230	国海证券股份有限公司	证券期货基金及其他金融服务业	深交所	0.0	36.7	19.0	0.0	18.8
231	上海张江高科技园区开发股份有限公司	混业(房地产开发业、房地产服务业)	上交所	11.0	31.5	18.6	4.4	18.5

续表

排名	企业名称	行业名称	上市交易所	责任管理指数	市场责任指数	社会责任指数	环境责任指数	社会责任发展指数
232	北京中科三环高技术股份有限公司	金属冶炼及压延加工业	深交所	15.2	46.9	16.9	8.3	18.3
233	北京首都开发股份有限公司	房地产开发业	上交所	10.0	32.1	10.3	12.5	18.1
233	河南神火煤电股份有限公司	混业（煤炭开采与洗选业、电力生产业）	深交所	14.9	53.4	13.7	13.8	18.1
235	内蒙古霍林河露天煤业股份有限公司	煤炭开采与洗选业	深交所	9.5	47.6	20.0	15.0	17.9
235	中国化学工程股份有限公司	建筑业	上交所	0.0	40.1	12.9	11.9	17.9
237	中航航空电子设备股份有限公司	电子产品及电子元件制造业	上交所	5.0	33.1	35.2	8.6	17.8
238	江苏凤凰出版传媒股份有限公司	文化娱乐业	上交所	4.0	27.6	20.2	0.0	17.7
238	金发科技股份有限公司	工业化学品制造业	上交所	5.0	65.1	20.9	8.9	17.7
240	金科地产集团股份有限公司	房地产开发业	深交所	0.0	41.3	17.6	0.0	17.6
240	四川川投能源股份有限公司	电力生产业	上交所	5.0	42.8	31.3	11.5	17.6
242	北京东方园林股份有限公司	一般服务业	深交所	5.0	28.4	16.4	8.4	17.4
242	浙江巨化股份有限公司	工业化学品制造业	上交所	5.0	45.0	30.1	10.8	17.4
244	开滦能源化工股份有限公司	煤炭开采与洗选业	上交所	5.0	52.1	29.0	9.5	17.3
245	湖北宜化化工股份有限公司	工业化学品制造业	深交所	11.8	39.8	16.0	13.7	17.2
246	深圳市海普瑞药业股份有限公司	医药生物制造业	深交所	5.0	34.6	13.6	7.3	17.1

续表

排名	企业名称	行业名称	上市交易所	责任管理指数	市场责任指数	社会责任指数	环境责任指数	社会责任发展指数
246	浙江亚厦装饰股份有限公司	建筑业	深交所	5.0	48.0	17.9	4.0	17.1
248	青岛海信电器股份有限公司	家用电器制造业	上交所	5.0	39.6	7.5	4.0	16.9
249	郑州煤矿机械集团股份有限公司	机械设备制造业	上交所、港交所	5.0	48.7	17.3	8.4	16.6
250	青海盐湖工业股份有限公司	工业化学品制造业	深交所	5.0	47.3	28.9	11.3	16.5
250	江苏恒瑞医药股份有限公司	医药生物制造业	上交所	0.0	36.1	14.9	13.2	16.5
252	中国国旅股份有限公司	旅游业	上交所	0.0	37.7	20.2	0.0	16.4
253	金地（集团）股份有限公司	房地产开发业	上交所	6.0	31.3	8.0	7.4	16.2
254	北京大北农科技集团股份有限公司	农林牧渔业	深交所	0.0	50.3	16.1	0.0	15.9
255	深圳信立泰药业股份有限公司	医药生物制造业	深交所	5.0	36.1	14.9	2.4	15.8
255	重庆啤酒股份有限公司	酒精及饮料酒制造业	上交所	0.0	32.8	13.9	10.2	15.8
257	上海建工集团股份有限公司	建筑业	上交所	10.1	31.6	11.4	14.1	15.7
258	新湖中宝股份有限公司	房地产开发业	上交所	6.0	15.9	21.3	12.4	15.4
259	东方集团股份有限公司	零售业	上交所	16.6	30.3	4.0	0.0	15.1
260	上海家化联合股份有限公司	日用化学品制造业	上交所	0.0	41.5	7.5	0.0	15.0
261	华数传媒控股股份有限公司	通信设备制造业	深交所	0.0	39.8	17.6	1.9	14.9

续表

排名	企业名称	行业名称	上市交易所	责任管理指数	市场责任指数	社会责任指数	环境责任指数	社会责任发展指数
262	三安光电股份有限公司	金属制品业	上交所	0.0	44.8	22.3	1.7	14.8
263	上海国际机场股份有限公司	交通运输服务业	上交所	0.0	33.2	9.0	6.6	14.2
264	中金黄金股份有限公司	一般采矿业	上交所	0.0	44.7	15.8	10.1	13.9
264	西部证券股份有限公司	证券期货基金及其他金融服务业	深交所	0.0	33.7	7.3	0.0	13.9
266	崇义章源钨业股份有限公司	混业（一般采矿业、金属冶炼及压延加工业）	深交所	0.0	45.3	21.0	8.2	13.8
266	太原重工股份有限公司	机械设备制造业	上交所	0.0	41.9	17.9	9.9	13.8
268	申能股份有限公司	电力生产业	上交所	5.0	37.1	13.0	14.5	13.5
269	成都鹏博士电信传媒集团股份有限公司	通信服务业	上交所	5.1	24.9	17.7	0.0	13.4
269	中国第一重型机械股份公司	机械设备制造业	上交所	5.0	43.8	9.3	6.6	13.4
271	辽宁华锦通达化工股份有限公司	工业化学品制造业	深交所	10.0	44.8	23.9	2.4	13.2
272	内蒙古蒙电华能热电股份有限公司	电力生产业	上交所	0.0	38.3	5.0	18.3	12.5
273	华夏幸福基业投资开发股份有限公司	房地产开发业	上交所	0.0	26.4	15.9	3.8	12.1
273	北京康得新复合材料股份有限公司	工业化学品制造业	深交所	3.4	54.9	15.1	6.5	12.1
275	内蒙古包钢钢联股份有限公司	金属冶炼及压延加工业	上交所	0.0	35.5	10.9	8.3	11.5
276	庞大汽贸集团股份有限公司	零售业	上交所	0.0	30.1	2.0	0.0	11.5
276	上海东方明珠（集团）股份有限公司	文化娱乐业	上交所	0.0	23.0	3.9	3.2	11.5

续表

排名	企业名称	行业名称	上市交易所	责任管理指数	市场责任指数	社会责任指数	环境责任指数	社会责任发展指数
276	甘肃亚盛实业(集团)股份有限公司	农林牧渔业	上交所	0.0	40.2	11.5	0.0	11.5
279	江苏中南建设集团股份有限公司	房地产开发业	深交所	4.0	22.8	10.3	2.5	11.3
279	山东黄金矿业股份有限公司	一般采矿业	上交所	5.0	39.6	13.2	1.5	11.3
281	恒逸石化股份有限公司	工业化学品制造业	深交所	10.1	42.4	15.0	2.4	11.2
282	烟台杰瑞石油服务集团股份有限公司	石油和天然气开采业与加工业	深交所	0.0	49.2	20.8	2.5	11.1
282	永泰能源股份有限公司	混业(煤炭开采与洗选业、电力生产业)	上交所	0.0	43.1	15.4	5.4	11.1
284	湖北能源集团股份有限公司	电力生产业	深交所	0.0	40.8	27.0	0.0	10.8
285	平顶山天安煤业股份有限公司	煤炭开采与洗选业	上交所	0.0	57.6	10.0	7.0	10.7
286	广晟有色金属股份有限公司	金属冶炼及压延加工业	上交所	6.8	37.1	9.9	1.7	10.6
287	上海友谊集团股份有限公司	零售业	上交所	0.0	23.5	14.0	0.0	10.5
287	中国船舶工业股份有限公司	交通运输设备制造业	上交所	0.0	37.5	5.0	3.3	10.5
289	贵州盘江精煤股份有限公司	煤炭开采与洗选业	上交所	0.0	47.6	20.0	1.4	10.3
290	大商股份有限公司	零售业	上交所	0.0	20.0	10.0	3.2	10.0
291	重庆水务集团股份有限公司	水的生产和供应业	上交所	0.0	23.8	6.0	0.0	9.6
292	安徽恒源煤电股份有限公司	混业(煤炭开采与洗选业、电力生产业)	上交所	0.0	43.4	14.4	0.0	8.9

续表

排名	企业名称	行业名称	上市交易所	责任管理指数	市场责任指数	社会责任指数	环境责任指数	社会责任发展指数
293	阳泉煤业（集团）股份有限公司	煤炭开采与洗选业	上交所	0.0	44.9	10.0	1.4	8.5
294	河南大有能源股份有限公司	煤炭开采与洗选业	上交所	5.0	48.0	8.0	0.0	8.3
295	江西洪都航空工业股份有限公司	交通运输设备制造业	上交所	0.0	27.3	6.2	5.0	8.2
296	百视通新媒体股份有限公司	互联网服务业	上交所	0.0	20.2	0.0	0.0	8.1
297	北京王府井百货（集团）股份有限公司	零售业	上交所	0.0	23.3	4.0	0.0	8.0
298	鲁信创业投资集团股份有限公司	证券期货基金及其他金融服务业	上交所	0.0	21.4	6.0	0.0	7.9
299	方大炭素新材料科技股份有限公司	非金属矿物制品业	上交所	0.0	40.5	7.0	0.0	7.8
300	大同煤业股份有限公司	煤炭开采与洗选业	上交所	0.0	40.4	10.0	1.4	7.0

附录六　上交所上市公司社会责任发展指数（2013）

单位：分

排名	企业名称	行业名称	责任管理指数	市场责任指数	社会责任指数	环境责任指数	社会责任发展指数
领先者(18 家)							
1	中国民生银行股份有限公司	银行业	68.5	81.7	57.9	68.6	79.8
2	中国建筑股份有限公司	建筑业	65.0	83.2	67.1	62.6	76.7
3	中国铝业股份有限公司	混业（金属冶炼及压延加工业、一般采矿业）	84.7	80.9	71.0	55.7	73.2

续表

排名	企业名称	行业名称	责任管理指数	市场责任指数	社会责任指数	环境责任指数	社会责任发展指数
4	兴业银行股份有限公司	银行业	65.7	75.7	54.4	71.7	71.8
5	中国神华能源股份有限公司	混业(电力生产业、煤炭开采与洗选业)	60.7	83.2	62.4	60.8	70.4
6	上海浦东发展银行股份有限公司	银行业	60.1	73.9	65.4	51.1	69.2
7	上海汽车集团股份有限公司	交通运输设备制造业	42.7	65.1	60.0	61.4	61.2
8	深圳市燃气集团股份有限公司	燃气生产和供应业	62.0	72.8	62.7	36.7	66.2
9	中国石油化工股份有限公司	石油和天然气开采业与加工业	68.0	80.8	50.4	43.8	65.1
10	中国农业银行股份有限公司	银行业	58.9	60.8	52.6	76.8	64.6
11	中国平安保险(集团)股份有限公司	保险业	66.9	73.2	49.6	39.8	64.4
12	中国国际航空股份有限公司	交通运输服务业	51.7	69.7	54.1	56.3	63.4
13	中国工商银行股份有限公司	银行业	48.2	64.9	57.8	64.9	63.1
14	招商银行股份有限公司	银行业	43.3	61.7	65.4	69.5	62.3
15	中国东方航空股份有限公司	交通运输服务业	44.9	71.3	61.1	46.7	62.1
16	中国南方航空股份有限公司	交通运输服务业	56.8	63.2	59.1	44.6	61.5
17	交通银行股份有限公司	银行业	43.7	64.8	57.3	63.3	61.4
18	中国太平洋保险(集团)股份有限公司	保险业	49.9	72.2	58.8	50.3	60.9
追赶者(30家)							
19	中国联合网络通信股份有限公司	通信服务业	53.5	68.4	51.5	49.7	57.9
20	大唐国际发电股份有限公司	电力生产业	35.4	57.5	59.2	60.0	56.2
21	中信银行股份有限公司	银行业	26.9	56.6	64.6	57.8	54.9
22	中国交通建设股份有限公司	建筑业	43.4	64.9	58.3	34.0	54.8
23	中国光大银行股份有限公司	银行业	10.0	72.0	57.3	68.1	54.2
24	招商证券股份有限公司	证券期货基金及其他金融服务业	33.2	66.7	57.1	37.3	52.8

续表

排名	企业名称	行业名称	责任管理指数	市场责任指数	社会责任指数	环境责任指数	社会责任发展指数
25	中国建设银行股份有限公司	银行业	45.0	47.2	54.8	55.1	52.6
25	永辉超市股份有限公司	零售业	33.1	61.4	60.2	28.2	52.6
27	东软集团股份有限公司	计算机服务业	29.8	73.9	44.9	40.0	52.3
28	中国银行股份有限公司	银行业	20.1	0.0	0.0	0.0	52.2
29	中国葛洲坝集团股份有限公司	电力生产业	57.9	65.1	55.5	32.8	51.2
30	上海复星医药（集团）股份有限公司	医药生物制造业	40.5	54.6	43.7	57.5	50.8
31	中国中铁股份有限公司	建筑业	32.0	54.9	48.7	54.2	49.0
32	兖州煤业股份有限公司	煤炭开采与洗选业	9.5	84.6	58.0	59.3	48.6
33	宝山钢铁股份有限公司	金属冶炼及压延加工业	26.3	80.1	36.1	51.6	47.4
34	北京银行股份有限公司	银行业	21.9	54.7	52.9	39.8	47.2
35	中国长江电力股份有限公司	电力生产业	48.4	85.6	52.4	22.6	47.1
36	广州汽车集团股份有限公司	交通运输设备制造业	31.4	70.1	52.7	26.8	47.0
36	华夏银行股份有限公司	银行业	41.4	47.9	32.6	47.0	47.0
38	西安陕鼓动力股份有限公司	机械设备制造业	31.4	77.0	38.9	41.8	46.2
39	浙江海正药业股份有限公司	医药生物制造业	40.5	50.3	42.4	28.5	45.4
40	中国北车股份有限公司	交通运输设备制造业	43.7	50.0	52.5	35.1	45.1
41	青岛啤酒股份有限公司	酒精及饮料酒制造业	21.8	48.6	40.0	60.0	43.6
42	中国中煤能源股份有限公司	煤炭开采与洗选业	48.8	62.4	46.0	25.5	43.3
43	中国南车股份有限公司	交通运输设备制造业	28.7	65.0	35.2	31.7	42.1
43	海通证券股份有限公司	证券期货基金及其他金融服务业	11.8	70.5	37.8	39.3	42.1
45	北京金隅股份有限公司	混业（非金属矿物制品业、房地产开发业）	32.3	61.7	42.8	30.4	41.7
46	烽火通信科技股份有限公司	通信设备制造业	31.4	50.2	33.7	33.3	41.0
47	保利房地产（集团）股份有限公司	房地产开发业	32.0	47.1	31.0	33.8	40.8
48	华润双鹤药业股份有限公司	医药生物制造业	25.4	48.0	48.8	23.3	40.4

续表

排名	企业名称	行业名称	责任管理指数	市场责任指数	社会责任指数	环境责任指数	社会责任发展指数
起步者(88 家)							
49	中国石油天然气股份有限公司	石油和天然气开采业与加工业	19.5	64.8	50.7	37.5	39.5
50	中国铁建股份有限公司	建筑业	26.9	54.9	50.9	22.1	39.1
51	国电南瑞科技股份有限公司	机械设备制造业	21.9	65.3	36.0	29.8	37.3
52	青岛海尔股份有限公司	家用电器制造业	16.8	46.8	29.8	46.1	37.2
53	中国人寿保险股份有限公司	保险业	10.0	50.8	36.6	33.1	36.4
54	国电电力发展股份有限公司	电力生产业	10.0	53.1	45.2	38.7	36.1
55	国金证券股份有限公司	证券期货基金及其他金融服务业	15.2	57.2	48.4	14.4	36.0
56	东方电气股份有限公司	机械设备制造业	11.8	53.6	48.7	36.5	35.7
57	特变电工股份有限公司	电子产品及电子元件制造业	11.8	59.6	43.2	33.5	35.3
57	南京银行股份有限公司	银行业	10.1	46.3	44.6	28.0	35.3
59	航天信息股份有限公司	计算机服务业	16.9	31.2	42.7	53.4	35.1
60	华泰证券股份有限公司	证券期货基金及其他金融服务业	11.8	62.5	33.0	9.6	35.0
61	中国水利水电建设股份有限公司	建筑业	10.0	66.4	41.4	28.3	34.5
62	新华人寿保险股份有限公司	保险业	8.4	49.5	47.0	13.4	34.1
62	西安航空动力股份有限公司	交通运输设备制造业	15.2	65.1	32.6	33.3	34.1
64	用友软件股份有限公司	计算机服务业	28.2	31.6	24.0	53.7	34.0
65	安徽海螺水泥股份有限公司	非金属矿物制品业	10.1	47.2	42.0	30.1	33.6
65	北京同仁堂股份有限公司	医药生物制造业	11.8	57.9	32.4	20.9	33.6
65	广深铁路股份有限公司	交通运输服务业	30.1	34.9	30.0	36.9	33.6
68	中海油田服务股份有限公司	石油和天然气开采业与加工业	21.8	58.8	39.4	17.5	33.3
69	方正证券股份有限公司	证券期货基金及其他金融服务业	16.9	47.1	38.9	14.4	33.1

续表

排名	企业名称	行业名称	责任管理指数	市场责任指数	社会责任指数	环境责任指数	社会责任发展指数
69	山西杏花村汾酒厂股份有限公司	酒精及饮料酒制造业	11.8	55.6	31.3	12.2	33.1
71	广州白云山医药集团股份有限公司	医药生物制造业	10.0	45.8	34.9	26.3	33.0
72	兴业证券股份有限公司	证券期货基金及其他金融服务业	5.0	51.5	38.5	22.5	32.9
73	中国冶金科工股份有限公司	混业(建筑业、一般采矿业)	21.9	49.7	51.3	20.1	35.6
74	武汉钢铁股份有限公司	金属冶炼及压延加工业	10.0	76.9	31.8	20.0	32.5
75	云南驰宏锌锗股份有限公司	混业(金属冶炼及压延加工业、一般采矿业)	26.4	66.0	44.0	15.1	32.3
76	中国船舶重工股份有限公司	机械设备制造业	10.0	68.5	39.0	19.9	32.0
77	太平洋证券股份有限公司	证券期货基金及其他金融服务业	11.6	44.6	51.0	6.8	31.6
78	北汽福田汽车股份有限公司	交通运输设备制造业	10.1	55.0	40.0	20.0	31.0
79	东吴证券股份有限公司	证券期货基金及其他金融服务业	5.0	47.3	46.6	16.2	30.8
80	宁波港股份有限公司	交通运输服务业	10.1	38.7	37.2	30.3	30.5
80	紫金矿业集团股份有限公司	金属冶炼及压延加工业	10.0	63.2	45.9	15.0	30.5
82	山西兰花科技创业股份有限公司	混业(工业化学品制造业、煤炭开采与洗选业)	20.1	69.6	33.0	21.0	30.4
83	中海集装箱运输股份有限公司	交通运输服务业	10.0	38.7	33.0	16.5	30.3
84	光大证券股份有限公司	证券期货基金及其他金融服务业	11.8	47.0	32.6	9.6	30.2
84	海南航空股份有限公司	交通运输服务业	5.0	60.1	24.0	17.9	30.2
86	西南证券股份有限公司	证券期货基金及其他金融服务业	5.0	43.5	44.7	8.0	29.9
87	内蒙古伊利实业集团股份有限公司	食品饮料业	10.1	53.3	15.0	13.3	29.7

续表

排名	企业名称	行业名称	责任管理指数	市场责任指数	社会责任指数	环境责任指数	社会责任发展指数
88	浙江中国小商品城集团股份有限公司	批发贸易业	16.8	36.1	33.2	28.3	29.4
89	梅花生物科技集团股份有限公司	医药生物制造业	10.0	46.7	36.2	24.4	29.1
90	四川长虹电器股份有限公司	家用电器制造业	5.0	59.4	25.1	22.0	28.9
91	浙江医药股份有限公司	医药生物制造业	5.1	44.3	33.7	20.7	28.7
91	康美药业股份有限公司	医药生物制造业	5.0	40.9	38.6	10.9	28.7
93	黑龙江北大荒农业股份有限公司	农林牧渔业	17.0	46.8	25.1	27.7	28.5
93	大秦铁路股份有限公司	交通运输服务业	21.9	28.3	29.1	41.1	28.5
95	中铁二局股份有限公司	建筑业	5.0	44.7	36.3	32.2	28.1
96	上海医药集团股份有限公司	医药生物制造业	10.0	52.8	32.5	8.5	28.0
97	国投电力控股股份有限公司	电力生产业	5.0	27.5	46.4	31.4	27.9
98	漳州片仔癀药业股份有限公司	医药生物制造业	11.8	51.1	35.0	8.9	27.7
99	厦门建发股份有限公司	混业（交通运输服务业、房地产开发业、证券期货基金等其他金融服务业）	20.6	27.5	40.1	13.6	27.6
100	福耀玻璃工业集团股份有限公司	非金属矿物制品业	10.1	46.9	25.0	18.2	26.8
101	中信证券股份有限公司	证券期货基金及其他金融服务业	5.0	36.8	35.0	8.0	26.5
102	内蒙古包钢稀土（集团）高科技股份有限公司	一般采矿业	21.9	54.8	30.1	13.7	26.4
103	三一重工股份有限公司	机械设备制造业	11.8	63.6	31.1	11.6	26.3
104	洛阳栾川钼业集团股份有限公司	混业（金属冶炼及压延加工业、一般采矿业）	11.8	45.2	34.8	25.2	26.2
105	吉林亚泰（集团）股份有限公司	混业（房地产开发业、非金属矿物制品业）	17.3	45.6	25.9	15.4	26.1

续表

排名	企业名称	行业名称	责任管理指数	市场责任指数	社会责任指数	环境责任指数	社会责任发展指数
106	万华化学集团股份有限公司	工业化学品制造业	16.8	60.1	29.6	16.9	25.7
106	国投新集能源股份有限公司	煤炭开采与洗选业	15.0	65.4	30.0	14.7	25.7
106	西部矿业股份有限公司	一般采矿业	11.8	55.1	20.8	21.1	25.7
109	长城汽车股份有限公司	交通运输设备制造业	5.0	47.4	26.5	20.0	25.3
110	北京城建投资发展股份有限公司	房地产开发业	6.0	36.2	27.6	21.4	25.1
111	广西梧州中恒集团股份有限公司	医药生物制造业	10.1	48.3	18.7	3.7	25.0
112	中工国际工程股份有限公司	建筑业	11.8	53.5	31.3	11.9	24.9
113	江西铜业股份有限公司	金属制品业	5.0	41.6	32.2	23.4	24.8
114	贵州茅台酒股份有限公司	酒精及饮料酒制造业	0.0	47.1	13.8	20.8	24.4
115	辽宁成大股份有限公司	批发贸易业	11.8	29.8	27.1	26.8	24.3
116	北京昊华能源股份有限公司	煤炭开采与洗选业	16.9	56.9	34.0	10.9	24.1
117	雅戈尔集团股份有限公司	混业（服装鞋帽制造业、房地产开发业）	15.4	39.3	20.6	15.7	23.9
117	同方股份有限公司	混业（计算机及相关设备制造业、计算机服务业）	10.1	42.8	17.3	2.3	23.9
119	中国中材国际工程股份有限公司	机械设备制造业	10.0	46.7	25.3	13.4	23.3
119	保定天威保变电气股份有限公司	机械设备制造业	11.8	43.9	30.5	18.4	23.3
121	海南天然橡胶产业集团股份有限公司	工业化学品制造业	10.1	62.3	38.9	11.9	22.8
122	天地科技股份有限公司	机械设备制造业	11.8	47.0	22.1	22.0	22.7
123	郑州宇通客车股份有限公司	交通运输设备制造业	5.0	47.5	27.6	16.8	22.6
124	五矿发展股份有限公司	批发贸易业	5.0	31.5	26.3	19.9	22.5
124	华域汽车系统股份有限公司	机械设备制造业	5.0	53.9	19.5	23.4	22.5
126	华电国际电力股份有限公司	电力生产业	5.0	27.1	28.3	25.8	22.3

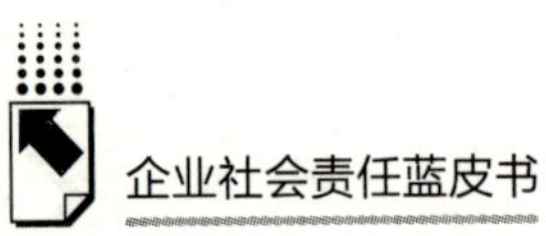

续表

排名	企业名称	行业名称	责任管理指数	市场责任指数	社会责任指数	环境责任指数	社会责任发展指数
127	中铁铁龙集装箱物流股份有限公司	交通运输服务业	5.0	33.8	37.1	6.5	21.9
128	中南出版传媒集团股份有限公司	文化娱乐业	14.0	30.3	24.4	10.0	21.7
129	上海豫园旅游商城股份有限公司	零售业	5.0	37.0	21.8	3.2	21.5
130	华能国际电力股份有限公司	电力生产业	10.0	40.0	39.4	9.8	21.3
131	上海大屯能源股份有限公司	煤炭开采与洗选业	5.0	65.4	25.0	11.1	21.2
132	吉林吉恩镍业股份有限公司	金属冶炼及压延加工业	11.8	50.1	21.9	11.7	21.0
133	山东南山铝业股份有限公司	金属冶炼及压延加工业	11.8	50.3	29.2	6.7	20.4
134	金堆城钼业股份有限公司	一般采矿业	10.0	70.0	20.9	14.1	20.2
134	中国东方红卫星股份有限公司	通信设备制造业	16.8	38.4	20.0	6.1	20.2
136	四川水井坊股份有限公司	酒精及饮料酒制造业	0.0	45.5	11.3	5.6	20.0
旁观者（58家）							
137	哈药集团股份有限公司	医药生物制造业	5.1	39.1	13.7	19.7	19.9
137	海洋石油工程股份有限公司	建筑业	10.0	38.0	21.0	15.6	19.9
139	上海城投控股股份有限公司	房地产开发业	22.0	30.9	16.4	7.5	19.7
139	广汇能源股份有限公司	混业（石油和天然气开采业与加工业、批发贸易业、煤炭开采与洗选业）	19.2	32.4	25.2	11.1	19.7
141	天士力制药集团股份有限公司	医药生物制造业	5.0	31.0	21.2	7.3	19.5
142	厦门钨业股份有限公司	金属冶炼及压延加工业	11.8	45.2	28.2	6.7	19.4
143	浙江龙盛集团股份有限公司	混业（金属冶炼及压延加工业、房地产开发业、工业化学品制造业）	10.0	48.6	35.1	2.2	19.0
144	山煤国际能源集团股份有限公司	煤炭开采与洗选业	10.1	50.4	23.0	8.7	18.9

续表

排名	企业名称	行业名称	责任管理指数	市场责任指数	社会责任指数	环境责任指数	社会责任发展指数
145	上海张江高科技园区开发股份有限公司	混业（房地产开发业、房地产服务业）	11.0	31.5	18.6	4.4	18.5
146	北京首都开发股份有限公司	房地产开发业	10.0	32.1	10.3	12.5	18.1
147	中国化学工程股份有限公司	建筑业	0.0	40.1	12.9	11.9	17.9
148	中航航空电子设备股份有限公司	电子产品及电子元件制造业	5.0	33.1	35.2	8.6	17.8
149	江苏凤凰出版传媒股份有限公司	文化娱乐业	4.0	27.6	20.2	0.0	17.7
149	金发科技股份有限公司	工业化学品制造业	5.0	65.1	20.9	8.9	17.7
151	四川川投能源股份有限公司	电力生产业	5.0	42.8	31.3	11.5	17.6
152	浙江巨化股份有限公司	工业化学品制造业	5.0	45.0	30.1	10.8	17.4
153	开滦能源化工股份有限公司	煤炭开采与洗选业	5.0	52.1	29.0	9.5	17.3
154	青岛海信电器股份有限公司	家用电器制造业	5.0	39.6	7.5	4.0	16.9
155	郑州煤矿机械集团股份有限公司	机械设备制造业	5.0	48.7	17.3	8.4	16.6
156	江苏恒瑞医药股份有限公司	医药生物制造业	0.0	36.1	14.9	13.2	16.5
157	中国国旅股份有限公司	旅游业	0.0	37.7	20.2	0.0	16.4
158	金地（集团）股份有限公司	房地产开发业	6.0	31.3	8.0	7.4	16.2
159	重庆啤酒股份有限公司	酒精及饮料酒制造业	0.0	32.8	13.9	10.2	15.8
160	上海建工集团股份有限公司	建筑业	10.1	31.6	11.4	14.1	15.7
161	新湖中宝股份有限公司	房地产开发业	6.0	15.9	21.3	12.4	15.4
162	东方集团股份有限公司	零售业	16.6	30.3	4.0	0.0	15.1
163	上海家化联合股份有限公司	日用化学品制造业	0.0	41.5	7.5	0.0	15.0
164	三安光电股份有限公司	金属制品业	0.0	44.8	22.3	1.7	14.8
165	上海国际机场股份有限公司	交通运输服务业	0.0	33.2	9.0	6.6	14.2
166	中金黄金股份有限公司	一般采矿业	0.0	44.7	15.8	10.1	13.9
167	太原重工股份有限公司	机械设备制造业	0.0	41.9	17.9	9.9	13.8
168	申能股份有限公司	电力生产业	5.0	37.1	13.0	14.5	13.5

续表

排名	企业名称	行业名称	责任管理指数	市场责任指数	社会责任指数	环境责任指数	社会责任发展指数
169	成都鹏博士电信传媒集团股份有限公司	通信服务业	5.1	24.9	17.7	0.0	13.4
169	中国第一重型机械股份公司	机械设备制造业	5.0	43.8	9.3	6.6	13.4
171	内蒙古蒙电华能热电股份有限公司	电力生产业	0.0	38.3	5.0	18.3	12.5
172	华夏幸福基业投资开发股份有限公司	房地产开发业	0.0	26.4	15.9	3.8	12.1
173	内蒙古包钢钢联股份有限公司	金属冶炼及压延加工业	0.0	35.5	10.9	8.3	11.5
173	庞大汽贸集团股份有限公司	零售业	0.0	30.1	2.0	0.0	11.5
173	上海东方明珠(集团)股份有限公司	文化娱乐业	0.0	23.0	3.9	3.2	11.5
173	甘肃亚盛实业(集团)股份有限公司	农林牧渔业	0.0	40.2	11.5	0.0	11.5
177	山东黄金矿业股份有限公司	一般采矿业	5.0	39.6	13.2	1.5	11.3
178	永泰能源股份有限公司	混业(煤炭开采与洗选业、电力生产业)	0.0	43.1	15.4	5.4	11.1
179	平顶山天安煤业股份有限公司	煤炭开采与洗选业	0.0	57.6	10.0	7.0	10.7
180	广晟有色金属股份有限公司	金属冶炼及压延加工业	6.8	37.1	9.9	1.7	10.6
181	上海友谊集团股份有限公司	零售业	0.0	23.5	14.0	0.0	10.5
181	中国船舶工业股份有限公司	交通运输设备制造业	0.0	37.5	5.0	3.3	10.5
183	贵州盘江精煤股份有限公司	煤炭开采与洗选业	0.0	47.6	20.0	1.4	10.3
184	大商股份有限公司	零售业	0.0	20.0	10.0	3.2	10.0
185	重庆水务集团股份有限公司	水的生产和供应业	0.0	23.8	6.0	0.0	9.6
186	安徽恒源煤电股份有限公司	混业(煤炭开采与洗选业、电力生产业)	0.0	43.4	14.4	0.0	8.9
187	阳泉煤业(集团)股份有限公司	煤炭开采与洗选业	0.0	44.9	10.0	1.4	8.5

续表

排名	企业名称	行业名称	责任管理指数	市场责任指数	社会责任指数	环境责任指数	社会责任发展指数
188	河南大有能源股份有限公司	煤炭开采与洗选业	5.0	48.0	8.0	0.0	8.3
189	江西洪都航空工业股份有限公司	交通运输设备制造业	0.0	27.3	6.2	5.0	8.2
190	百视通新媒体股份有限公司	互联网服务业	0.0	20.2	0.0	0.0	8.1
191	北京王府井百货(集团)股份有限公司	零售业	0.0	23.3	4.0	0.0	8.0
192	鲁信创业投资集团股份有限公司	证券期货基金及其他金融服务业	0.0	21.4	6.0	0.0	7.9
193	方大炭素新材料科技股份有限公司	非金属矿物制品业	0.0	40.5	7.0	0.0	7.8
194	大同煤业股份有限公司	煤炭开采与洗选业	0.0	40.4	10.0	1.4	7.0

附录七　深交所上市公司社会责任发展指数（2013）

单位：分

排名	企业名称	行业名称	责任管理指数	市场责任指数	社会责任指数	环境责任指数	社会责任发展指数
领先者(2家)							
1	中兴通讯股份有限公司	通信设备制造业	47.7	68.0	55.0	62.1	61.8
2	招商局地产控股股份有限公司	房地产开发业	38.0	65.1	61.9	51.7	60.7
追赶者(18家)							
3	苏宁云商集团股份有限公司	零售业	39.8	68.9	60.3	43.1	59.2
4	万科企业股份有限公司	房地产开发业	22.0	61.0	66.7	47.9	55.3
5	平安银行股份有限公司	银行业	41.0	56.3	49.7	59.5	54.5
6	宜宾五粮液股份有限公司	酒精及饮料酒制造业	31.4	69.7	62.5	25.4	54.1

续表

排名	企业名称	行业名称	责任管理指数	市场责任指数	社会责任指数	环境责任指数	社会责任发展指数
7	宁波银行股份有限公司	银行业	35.5	58.2	54.2	46.6	53.7
8	TCL 集团股份有限公司	家用电器制造业	42.1	59.4	46.3	30.2	51.3
9	广西柳工机械股份有限公司	机械设备制造业	21.3	75.2	52.8	50.0	47.9
10	广发证券股份有限公司	证券期货基金及其他金融服务业	21.9	68.5	53.8	27.3	47.7
11	泛海建设集团股份有限公司	房地产开发业	26.0	59.0	36.3	53.1	44.8
12	荣盛房地产发展股份有限公司	房地产开发业	18.0	55.2	51.7	23.7	43.6
13	京东方科技集团股份有限公司	电子产品及电子元件制造业	21.3	54.8	47.2	40.2	43.5
14	中国国际海运集装箱(集团)股份有限公司	混业(交通运输设备制造业、机械设备制造业)	40.1	57.0	52.0	16.6	42.6
15	中联重工科技发展股份有限公司	机械设备制造业	15.1	65.5	54.7	29.7	41.9
16	山东东阿阿胶股份有限公司	医药生物制造业	43.7	45.6	37.4	22.0	41.7
16	山西潞安环保能源开发股份有限公司	煤炭开采与洗选业	28.8	74.8	57.0	26.6	41.7
18	冀中能源股份有限公司	煤炭开采与洗选业	27.0	60.6	52.0	32.5	41.5
19	潍柴动力股份有限公司	机械设备制造业	10.1	62.0	43.9	41.4	40.7
20	四川科伦药业股份有限公司	医药生物制造业	15.0	49.3	46.1	48.2	40.1
起步者(63 家)							
21	东北证券股份有限公司	证券期货基金及其他金融服务业	27.1	62.9	32.6	22.5	39.5
22	北京燕京啤酒股份有限公司	酒精及饮料酒制造业	30.4	36.9	46.4	27.6	38.5
23	江苏洋河酒厂股份有限公司	酒精及饮料酒制造业	5.0	52.7	38.8	36.0	38.1
24	獐子岛集团股份有限公司	农林牧渔业	26.9	60.1	24.0	28.3	37.9
25	华润三九医药股份有限公司	医药生物制造业	30.4	42.1	39.9	24.6	37.7
26	宏源证券股份有限公司	证券期货基金及其他金融服务业	16.9	56.5	34.5	25.8	37.5

续表

排名	企业名称	行业名称	责任管理指数	市场责任指数	社会责任指数	环境责任指数	社会责任发展指数
27	云南白药集团股份有限公司	医药生物制造业	28.7	51.1	29.9	21.9	37.3
28	云南铝业股份有限公司	金属冶炼及压延加工业	31.4	58.4	41.7	25.0	36.1
29	长江证券股份有限公司	证券期货基金及其他金融服务业	5.0	55.3	34.7	25.8	35.6
30	广东美的电器股份有限公司	家用电器制造业	26.9	58.2	21.1	18.2	35.4
31	国元证券股份有限公司	证券期货基金及其他金融服务业	21.9	51.8	30.3	17.7	35.3
32	重庆长安汽车股份有限公司	交通运输设备制造业	21.9	57.4	30.1	33.3	35.0
32	泸州老窖股份有限公司	酒精及饮料酒制造业	16.9	52.6	31.3	21.4	35.0
34	云南锡业股份有限公司	金属冶炼及压延加工业	21.9	60.7	37.8	25.0	34.6
35	深圳华侨城股份有限公司	混业（房地产服务业、旅游业）	31.9	33.7	40.1	25.2	34.5
36	新希望六和股份有限公司	农林牧渔业	10.0	57.2	37.7	28.3	33.4
37	广东电力发展股份有限公司	电力生产业	21.9	52.4	41.2	25.9	33.2
38	一汽轿车股份有限公司	交通运输设备制造业	16.8	55.0	23.7	40.1	32.8
39	金融街控股股份有限公司	房地产开发业	18.0	45.2	29.3	17.4	32.1
40	徐工集团工程机械股份有限公司	机械设备制造业	14.6	63.6	41.4	21.5	31.7
41	中国南玻集团股份有限公司	非金属矿物制品业	11.8	60.7	38.0	18.3	31.6
42	攀钢集团钢铁钒钛股份有限公司	金属冶炼及压延加工业	16.8	53.7	31.2	34.8	31.3
43	唐山冀东水泥股份有限公司	非金属矿物制品业	10.0	43.7	30.0	40.1	31.1
44	北京双鹭药业股份有限公司	医药生物制造业	11.8	49.5	27.4	34.4	30.7
44	山西证券股份有限公司	证券期货基金及其他金融服务业	5.0	56.5	22.5	17.6	30.7
46	苏州金螳螂建筑装饰股份有限公司	建筑业	16.9	58.2	32.9	6.4	30.3
47	安徽古井贡酒股份有限公司	酒精及饮料酒制造业	16.9	35.7	40.0	17.2	30.1

续表

排名	企业名称	行业名称	责任管理指数	市场责任指数	社会责任指数	环境责任指数	社会责任发展指数
48	河南双汇投资发展股份有限公司	食品饮料业	5.0	51.8	31.2	26.4	29.8
48	深圳市农产品股份有限公司	批发贸易业	21.3	36.4	20.1	29.6	29.8
50	新疆中泰化学股份有限公司	工业化学品制造业	15.0	52.2	49.2	22.8	29.7
50	河北钢铁股份有限公司	金属冶炼及压延加工业	21.8	56.8	22.3	30.1	29.7
52	烟台张裕葡萄酿酒股份有限公司	酒精及饮料酒制造业	10.1	45.5	42.5	13.6	29.5
53	云南铜业股份有限公司	金属冶炼及压延加工业	26.9	53.7	24.9	20.0	29.4
54	珠海格力电器股份有限公司	家用电器制造业	16.8	38.4	23.6	23.7	29.3
55	无锡威孚高科技集团股份有限公司	机械设备制造业	10.1	65.4	28.5	24.9	28.4
56	铜陵有色金属集团股份有限公司	金属冶炼及压延加工业	21.9	45.5	29.1	16.6	27.7
57	歌尔声学股份有限公司	通信设备制造业	10.0	42.6	26.3	29.7	27.3
58	中航飞机股份有限公司	交通运输设备制造业	16.9	44.8	29.8	18.5	26.5
58	华兰生物工程股份有限公司	医药生物制造业	10.1	47.6	32.4	13.4	26.5
60	深圳市中金岭南有色金属股份有限公司	混业（金属冶炼及压延加工业、一般采矿业）	11.8	60.1	36.5	18.6	26.3
61	内蒙古平庄能源股份有限公司	煤炭开采与洗选业	25.4	62.0	30.0	10.8	26.1
62	棕榈园林股份有限公司	建筑业	18.4	61.5	21.5	1.8	25.6
63	云南云天化股份有限公司	工业化学品制造业	14.5	67.5	33.4	16.6	25.4
64	中国有色金属建设股份有限公司	混业（建筑业、一般采矿业）	10.0	59.5	35.1	20.2	25.3
65	湖南辰州矿业股份有限公司	一般采矿业	10.0	57.4	30.0	24.2	24.7
66	新疆金风科技股份有限公司	机械设备制造业	15.1	53.5	29.8	11.7	24.5
66	中信国安信息产业股份有限公司	通信服务业	10.0	31.5	32.2	13.2	24.5
68	比亚迪股份有限公司	交通运输设备制造业	11.8	54.9	3.8	16.6	24.2
68	浙江贝因美科工贸股份有限公司	食品饮料业	11.8	41.7	12.5	10.1	24.2

续表

排名	企业名称	行业名称	责任管理指数	市场责任指数	社会责任指数	环境责任指数	社会责任发展指数
70	新兴铸管股份有限公司	金属冶炼及压延加工业	16.8	53.7	21.9	8.3	24.1
71	深圳能源集团股份有限公司	电力生产业	5.0	33.2	34.4	21.4	23.9
72	浙江新和成股份有限公司	工业化学品制造业	15.1	57.5	36.6	13.0	23.8
73	吉林敖东药业集团股份有限公司	医药生物制造业	11.8	41.0	23.5	7.3	23.0
74	福建圣农发展股份有限公司	农林牧渔业	5.0	52.8	20.6	19.9	22.2
75	杭州海康威视数字技术股份有限公司	电子产品及电子元件制造业	16.8	35.1	18.1	16.4	21.7
76	山西西山煤电股份有限公司	煤炭开采与洗选业	5.0	52.8	30.0	17.1	21.3
77	上海美特斯邦威服饰股份有限公司	服装鞋帽制造业	10.1	35.8	25.6	7.6	20.9
78	苏宁环球股份有限公司	房地产开发业	6.0	28.1	25.8	17.6	20.8
79	浙江大华技术股份有限公司	互联网服务业	5.0	32.0	9.8	26.7	20.6
80	安泰科技股份有限公司	金属制品业	5.0	58.1	25.0	3.3	20.5
81	华东医药股份有限公司	医药生物制造业	0.0	41.0	30.0	9.7	20.3
82	海宁中国皮革城股份有限公司	批发贸易业	0.0	33.3	26.6	16.4	20.1
83	石家庄以岭药业股份有限公司	医药生物制造业	0.0	49.3	16.1	0.0	20.0
旁观者(23家)							
84	深圳莱宝高科技股份有限公司	电子产品及电子元件制造业	5.0	35.1	34.4	15.0	19.9
85	中国宝安集团股份有限公司	混业（医药生物制造业、一般制造业、房地产开发业）	10.1	32.4	25.0	5.0	19.6
86	国海证券股份有限公司	证券期货基金及其他金融服务业	0.0	36.7	19.0	0.0	18.8
87	北京中科三环高技术股份有限公司	金属冶炼及压延加工业	15.2	46.9	16.9	8.3	18.3
88	河南神火煤电股份有限公司	混业（煤炭开采与洗选业、电力生产业）	14.9	53.4	13.7	13.8	18.1

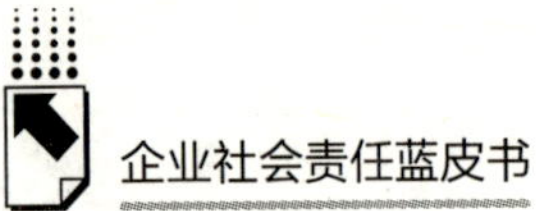

续表

排名	企业名称	行业名称	责任管理指数	市场责任指数	社会责任指数	环境责任指数	社会责任发展指数
89	内蒙古霍林河露天煤业股份有限公司	煤炭开采与洗选业	9.5	47.6	20.0	15.0	17.9
90	金科地产集团股份有限公司	房地产开发业	0.0	41.3	17.6	0.0	17.6
91	北京东方园林股份有限公司	一般服务业	5.0	28.4	16.4	8.4	17.4
92	湖北宜化化工股份有限公司	工业化学品制造业	11.8	39.8	16.0	13.7	17.2
93	深圳市海普瑞药业股份有限公司	医药生物制造业	5.0	34.6	13.6	7.3	17.1
93	浙江亚厦装饰股份有限公司	建筑业	5.0	48.0	17.9	4.0	17.1
95	青海盐湖工业股份有限公司	工业化学品制造业	5.0	47.3	28.9	11.3	16.5
96	北京大北农科技集团股份有限公司	农林牧渔业	0.0	50.3	16.1	0.0	15.9
97	深圳信立泰药业股份有限公司	医药生物制造业	5.0	36.1	14.9	2.4	15.8
98	华数传媒控股股份有限公司	通信设备制造业	0.0	39.8	17.6	1.9	14.9
99	西部证券股份有限公司	证券期货基金及其他金融服务业	0.0	33.7	7.3	0.0	13.9
100	崇义章源钨业股份有限公司	混业（一般采矿业、金属冶炼及压延加工业）	0.0	45.3	21.0	8.2	13.8
101	辽宁华锦通达化工股份有限公司	工业化学品制造业	10.0	44.8	23.9	2.4	13.2
102	北京康得新复合材料股份有限公司	工业化学品制造业	3.4	54.9	15.1	6.5	12.1
103	江苏中南建设集团股份有限公司	房地产开发业	4.0	22.8	10.3	2.5	11.3
104	恒逸石化股份有限公司	工业化学品制造业	10.1	42.4	15.0	2.4	11.2
105	烟台杰瑞石油服务集团股份有限公司	石油和天然气开采业与加工业	0.0	49.2	20.8	2.5	11.1
106	湖北能源集团股份有限公司	电力生产业	0.0	40.8	27.0	0.0	10.8

附录八　行业社会责任发展指数

一　电力行业社会责任发展指数（2013）

单位：分

排名	企业名称	企业性质	是否发布企业社会责任报告	官方网站是否有社会责任专栏	社会责任发展指数
1	国家电网公司	国有企业	有	有	89.3
2	中国南方电网有限责任公司	国有企业	有	有	88.3
3	中国华电集团公司	国有企业	有	有	81.6
4	中国华能集团公司	国有企业	有	有	80.1
5	广东省粤电集团有限公司	国有企业	有	有	74.4
6	华润电力控股有限公司	国有企业	有	有	64.0
7	中国广核集团有限公司	国有企业	有	有	50.4
8	中国国电集团公司	国有企业	有	有	50.0
9	中国电力投资集团公司	国有企业	有	有	41.5
10	国投电力控股股份有限公司	国有企业	有	无	27.9
11	中国大唐集团公司	国有企业	无	有	17.3

二　银行业社会责任发展指数（2013）

单位：分

排名	企业名称	企业性质	是否发布企业社会责任报告	官方网站是否有社会责任专栏	社会责任发展指数
1	中国民生银行股份有限公司	民营企业	有	有	79.8
2	兴业银行股份有限公司	民营企业	有	有	71.8
3	上海浦东发展银行股份有限公司	国有企业	有	有	69.2
4	中国农业银行股份有限公司	国有企业	有	有	64.6
5	中国工商银行股份有限公司	国有企业	有	有	63.1
6	招商银行股份有限公司	民营企业	有	有	62.3

续表

排名	企业名称	企业性质	是否发布企业社会责任报告	官方网站是否有社会责任专栏	社会责任发展指数
7	交通银行股份有限公司	国有企业	有	无	61.4
8	中信银行股份有限公司	国有企业	有	无	54.9
9	平安银行股份有限公司	民营企业	有	有	54.5
10	中国光大银行股份有限公司	国有企业	有	无	54.2
11	中国建设银行股份有限公司	国有企业	有	有	52.6
12	中国银行股份有限公司	国有企业	有	有	52.2
13	上海银行股份有限公司	国有企业	有	有	49.4
14	北京银行股份有限公司	国有企业	有	无	47.2
15	华夏银行股份有限公司	民营企业	有	有	47.0
16	国家开发银行股份有限公司	国有企业	无	有	38.5
17	南京银行股份有限公司	国有企业	有	无	35.3
18	广发银行股份有限公司	国有企业	无	有	34.3
19	中国邮政储蓄银行股份有限公司	国有企业	有	无	32.6
20	花旗银行(中国)有限公司	外资企业	有	有	25.5
21	汇丰银行(中国)有限公司	外资企业	有	有	23.4
22	中国进出口银行	国有企业	无	有	22.6
23	中国农业发展银行	国有企业	无	有	20.0
24	江苏银行股份有限公司	国有企业	无	有	19.8
25	法国兴业银行中国有限公司	外资企业	无	有	6.9

三　通信业社会责任发展指数（2013）

单位：分

排名	企业名称	企业性质	是否发布企业社会责任报告	官方网站是否有社会责任专栏	社会责任发展指数
1	中国移动通信集团公司	国有企业	有	有	81.5
2	中国电信集团公司	国有企业	有	有	74.9
3	华为投资控股有限公司	民营企业	有	有	74.6

续表

排名	企业名称	企业性质	是否发布企业社会责任报告	官方网站是否有社会责任专栏	社会责任发展指数
4	中国联合网络通信集团有限公司	国有企业	有	有	70.5
4	三星中国投资有限公司	外资企业	有	有	70.5
6	上海贝尔股份有限公司	国有企业	有	有	67.1
7	中兴通讯股份有限公司	民营企业	有	有	61.8
8	夏普(中国)投资有限公司	外资企业	无	有	35.2
9	爱立信(中国)通信有限公司	外资企业	无	有	27.3
10	中国普天信息产业集团公司	国有企业	无	有	17.3
11	大唐电信科技产业集团	国有企业	无	有	16.6
12	苹果公司	外资企业	无	无	13.1
13	乐金电子(中国)有限公司	外资企业	无	有	6.8
14	诺基亚(中国)投资有限公司	外资企业	无	无	6.5
15	思科中国	外资企业	无	无	3.0
16	摩托罗拉(中国)电子有限公司	外资企业	无	是	1.5

四　石油石化行业社会责任发展指数（2013）

单位：分

排名	企业名称	企业性质	是否发布企业社会责任报告	官方网站是否有社会责任专栏	社会责任发展指数
1	中国石油化工集团公司	国有企业	有	有	86.6
2	中国海洋石油总公司	国有企业	有	有	60.0
3	中国石油天然气集团公司	国有企业	有	有	55.9
4	陕西延长石油(集团)有限责任公司	国有企业	有	有	44.2
5	道达尔中国	外资企业	有	有	19.3
6	壳牌中国	外资企业	无	有	18.3
7	BP 中国	外资企业	无	有	4.8
7	SK 中国	外资企业	无	有	4.8

五　电子行业社会责任发展指数（2013）

单位：分

排名	企业名称	企业性质	是否发布企业社会责任报告	官方网站是否有社会责任专栏	社会责任发展指数
1	中国电子信息产业集团有限公司	国有企业	有	有	73.5
2	三星中国投资有限公司	外资企业	有	有	70.5
3	英特尔(中国)有限公司	外资企业	有	有	62.4
4	光宝集团	外资企业	有	有	60.7
5	台达集团	外资企业	有	有	48.3
6	索尼(中国)有限公司	外资企业	有	有	46.7
7	佳能(中国)有限公司	外资企业	有	有	46.5
8	东芝集团(中国)	外资企业	无	有	42.2
9	富士康科技集团	外资企业	有	有	37.2
10	GE 中国	外资企业	无	有	14.9
11	富士胶片(中国)投资有限公司	外资企业	无	有	9.7
12	杜邦中国集团有限公司	外资企业	无	有	5.4
13	正威国际集团有限公司	民营企业	无	有	4.6
14	晶龙实业集团有限公司	民营企业	无	无	4.2
15	伟创力公司	外资企业	无	无	0.0

六　计算机行业社会责任发展指数（2013）

单位：分

排名	企业名称	企业性质	是否发布企业社会责任报告	官方网站是否有社会责任专栏	社会责任发展指数
1	联想集团	民营企业	有	有	69.2
2	光宝集团	外资企业	有	有	60.7
3	富士施乐(中国)有限公司	外资企业	有	无	51.1
4	索尼(中国)有限公司	外资企业	有	有	46.7
5	佳能(中国)有限公司	外资企业	有	有	46.5

续表

排名	企业名称	企业性质	是否发布企业社会责任报告	官方网站是否有社会责任专栏	社会责任发展指数
6	东芝集团(中国)	外资企业	无	有	42.2
7	华硕电脑股份有限公司	外资企业	有	有	41.2
8	夏普(中国)投资有限公司	外资企业	无	有	35.2
9	日立(中国)有限公司	外资企业	无	有	33.4
10	国际商业机器中国有限公司	外资企业	无	有	26.0
11	中国惠普有限公司	外资企业	无	无	13.4
12	苹果公司	外资企业	无	无	13.1
13	戴尔中国有限公司	外资企业	无	有	11.1
14	浪潮集团有限公司	民营企业	无	无	8.4
15	乐金电子(中国)有限公司	外资企业	无	有	6.8
16	宏基集团	外资企业	无	无	2.5

七 装备制造行业社会责任发展指数（2013）

单位：分

排名	企业名称	企业性质	是否发布企业社会责任报告	官方网站是否有社会责任专栏	社会责任发展指数
1	中国东方电气集团有限公司	国有企业	有	无	72.1
2	斗山(中国)投资有限公司	外资企业	有	有	66.4
3	中国第二重型机械集团公司	国有企业	有	有	59.0
4	中国机械工业集团有限公司	国有企业	有	有	55.8
5	松下电器(中国)有限公司	外资企业	有	有	51.3
6	上海电气集团股份有限公司	国有企业	有	有	50.4
7	中国中钢集团公司	国有企业	有	有	48.0
8	中国电力建设集团有限公司	国有企业	有	有	46.6
9	东芝集团(中国)	外资企业	无	有	42.2
10	日立(中国)有限公司	外资企业	无	有	33.4
11	中国第一重型机械集团公司	国有企业	有	有	31.3
12	小松(中国)投资有限公司	外资企业	无	有	22.1
13	正泰集团有限公司	民营企业	无	无	18.2

续表

排名	企业名称	企业性质	是否发布企业社会责任报告	官方网站是否有社会责任专栏	社会责任发展指数
14	艾默生(中国)	外资企业	有	有	15.2
15	西门子(中国)有限公司	外资企业	无	有	14.9
15	GE 中国	外资企业	无	有	14.9
15	ABB(中国)有限公司	外资企业	无	有	14.9
18	飞利浦电子(中国)集团	外资企业	无	有	14.5
19	恒力集团有限公司	民营企业	无	有	12.3
20	中国恒天集团公司	国有企业	有	有	11.7
21	人民电器集团有限公司	民营企业	无	有	11.1
22	三一集团有限公司	民营企业	无	有	10.3
23	哈尔滨电气集团公司	国有企业	无	有	10.0
24	施耐德(中国)投资有限公司	外资企业	无	无	9.3
25	卡特彼勒(中国)投资有限公司	外资企业	无	无	8.1
26	中国通用技术(集团)控股有限责任公司	国有企业	无	有	5.3
27	三井物产(中国)有限公司	外资企业	无	有	3.3
28	上海人民企业(集团)有限公司	民营企业	无	无	1.7
29	山东大王集团有限公司	民营企业	无	无	0.5

八　金属行业社会责任发展指数（2013）

单位：分

排名	企业名称	企业性质	是否发布企业社会责任报告	官方网站是否有社会责任专栏	社会责任发展指数
1	中国铝业公司	国有企业	有	有	78.8
2	中国五矿集团公司	国有企业	有	有	72.6
3	太原钢铁(集团)有限公司	国有企业	有	有	67.0
4	武汉钢铁(集团)公司	国有企业	有	有	64.0
5	宝钢集团有限公司	国有企业	有	有	63.9

续表

排名	企业名称	企业性质	是否发布企业社会责任报告	官方网站是否有社会责任专栏	社会责任发展指数
6	浦项(中国)投资有限公司	外资企业	有	有	58.9
7	中国有色矿业集团有限公司	国有企业	有	有	53.0
8	首钢总公司	国有企业	有	无	33.6
9	河北钢铁集团有限公司	国有企业	有	有	27.2
10	新兴际华集团有限公司	国有企业	无	有	24.3
11	山东南山铝业股份有限公司	民营企业	有	无	20.4
12	中天钢铁集团有限公司	民营企业	无	无	20.1
13	鞍钢集团公司	国有企业	无	有	17.5
14	天津荣程联合钢铁集团有限公司	民营企业	无	无	10.0
15	日照钢铁控股集团有限公司	民营企业	无	有	9.8
16	马钢(集团)控股有限公司	国有企业	无	无	7.5
17	河北津西钢铁集团股份有限公司	民营企业	无	无	7.1
18	江苏沙钢集团有限公司	民营企业	无	无	4.5
19	唐山港陆钢铁有限公司	民营企业	无	无	4.3
20	唐山瑞丰钢铁(集团)有限公司	民营企业	无	无	3.8
21	上海华冶钢铁集团有限公司	民营企业	无	无	3.3
22	新华联合冶金投资集团有限公司	民营企业	无	无	2.9
23	天津冶金集团有限公司	国有企业	无	无	2.0
24	河北文丰钢铁有限公司	民营企业	无	无	0.0
24	江苏华西集团公司	民营企业	无	无	0.0
24	江苏申特钢铁有限公司	民营企业	无	无	0.0

九　食品饮料行业社会责任发展指数（2013）

单位：分

排名	企业名称	企业性质	是否发布企业社会责任报告	官方网站是否有社会责任专栏	社会责任发展指数
1	中国盐业总公司	国有企业	有	有	68.5
2	青岛啤酒股份有限公司	国有企业	有	有	43.6

续表

排名	企业名称	企业性质	是否发布企业社会责任报告	官方网站是否有社会责任专栏	社会责任发展指数
3	光明乳业股份有限公司	国有企业	有	无	40.2
4	江苏洋河酒厂股份有限公司	国有企业	有	无	38.1
5	中粮集团有限公司	国有企业	有	有	34.2
6	联合利华(中国)有限公司	外资企业	无	有	32.7
7	内蒙古蒙牛乳业集团股份有限公司	国有企业	无	有	31.5
8	郑州三全食品股份有限公司	民营企业	有	有	31.0
9	河南双汇投资发展股份有限公司	民营企业	有	无	29.8
10	内蒙古伊利实业集团股份有限公司	民营企业	无	有	29.7
11	北京三元食品股份有限公司	国有企业	无	无	27.8
12	可口可乐(中国)饮料有限公司	外资企业	无	有	27.0
12	中国贵州茅台酒厂(集团)有限责任公司	国有企业	无	有	27.0
14	亿滋中国	外资企业	无	有	24.1
15	统一企业中国控股有限公司	外资企业	无	有	24.0
16	维维食品饮料股份有限公司	民营企业	无	无	21.1
17	燕京啤酒集团公司	国有企业	无	无	20.4
18	杭州娃哈哈集团有限公司	民营企业	无	有	20.3
19	箭牌糖果(中国)有限公司	外资企业	无	有	20.2
20	百事(中国)投资有限公司	外资企业	无	无	19.0
21	山东得利斯食品股份有限公司	民营企业	无	无	18.4
22	雅培中国	外资企业	无	有	16.7
22	雀巢中国有限公司	外资企业	无	无	16.7
24	四川宜宾五粮液集团有限公司	国有企业	无	有	16.4
25	康师傅控股有限公司	外资企业	无	无	16.0
26	中国汇源果汁集团有限公司	外资企业	无	有	15.4
27	山东新希望六和集团有限公司	民营企业	无	有	13.8
28	通威集团有限公司	民营企业	无	无	13.5

续表

排名	企业名称	企业性质	是否发布企业社会责任报告	官方网站是否有社会责任专栏	社会责任发展指数
29	达能(中国)有限公司	外资企业	无	有	13.2
30	临沂新程金锣肉制品集团有限公司	民营企业	无	有	12.5
31	北京二商集团有限责任公司	国有企业	无	无	11.9
32	新希望集团有限公司	民营企业	无	有	10.6
33	山东鲁花集团有限公司	民营企业	无	无	9.6
34	雨润控股集团有限公司	民营企业	无	有	8.1
35	农夫山泉股份有限公司	民营企业	无	无	4.2
36	华润雪花啤酒(中国)有限公司	国有企业	无	有	2.3

十 汽车制造业社会责任发展指数（2013）

单位：分

排名	企业名称	企业性质	是否发布企业社会责任报告	官方网站是否有社会责任专栏	社会责任发展指数
1	北京汽车集团有限公司	国有企业	有	有	62.7
2	东风汽车公司	国有企业	有	有	61.6
3	上海汽车集团股份有限公司	国有企业	有	有	61.2
4	广州汽车集团股份有限公司	国有企业	有	无	47.0
4	浙江吉利控股集团有限公司	民营企业	有	有	47.0
6	丰田汽车(中国)投资有限公司	外资企业	有	有	34.3
7	中国第一汽车集团公司	国有企业	有	有	26.7
8	长城汽车股份有限公司	民营企业	有	无	25.3
9	比亚迪股份有限公司	民营企业	无	有	24.2
10	通用汽车(中国)	外资企业	无	有	22.3
11	沃尔沃(中国)投资有限公司	外资企业	无	有	22.2
12	宝马(中国)	外资企业	有	有	21.0

续表

排名	企业名称	企业性质	是否发布企业社会责任报告	官方网站是否有社会责任专栏	社会责任发展指数
13	本田中国投资有限公司	外资企业	无	有	18.9
14	郑州宇通集团有限公司	民营企业	无	有	18.5
15	现代汽车中国投资有限公司	外资企业	无	有	16.5
16	日产(中国)投资有限公司	外资企业	无	有	16.2
16	山东时风(集团)有限责任公司	民营企业	无	无	16.2
18	厦门金龙汽车集团股份有限公司	国有企业	无	有	15.4
19	福特汽车(中国)有限公司	外资企业	无	有	14.3
20	雪铁龙(中国)投资有限公司	外资企业	无	无	9.7
21	中国重型汽车集团有限公司	国有企业	无	无	9.0
22	奇瑞汽车股份有限公司	民营企业	无	有	8.0
23	华晨汽车集团控股有限公司	国有企业	无	无	7.3
24	大众汽车集团(中国)	外资企业	无	无	7.0
25	安徽江淮汽车集团有限公司	国有企业	无	无	6.5
25	中国长安汽车集团股份有限公司	国有企业	无	有	6.5
27	江铃汽车集团公司	民营企业	无	无	5.5
28	陕西汽车集团有限责任公司	国有企业	无	无	5.0
29	铃木(中国)投资有限公司	外资企业	无	无	1.0
30	天津汽车工业(集团)有限公司	国有企业	无	无	0.0

十一　房地产行业社会责任发展指数（2013）

单位：分

排名	企业名称	企业性质	是否发布企业社会责任报告	官方网站是否有社会责任专栏	社会责任发展指数
1	招商局地产控股股份有限公司	国有企业	有	无	60.7
2	万科企业股份有限公司	民营企业	有	有	55.3
3	远洋地产控股有限公司	国有企业	有	有	54.5
4	中国海外发展有限公司	国有企业	有	有	40.9

续表

排名	企业名称	企业性质	是否发布企业社会责任报告	官方网站是否有社会责任专栏	社会责任发展指数
5	保利房地产(集团)股份有限公司	国有企业	有	无	40.8
6	中粮地产(集团)股份有限公司	国有企业	有	无	37.0
7	大连万达集团股份有限公司	民营企业	有	有	29.7
8	雅戈尔集团股份有限公司	民营企业	有	有	23.9
9	中信房地产股份有限公司	国营企业	无	有	19.2
10	碧桂园控股有限公司	民营企业	有	有	18.0
11	金科地产集团股份有限公司	民营企业	无	无	17.6
12	金地(集团)股份有限公司	国有企业	有	无	16.2
13	恒大地产集团有限公司	民营企业	有	有	15.3
14	上海绿地(集团)有限公司	国有企业	无	有	14.3
15	复地(集团)股份有限公司	民营企业	无	有	14.2
16	中天发展控股集团有限公司	民营企业	无	有	11.3
17	华润置地有限公司	国有企业	无	有	9.8
18	三胞集团有限公司	民营企业	无	有	9.0
19	广州富力地产股份有限公司	民营企业	无	有	8.9
20	龙湖地产有限公司	外资企业	无	无	7.3
21	南山集团有限公司	民营企业	无	无	7.1
22	世纪金源投资集团有限公司	民营企业	无	无	7.0
23	江苏苏宁环球集团有限公司	民营企业	无	有	6.2
24	江苏高力集团有限公司	民营企业	无	有	6.1
25	广厦控股集团有限公司	民营企业	无	有	5.5
26	新疆广汇实业投资(集团)有限责任公司	民营企业	无	有	5.3
27	绿城房地产集团有限公司	外资企业	无	有	4.1
28	SOHO 中国有限公司	民营企业	无	无	3.5
29	深圳华侨城房地产有限公司	国有企业	无	无	3.2
30	新华联控股有限公司	民营企业	无	有	1.9
31	浙江省兴合集团公司	民营企业	无	无	1.2

十二　服装鞋帽行业社会责任发展指数（2013）

单位：分

排名	企业名称	是否有社会责任报告	官方网站上是否有社会责任专栏	社会责任发展指数
1	阿迪达斯（中国）有限公司	无	有	34.6
2	雅戈尔集团股份有限公司	有	有	23.9
3	上海美特斯邦威服饰股份有限公司	有	无	20.9
4	江苏阳光集团有限公司	无	无	13.1
5	红豆集团有限公司	无	有	9.8
6	海澜集团有限公司	无	无	6.6
7	耐克体育（中国）有限公司	无	无	4.5

十三　零售业社会责任发展指数（2013）

单位：分

排名	企业名称	企业性质	是否发布企业社会责任报告	官方网站是否有社会责任专栏	社会责任发展指数
1	苏宁云商集团股份有限公司	民营企业	有	有	59.2
2	广州百货企业集团有限公司	国有企业	有	有	57.0
3	永辉超市股份有限公司	民营企业	有	无	52.6
4	天虹商场股份有限公司	国有企业	有	无	32.2
5	华润万家有限公司	国有企业	有	有	30.6
6	家乐福（中国）	外资企业	有	无	23.4
7	上海豫园旅游商城股份有限公司	民营企业	有	无	21.5
8	银座集团股份有限公司	国有企业	有	无	20.6
9	国美电器有限公司	民营企业	无	有	17.6
10	物美控股集团有限公司	民营企业	无	无	17.1
11	中百控股集团股份有限公司	国有企业	无	无	15.5
12	武汉武商集团股份有限公司	国有企业	无	无	12.9
13	百盛商业集团有限公司	外资企业	无	无	12.0
14	宏图三胞高科技术有限公司	民营企业	无	无	11.6
15	庞大汽贸集团股份有限公司	民营企业	无	无	11.5

续表

排名	企业名称	企业性质	是否发布企业社会责任报告	官方网站是否有社会责任专栏	社会责任发展指数
16	沃尔玛(中国)投资有限公司	外资企业	无	有	11.3
17	江苏五星电器有限公司	民营企业	无	无	10.1
18	重庆商社(集团)有限公司	国有企业	无	有	9.6
19	麦德龙(中国)	外资企业	无	有	8.7
20	北京王府井百货(集团)股份有限公司	国有企业	无	无	8.0
21	亚马逊中国	外资企业	无	无	7.9
22	石家庄北国人百集团有限责任公司	国有企业	无	无	6.5
23	乐购中国	外资企业	无	有	6.1
24	新合作商贸连锁集团有限公司	国有企业	无	有	6.0
25	农工商超市(集团)有限公司	国有企业	无	无	5.5
26	大连大商集团有限公司	民营企业	无	无	3.4
27	卜蜂莲花超市有限公司	外资企业	无	无	2.9
28	百联集团有限公司	国有企业	无	无	2.5
28	利群集团股份有限公司	民营企业	无	无	2.5
30	欧尚(中国)投资有限公司	外资企业	无	有	2.0

十四　日化行业社会责任发展指数（2013）

单位：分

排名	企业名称	企业性质	是否发布企业社会责任报告	官方网站是否有社会责任专栏	社会责任发展指数
1	联合利华(中国)有限公司	外资企业	无	有	32.7
2	资生堂(中国)投资有限公司	外资企业	无	有	28.7
3	宝洁(中国)有限公司	外资企业	有	有	21.3
4	安利(中国)日用品有限公司	外资企业	无	有	16.9
5	纳爱斯集团有限公司	民营企业	无	有	15.8
6	上海家化联合股份有限公司	民营企业	无	无	15.0
7	欧莱雅(中国)有限公司	外资企业	无	有	10.1
8	强生(中国)投资有限公司	外资企业	无	有	7.3
9	雅芳(中国)有限公司	外资企业	无	有	5.3
10	雅诗兰黛集团中国公司	外资企业	无	无	0.0

附录九　责任云平台介绍

责任云平台（www. zerenyun. com）由中国社会科学院经济学部企业社会责任研究中心联合国内顶尖 CSR 机构、IT 技术公司发起建立，运用大数据、云计算推动中国企业社会责任更好更快地发展。

发起机构（首批）

学术机构：中国社会科学院经济学部企业社会责任研究中心

数据采集：正德至远社会责任机构

顾问机构：IBM 中国

技术平台：中国软件集团中软信息服务有限公司

核心定义

责任云是一种创新的业务模式，基于云计算的技术，促进社会责任生态链各方的协作，通过利益相关各方的资源集合、共享和重新分配，为使用者提供整合、创新的企业社会责任服务，从而推动行业升级，促进中国企业社会责任更好更快地发展。

主要特征

✧ 专业：“一站式”社会责任综合服务

✧ 创新：业务创新、模式创新

✧ 开放：多方共建、共同参与的平台

主要应用（1.0 版本）

截至 2013 年 10 月底，责任云 1.0 应用主要包括“中国企业社会责任发展指数”（简称“CSR 指数”）和“中国企业社会责任观察”（简称“责任观察”）两个项目。

“CSR 指数”项目以《企业社会责任蓝皮书》（2009、2010、2011、2012、2013）为基础，汇聚了中国100强系列企业社会发展指数的技术路线、榜单查询以及原始数据查询等功能，以便企业、研究者等相关方定制化、系统化、多客户端地了解我国企业社会责任管理体系建设状况和信息披露水平。

“责任观察”项目是中心和正德至远社会责任机构联合建立的一个创新项目，通过中心的理论支持和正德至远的数据采集团队，重点、实时地关注我国企业社会责任领域的进展状况，进而为相关方更加及时、准确、全面了解企业社会责任发展现状提供服务。

联盟倡议

责任云平台的核心关键词是“专业、创新、开放”，诚邀各利益相关方参与：

- 政府部门
- 中外企业
- 专业媒体
- 研究机构
- 咨询机构
- 投资机构
- 社会团体
- 社会公众

共建共享、共创和谐！

B.23
后　记

《中国企业社会责任研究报告（2013）》是集体劳动的成果。总论、中国企业100强指数篇、中国上市公司指数篇、重点行业指数篇的数据源自责任云（www. zerenyun. com），历时6个月，先后有30余人投入其中。数据库构建工作由中国社会科学院企业社会责任研究中心和正德至远社会责任机构联合完成。内容结构和技术路线由钟宏武、张蒽、孙孝文研究确定，并听取了相关专家的意见和建议。数据采集过程中涉及中国100强系列企业、中国上市公司300强和14个重点行业社会责任公开信息的搜集、阅读和整理，由翟利峰、许英杰组织协调完成，许英杰、方小静、周亚楠、郑策、李亚珍、应孟泠、宋静思、耿源、石颖、杨明、赵雪伶、陈晓锋、叶丽清、洪清玲、孙孝文、汪杰、翟利峰负责信息采集工作，翟利峰、方小静、周亚楠、郑策、李亚珍、应孟泠、宋静思、耿源、杨明、赵雪伶、陈晓锋共同完成信息录入、数据清理与指标赋权。

蓝皮书的写作提纲由黄群慧、彭华岗、钟宏武、张蒽共同确定。前言由黄群慧、钟宏武执笔，总论“中国企业社会责任发展指数（2013）”由黄群慧、彭华岗、钟宏武、张蒽撰写；中国企业100强指数篇的第一章“中国国有企业100强社会责任发展指数（2013）”由郑策撰写；第二章“中国民营企业100强社会责任发展指数（2013）”由陈晓锋撰写；第三章“中国外资企业100强社会责任发展指数（2013）”由方小静撰写。

中国上市公司指数篇的第四章“中国上市公司社会责任发展指数（2013）”由翟利峰撰写；第五章“上交所上市公司社会责任发展指数（2013）”由许英杰撰写；第六章“深交所上市公司社会责任发展指数（2013）”由石颖撰写。

重点行业指数篇的第七章“电力行业社会责任发展指数（2013）”、第八章“银行业社会责任发展指数（2013）”、第九章“通信业社会责任发展指数（2013）”、第十二章“计算机行业社会责任发展指数（2013）”、第十三章“装备制造业社会责任发展指数（2013）”由李亚珍、周亚楠撰写；第十章“石油石化行业社会责任发展指数（2013）”、第十一章“电子行业社会责任发展指数（2013）”、第十四章“金属行业社会责任发展指数（2013）”、第十八章“服装鞋帽行业社会责任发展指数（2013）”由赵雪伶、方小静撰写；第十五章“食品饮料业社会责任发展指数（2013）”、第十六章“汽车制造业社会责任发展指数（2013）”、第十七章“房地产业社会责任发展指数（2013）”、第十九章“零售业社会责任发展指数（2013）”、第二十章“日化行业社会责任发展指数（2013）”由杨明、翟利峰撰写。

附录由周亚楠、方小静、翟利峰整理完成。

全书由张蒽、钟宏武审阅、修改和定稿。

中国企业社会责任的研究起步不久，还有很多的问题有待探索和解决。希望各行各业的专家学者、读者朋友不吝赐教，推动中国企业社会责任更快更好发展。

中国社会科学院经济学部企业社会责任研究中心

正德至远社会责任机构

2013 年 10 月

2014 年中心工作计划

类别	项目内容	时间
研究	《中国企业社会责任报告编写指南(CASS-CSR3.0)》分行业指南研究及发布	1~12 月
	中国矿业企业社会责任现状调查与评估	1~12 月
	《中资企业海外社会责任蓝皮书》	1~12 月
	《中国企业社会责任理论研究论坛(2014)》	8 月
培训	分享责任——中国企业社会责任公益讲堂	2 月、5 月、8 月、11 月
	中国社会科学院 MBA“企业社会责任”必修课	3~5 月
	全国 MBA“企业社会责任”教学研讨会	8 月
	《中国企业社会责任报告编写指南(CASS-CSR3.0)》应用培训会	1~12 月
评价	中国企业社会责任报告评级总结会(2013)	1 月
	《中国企业公益蓝皮书(2014)》	3~7 月
	《企业社会责任蓝皮书(2014)》	7~11 月
	《中国企业社会责任报告白皮书(2014)》	3~12 月
责任云	责任云——CSR 报告指数	1 月
	责任云——《指南 3.0》(应用)	1~12 月
	责任云——分享责任在线培训(应用)	2~11 月
	责任云——最佳实践案例(应用)	7~12 月
	责任云——社会/环境核心数据库(应用)	1~12 月
调研	中心理事会	1 月
	企业社会责任国际考察(韩国、瑞典等)	5 月
	责任中国行——中心理事单位系列调研	1~12 月

权威报告　热点资讯　海量资源

当代中国与世界发展的高端智库平台

皮书数据库 www.pishu.com.cn

皮书数据库是专业的人文社会科学综合学术资源总库，以大型连续性图书——皮书系列为基础，整合国内外相关资讯构建而成。包含七大子库，涵盖两百多个主题，囊括了近十几年间中国与世界经济社会发展报告，覆盖经济、社会、政治、文化、教育、国际问题等多个领域。

皮书数据库以篇章为基本单位，方便用户对皮书内容的阅读需求。用户可进行全文检索，也可对文献题目、内容提要、作者名称、作者单位、关键字等基本信息进行检索，还可对检索到的篇章再作二次筛选，进行在线阅读或下载阅读。智能多维度导航，可使用户根据自己熟知的分类标准进行分类导航筛选，使查找和检索更高效、便捷。

权威的研究报告，独特的调研数据，前沿的热点资讯，皮书数据库已发展成为国内最具影响力的关于中国与世界现实问题研究的成果库和资讯库。

皮书俱乐部会员服务指南

1. 谁能成为皮书俱乐部会员？

- 皮书作者自动成为皮书俱乐部会员；
- 购买皮书产品（纸质图书、电子书、皮书数据库充值卡）的个人用户。

2. 会员可享受的增值服务：

- 免费获赠该纸质图书的电子书；
- 免费获赠皮书数据库100元充值卡；
- 免费定期获赠皮书电子期刊；
- 优先参与各类皮书学术活动；
- 优先享受皮书产品的最新优惠。

社会科学文献出版社 SOCIAL SCIENCES ACADEMIC PRESS (CHINA) 皮书系列

卡号：3950182689643203

密码：

（本卡为图书内容的一部分，不购书刮卡，视为盗书）

3. 如何享受皮书俱乐部会员服务？

（1）如何免费获得整本电子书？

购买纸质图书后，将购书信息特别是书后附赠的卡号和密码通过邮件形式发送到pishu@188.com，我们将验证您的信息，通过验证并成功注册后即可获得该本皮书的电子书。

（2）如何获赠皮书数据库100元充值卡？

第1步：刮开附赠卡的密码涂层（左下）；

第2步：登录皮书数据库网站（www.pishu.com.cn），注册成为皮书数据库用户，注册时请提供您的真实信息，以便您获得皮书俱乐部会员服务；

第3步：注册成功后登录，点击进入“会员中心”；

第4步：点击“在线充值”，输入正确的卡号和密码即可使用。

皮书俱乐部会员可享受社会科学文献出版社其他相关免费增值服务

您有任何疑问，均可拨打服务电话：010-59367227　QQ:1924151860

欢迎登录社会科学文献出版社官网(www.ssap.com.cn)和中国皮书网（www.pishu.cn）了解更多信息

法律声明

“皮书系列”（含蓝皮书、绿皮书、黄皮书）由社会科学文献出版社最早使用并对外推广，现已成为中国图书市场上流行的品牌，是社会科学文献出版社的品牌图书。社会科学文献出版社拥有该系列图书的专有出版权和网络传播权，其 LOGO（ ）与“经济蓝皮书”、“社会蓝皮书”等皮书名称已在中华人民共和国工商行政管理总局商标局登记注册，社会科学文献出版社合法拥有其商标专用权。

未经社会科学文献出版社的授权和许可，任何复制、模仿或以其他方式侵害“皮书系列”和 LOGO（ ）、“经济蓝皮书”、“社会蓝皮书”等皮书名称商标专用权的行为均属于侵权行为，社会科学文献出版社将采取法律手段追究其法律责任，维护合法权益。

欢迎社会各界人士对侵犯社会科学文献出版社上述权利的违法行为进行举报。电话：010－59367121，电子邮箱：fawubu@ ssap. cn。

社会科学文献出版社